我曾经被问到
我是否认为
爱高于艺术

我回答道
我不能把两者分离
因为艺术家就是
沉浸于爱中的人
他有对于美
独立而不含杂质的
感受力
而爱就是
当你凝视不朽之美时
灵魂的闪光

我的人生

My Life

［美］伊莎多拉·邓肯／著
Isadora Duncan
蔡海燕　凌　喆／译

图书在版编目（CIP）数据

我的人生 / (美) 伊莎多拉・邓肯著 ; 蔡海燕, 凌喆译.
— 上海 : 华东师范大学出版社, 2016.7
（独角兽文库）
ISBN 978-7-5675-5304-0

Ⅰ. ①我… Ⅱ. ①邓… ②蔡… ③凌… Ⅲ. ①邓肯，
I.（1878-1927）- 自传 Ⅳ. ①K837.125.76

中国版本图书馆CIP数据核字(2016)第121277号

我的人生

著　　者　[美] 伊莎多拉・邓肯
译　　者　蔡海燕　凌　喆
总 策 划　上海采芹人文化
选题统筹　陈　洁　王慧敏
项目编辑　许　静　储德天
审读编辑　徐曙蕾
特约编辑　张万芹　黄　琰
插画绘制　胡　桃
装帧设计　采芹人装帧工作室 http://blog.sina.com.cn/cqr2666　王　佳

出版发行　华东师范大学出版社
社　　址　上海市中山北路 3663 号　邮编 200062
网　　址　www.ecnupress.com.cn
电　　话　021-60821666　行政传真　021-62572105
客服电话　021-62865537
门　　市　（邮购）电话　021-62869887
门市地址　上海市中山北路 3663 号华东师范大学校内先锋路口
网　　店　http://hdsdcbs.tmall.com/

印 刷 者　山东鸿君杰文化发展有限公司
开　　本　850×1168　32 开
印　　张　14
插　　页　8
字　　数　268 千字
版　　次　2016 年 7 月第 1 版
印　　次　2016 年 7 月第 1 次
书　　号　ISBN 978-7-5675-5304-0/I.1542
定　　价　38.00 元

出 版 人　王　焰

伊莎多拉·邓肯

Isadora Duncan

（1878 – 1927）

美国女舞蹈家，生于旧金山。创立了一种基于古希腊艺术的自由舞蹈而首先在欧洲扬名。其后在德、俄、美等国开设舞蹈学校，是现代舞的创始人。主要作品有根据《马赛曲》、贝多芬的《第七交响曲》等音乐改编的舞蹈。

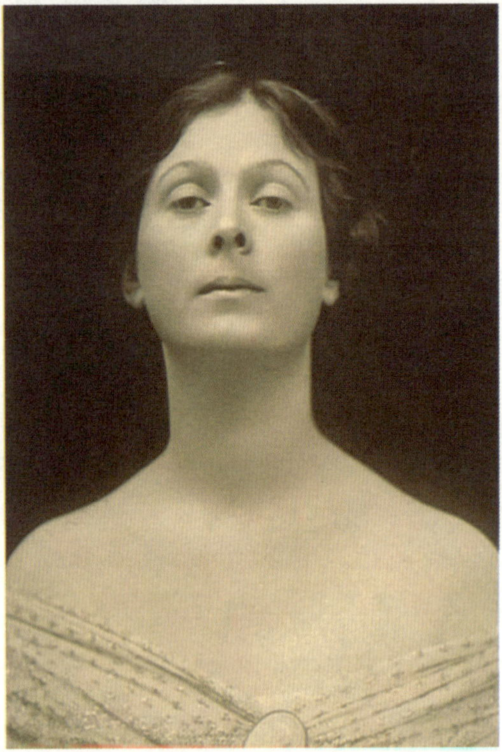

目　录

出版者前言

这部非同寻常的手稿完成于伊莎多拉·邓肯悲剧性死亡前几个月。1927 年 9 月 14 日，邓肯在尼斯死于一场交通事故。几天后，美国报纸上报道了事故的详情。

许多年来，邓肯一直计划写一部自传，并最终于 1927 年初夏完成了自传的写作。每一个曾经与她有过通信联系的人都了解她的行文风格。她去世的时候，手稿还没有打印，所以她没有机会看到校样或者做一些修改。因此，现在呈现给公众的这本自传保持了邓肯手稿的原貌。

这部自传只写到 1921 年邓肯出发去往俄国之前。她原本打算再写一本书，名为《我在布尔什维克俄国的两年》。她想让美国从书中看到她对于这个挣扎中的国家的巨大的钦佩和同情。事实上，除了俄国教育部长卢那察尔斯基之外，她没有见到任何一位俄国政治领导人。她在俄国的活动也仅限于教育工作。

作者前言

伊莎多拉·邓肯

我承认，当我一开始想要写这本书的时候，我心怀恐惧。我的生活不如小说有趣，也不如电影刺激，即使好好地写，它也成不了一个划时代的作品，也许它会成为一个麻烦——写作的麻烦。

我努力了很多年，勤奋、钻研才学会了一个简单的舞蹈姿势，我深知写作艺术，所以我知道要花同样长的时间去刻苦钻研，才能学会写一些简单、美丽的语句。我经常这样想，有人长期生活在赤道，有很多极棒的关于征服老虎和狮子的亲身经历，并试图把它们写下来，但却失败了；而有人从未离开过自己家，却能生动地写出在丛林中捕杀老虎的经历，让读者觉得他就是生活在丛林中的，甚至让他们感受到他的痛苦和忧虑——闻到狮子的气味，听到响尾蛇逼近的可怕声音。如果没有想象，任何事物都不存在了。任何发生在我身上的奇异的事情都会失去原有的趣味，因为我没有塞万提斯[①]般的文笔，甚至比不上卡萨诺瓦[②]。

还有另外一点，我们怎么才能写出真正的自己？退而言之，我们是否认识真正的自己？朋友眼中的我们，我们自己眼中的我们，我们爱人眼中的我们，还有我们的敌人眼中的我们，所有的这些形象都是不同的。我深知其中的道理，曾经在吃早餐喝咖啡时，我看到报纸上评论我如上帝一样美丽，说我是一个天才，可当我心满意足的笑容还没有来得及完全舒展开来的时候，我捡起了另一份报纸，那上面说我毫无天赋，相貌丑陋，是一个十足的哈耳皮埃[③]。

很快，我就不再阅读任何关于我的评论了。我不能保证我只看到好评，而那些差评太让人沮丧了，杀伤力极强。有一个

---

① 塞万提斯（1547 — 1616）：西班牙作家，代表作小说《堂吉诃德》。

② 卡萨诺瓦（1725 — 1798）：生于威尼斯，以冒险和猎艳著称于世，著有自传《我的生平》。

③ 哈耳皮埃：希腊神话中身是女人，而翅膀、尾巴及爪似鸟的怪物。此处意为恶人。

柏林的评论家曾一度穷追猛打辱骂我。他曾说我毫无乐感。一天，我写信恳求他来见我一面，我会向他证明他是错的。他来了，坐在那里。隔着茶几，我高谈阔论了一个半小时，大谈我的关于音乐如何创造舞蹈动作的理论。我察觉到他似乎是最无诗意、最冷淡的那种人。但是最让我哭笑不得的是，他居然从口袋中拿出一个助听器，告诉我，他聋得很厉害，即使戴着助听器，坐在大厅的第一排，也听不到管弦乐团的演奏。而我竟然为了这样一个人的评价而彻夜难眠。

因此，如果不同的人眼中的我们都是不同的，那么我们如何从自身找寻一个不同的自我来呈现于书中呢？那是圣母玛利亚，或是邪恶的梅萨利纳①，或是从良的抹大拉②，还是好卖弄学问的女人？我在哪里可以找到一个拥有这些冒险经历的女子呢？在我看来，我似乎不仅仅找到一个，而是成百上千个，但我的灵魂在高处翱翔，不受她们中任何一个的影响。

人们常说写作最首要的就是作者对所写之事全无经历。倘若要把自己的亲身经历用文字记录下来，你会发现它们变得难以捉摸。记忆总不如梦境来得真切。事实上，我做过的许多梦

---

① 梅萨利纳：罗马皇帝克劳狄一世的妻子。她公开改嫁，密谋篡位，后被处决。

② 抹大拉：指抹大拉的玛丽亚，一直以一个被耶稣拯救的妓女形象出现在基督教的传说里。

比我真实的记忆要生动得多。人生如梦，所幸如此，否则我们怎能承受住那些痛苦经历的打击呢？比如“卢西塔尼亚号”[①]的沉没。经历过这场灾难而幸存下来的男人们和女人们，他们的脸上应该永远留下惊恐的神情，但是我们不论在哪里见到他们，他们依然欢笑着、快乐着。人物性格的突变只存在于小说中。在现实生活中，一个人哪怕经历了最最恐怖的事情，他的主要性格还是不会改变的。那些俄国王公们不也正说明了这一点吗？他们虽然失去了昔日的荣华富贵，却依然像战前一样，每晚在蒙马特与歌女们开心地啜饮啤酒。

任何男人或女人只要写下他们的真实生活，就能写出一部伟大的作品。但是几乎没有人敢写生活的真相。让－雅各·卢梭[②]为人类作出了至高无上的牺牲——袒露自己真实的心灵，写出他最私密的思想和行为，这成就了一部伟大的作品（《忏悔录》）。沃尔特·惠特曼[③]将真实的自己献给了美国。有一段时间，他的书被视作一本“不道德的书”而不准邮寄。现在看来这样的措辞很

① 卢西塔尼亚号：英国客轮。1915 年 5 月 7 日在由纽约驶往利物浦途中，不幸被德国潜艇击沉。载 1959 名船员和乘客，其中 1198 人遇难，美国公民为 128 人，间接促使美国参战。

② 让－雅克·卢梭（1712 — 1778）：法国著名启蒙思想家、哲学家、教育家、文学家。

③ 沃尔特·惠特曼（1819 — 1892）：美国著名诗人，代表诗集《草叶集》。

荒唐可笑。从来没有女人敢于写出自己全部真实的生活。大多数知名女人的自传只记述一些表面的生活状态，一些生活琐事和趣闻，人们无法从中体味到她们的真实生活。对于生活里最欢乐和最痛苦的时刻，她们从来缄口不提。

我的艺术就是尽量用姿态和动作来表现自我的真实存在。我花了许多年去寻找一个完全真实的动作。文字有不同的含义。在蜂拥而至的观众面前，我从不迟疑，我向他们展示我灵魂最深处的颤动。从一开始，我就只为我的生命而舞动。孩提时，我舞出成长的喜悦。青春时，我转而舞出对人生悲剧性暗流的最初体验，舞出人生无情的残酷，舞出人生中不断增长的挫败感。

十六岁时，我曾在没有音乐伴奏的情况下给观众表演舞蹈。跳完时，观众中有人喊道："这是死亡和少女之舞。"这个舞蹈之后就被命名为"死亡和少女"。而其实这并非我的本意，我只想尽力表现看似喜悦的表象下潜在的悲剧性的粗浅体验。按我的理解，这个舞蹈应该叫做"生命与少女"。

后来，我又用舞蹈表现自己在与这曾被观众称为"死亡"的生命中奋斗，舞出我从中获得的短暂欢乐。

没有人比电影或者小说中的男女主人公离真实人性更远了。他们全都天生具有各种美德，对他们来说犯错是从不可能的。男主人公高尚、勇敢、坚毅……女主人公纯洁、温柔……诸如此类。所有的卑劣和罪恶都归于故事中的反面人物或者"坏女人"所有。

而我们知道在现实生活中没有绝对的好人或是绝对的坏人。也许我们未必都触犯了十戒，但我们完全有可能触犯它。每个人的内心都蛰伏着犯罪的冲动，一旦时机成熟便会呼之欲出。很简单，那些品德高尚的人要么是因为生活单调呆板，没有足够的诱惑，要么是因为他们太专注于一件事情，而没有闲暇留心周围的其他事物。

我看过一部很好的电影，名为《铁轨》。主题是说人类的生活就像在铁轨上行驶的列车一样。如果火车脱轨，或者遇到障碍物，就会有危险。若是驾驶者看到前面的陡坡，没有任凭恶魔的驱使，放开刹车，冲向毁灭，就算是幸运了。

我曾经被问到，我是否认为爱高于艺术。我回答道，我不能把两者分离，因为艺术家就是沉浸于爱中的人，他有对于美独立而不含杂质的感受力，而爱就是当你凝视不朽之美时灵魂的闪光。

在我们这个时代，最有个性的人也许非邓南遮[①]莫属了。虽然他个子很小，除了面露喜色时，根本算不上美。但当他跟他爱的人说话时，他就变成了太阳神阿波罗的相貌。他赢得了很多顶级才女和美女的芳心。当邓南遮爱上一个女人时，他把她从地面吹捧到贝亚特丽采[②]神游的仙境。他先后赋予每个女人某种神性，

① 邓南遮：意大利诗人、记者、小说家、戏剧家和冒险者。

② 贝亚特丽采：意大利作家但丁（1265 — 1321）一生爱恋的女子。她死后，但丁为她写下了诗集《新生》。从此，她成了但丁作品中代表一

把她们高高举起，直至她们相信自己与贝亚特丽采——那个但丁用不朽的诗句歌颂的女神同在。邓南遮一度在巴黎受到狂热的崇拜，所有著名的美女都为之倾倒。那时，他给每个心仪的女子戴上闪亮的面纱，于是那个女子便超脱于芸芸众生之上，行走时仿佛四周围绕着一种特殊的光辉。但是当诗人的热情退却了，面纱就消失了，光辉隐退了，那个女子便重新变回了凡人。她自己都不清楚在自己身上发生过什么，但是她有种突然坠地之感。回顾被邓南遮爱慕时自己的变化，她意识到自己的一生中再也找不到这种爱的创造力了。哀叹着自己的命运，她变得越来越阴郁。直到有一天，人们说："邓南遮怎么会爱上如此普通，哭红了眼睛的女人呢？"邓南遮是多么高超的爱人呀，他能够将一个普通的凡人暂时变成一个天上的仙女。

在诗人的一生中，只有一个女子经受住了这样的考验。她自身就是神圣的贝亚特丽采转世，她不需要邓南遮掷出的面纱。我一直相信，埃莉诺拉·杜丝就是但丁笔下的贝亚特丽采在我们这个时代的转世。因而在她面前，邓南遮只能屈膝仰慕，这也是他一生中唯一的幸福经历。其他女人的美都是他赋予的，而只有埃莉诺拉超然于他之上，向他展现神性的光芒。

人们是多么小看了精妙的献媚的力量啊！我能够想象，当

种纯洁的精神和高尚的信仰的理想人物，并出现在了但丁代表作《神曲》中。

一个人受到具有奇特魔力的邓南遮的赞美时，就如同夏娃在伊甸园受到蛇的诱惑一样。邓南遮可以让任何一个女人感到她就是宇宙的中心。

我记得曾跟他在森林里有过一次美妙的散步经历。途中，我们停了下来，谁也没有说话。然后邓南遮大声说："哦，伊莎多拉，只有你才能和我一起共享自然。其他女人都会破坏自然景色，而只有你能融入自然，成为它的一部分。"（哪个女人能抵抗如此这般的崇敬？）"你是树，你是天空的一部分；你是主宰自然的女神。"

这就是邓南遮的天赋。他能让每个女人觉得自己是一个主宰不同领域的女神。

现在，我躺在尼格雷斯可家中的床上，试图去分析人们称为记忆的东西。我感到了正午阳光的热度，听到了孩子们在邻居家花园里的玩耍声。我感到了自己的体温。我低头看我赤裸的双腿——伸直它们。我柔软的乳房，从未静止的胳膊，它总以柔软的波动起伏摇摆。我意识到经过了十二年，我早已身心俱疲。我胸中藏着无止境的疼痛，眼前的双手已烙上了悲伤的印记，而独处时，我总是泪湿双眼。自从那天起，眼泪流了十二年了。十二年前的那天，我躺在另一张沙发上，突然被一声大叫惊醒。我转头看的时候，罗英格林像个负伤的男人，说："孩子们死了。"

我记得当时一种奇怪的不适向我袭来，喉咙就像吞咽了燃烧的煤炭一般灼热，但是我听不明白他的话。我轻声细语地跟他说话，尝试着安抚他，告诉他这不可能是真的。接着，其他人进来了，但是我搞不明白发生了什么事情。随后，一个长着黑胡子的男人进来了，我被告知他就是医生。“这不是真的，”医生说，“我会救他们的。”

我相信他。我想跟他一起去，但是人们把我拉住了。我现在明白了，他们那么做是不想让我知道实际上已经没有任何希望了。他们担心我承受不了打击，担心我发疯，但是那时候，我只是处于一种亢奋状态。我看见周围的人都在哭泣，而我没有。相反，我有强烈的冲动，要安慰他们每一个人。现在回头想想当时的情景，我也很难理解这种奇怪的心态。是我看得更开，认为死亡并不存在——那两个蜡似的冰凉小家伙并不是我的孩子，只不过是他们褪下的外衣？还是我知道孩子们的灵魂将在光辉之中永远活着？母亲只会在两种场合下发出那种近乎脱离了身体般的哭喊——生命的诞生和生命的消逝。当我握着再也没有任何反应的冷冰小手时，我听到了自己的哭喊——正如我在分娩时发出的哭喊。这两种哭喊，一种是喜，另一种是悲，为什么会一样呢？我不知道原因，但我知道它们是一样的。苍茫的宇宙间，只有一种伟大的哭喊包含了悲伤、欢乐、狂喜和痛苦——那就是造物母亲的哭喊，难道不是这样吗？

第一章

在母亲子宫里的时候，一个孩子的性格就已经成形了。在我出生前，我母亲精神上极度痛苦，处境悲惨。除了冰牡蛎和冰香槟，她无法进食其他东西。如果有人问我从什么时候开始跳舞的，我会回答："在我母亲的腹中就开始了，也许是冰牡蛎和冰香槟的作用——这些都是属于阿佛洛狄忒[①]的食物。"

我母亲那时承受着如此痛苦的折磨，以至于她经常说："我

① 阿佛洛狄忒：希腊神话中爱与美之神，在罗马神话中被称为维纳斯。

肚子里的孩子一定不太正常。”她预计那是一个怪胎。而事实上，从我出生的那刻起，我就开始猛烈地晃动我的胳膊和大腿，让母亲不得不喊出：“你看，我没说错，这个孩子多么疯癫！”后来，当我穿着娃娃装，被放在桌子中央时，会跟着播放的任何音乐跳舞，这给全家人和所有朋友带来了欢乐。

我此生最早的记忆是从一场大火开始的。我记得自己被从楼上的窗户里扔出，落在了一个警察的怀里。当时我只有两三岁大，但是在充满尖叫和火焰的混乱中，我竟然清晰地感到一种舒适的感觉，在警察怀里的安全感，我的小胳膊绕着他的脖子。他大概是个爱尔兰人。我听到母亲疯狂地叫喊：“我的儿子们，我的儿子们。”我看到她被拥挤的人群阻拦，无法进入着火的楼房里，她以为我的两个哥哥还被困在里面，结果发现两个男孩早已坐在了酒吧的地板上。母亲给他们穿上了鞋袜，我们一起坐上马车，后来一起坐在柜台前喝热巧克力。

我出生在海边，并且觉察到自己一生所有重大的事件都发生在海边。我对于舞蹈，对于动作的最初感悟都来自于海浪的节奏。我出生的日子属于阿佛洛狄忒所掌管的星座，阿佛洛狄忒也是出生在海上的。当阿佛洛狄忒所掌管的星星上升时，我就万事顺利。这一时期，我生活平顺，富有创造力。而当这颗星星下落的时候，总有灾难降临到我的身上。现如今，占星术也许已不如古埃及和古巴比伦王朝时期那样受人重视，但我们的心理状态一定受到了星星的影响。如果父母懂得占星术，他们可以研究星象，从而创造出一个更加美丽的孩子。

我也相信，一个出生在海边的孩子和一个出生在山里的孩子的人生会大相径庭。大海总是吸引着我，而当身处山中时，我总有一种说不清的不适感，我渴望飞离那里。山让我觉得自己是大地的囚犯。从山顶俯瞰，我从没有像普通游客般欣赏景色的心情，而是一心想着跃过丛山，逃离大山。我的生命和我的艺术都是源于大海的。

值得庆幸的是，小时候，我们的母亲很穷，请不起仆人或者家庭教师来管她的孩子们。这使得我可以不受管束地生活，使得我能够尽情地表露孩子的天性，并且终身保有一颗童心。我母亲是一个音乐家，靠教授音乐谋生。当她去学生家里授课时，通常整个白天不在家，很晚才会回家。母亲授课时，我只要逃出学校，就获得了自由，可以随心所欲地在海边闲逛。每每看到那些被仆人或是家庭教师照看着的孩子，那些被悉心照顾、精心打扮的孩子，我总觉得他们是那么的可怜。生活对于他们还有别的选择吗？我的母亲太忙了，她没有空闲去思考是否会有危险降临到她的孩子们身上，因此我和我的两个哥哥才能自由享受我们的游荡生活，有时候我们也会遇到危险，如果母亲知道这些，一定会急得发疯。幸运的是，她一无所知。这对于我也是一种幸运，因为我日后舞蹈创作的灵感正源自于这种无拘无束的生活。这种灵感不是别的，就是对自由的表达。我从来没有受制于无休止的“你不可以”，在我看来，那对孩子的生活而言简直是一场不幸。

刚满五岁，我就上了公立学校。我想母亲谎报了我的年龄，她需要找个合适的地方安顿我。我相信一个人长大后所做的事情在他的婴儿期就开始成形了，我早已是一个舞蹈家和一个革命者了。我的母亲受洗、成长于一个爱尔兰天主教家庭，在她发现我的父亲不如她想象中那么完美前，她一直是个虔诚的天主教徒。她离婚，离开了父亲，带着四个孩子独自面对这个世界。从那时起，她坚决抛弃了天主教的信仰，成了一个明确的无神论者。她成了鲍伯·英格索尔的追随者，经常读他的作品给我们听。

在一些事情上，她有自己的看法，认为一切感伤事物都是没有意义的。当我还很小的时候，她就为我们揭开了圣诞老人的秘密。于是，圣诞节时，学校的老师一边分发糖果和糕点一边说：“看，孩子们，圣诞老人给你们带什么来了？”我站起来，严肃地说：“我不信，世界上根本没有圣诞老人。”老师被激怒了，说：“糖果只给那些相信圣诞老人的女孩子。”“那我不要你的糖果。”我说。老师不明智地发脾气了。为了惩罚我，也为了警告别的学生，她命令我坐到教室前面的地上。我走上前，转身面向全班同学，发表了我有生以来第一次精彩演讲。“我不相信这些谎言，”我喊道，“我母亲告诉我，她太穷了，扮不起圣诞老人，只有有钱的母亲才能扮成圣诞老人，给孩子们送礼物。”

听了这些，老师一把抓住我，拼命想把我按坐到地上，但我挺直双腿抓住她，脚后跟不停地击打地板。她无法让我坐在地板上，于是就罚我站在角落里。虽然站在角落里，我依然转过脑袋，大喊：“没有圣诞老人，没有圣诞老人！”最后，她不得不把我送回家去。回家的路上， 我还是一路喊着：“没有圣诞老人！”没有糖果吃，因为说真话而受惩罚，这种不公平的待遇让我无法释怀。当我向我的母亲复述这件事时，我问道：“这不是对的吗？世界上没有圣诞老人，有吗？”母亲回答说：“没有圣诞老人，也没有上帝。只有你自己的心灵才能帮你。”那个夜晚，我坐在妈妈身旁的地毯上，听她读鲍勃·英格索尔的讲演。

对我来说，在学校接受普通教育毫无意义。在班上，我有时候被认为是绝顶聪明，名列前茅；有时候又被认为笨得无药可救，落在班级的最后。这全靠记忆这个小伎俩，全看我是否花功夫去记我们在课堂上学到的东西，但是我根本想不出这种记忆有任何意义。无论我名列前茅还是名落孙山，对我而言，上课都是一件无趣的事情。我看着钟的指针，直到它指向三点，那个时候，我们就自由了。

我受到的真正教育是从晚上开始的，我的母亲为我们演奏贝多芬、舒曼、舒伯特、莫扎特、肖邦的音乐，为我们朗诵莎士比亚、雪莱、济慈和彭斯的诗歌。这时光对我们来说是心醉神迷的。我的母亲会背诵大部分诗。我也模仿着她。六岁时，在学校的一个庆祝会上，我当众朗诵了威廉·莱托的《安东尼致克丽奥佩脱拉》，震惊全场：

> 我要死了，埃及啊，我要死了！
> 猩红色的生命之潮就要退去。

还有一次，老师要每个人写下自己的生活经历，我是这样写的：

> 五岁的时候，我们家住在第二十三街一幢小房子里。

因为付不起房租，我们住不下去，搬到了第十七街。没多久，又因为缺钱而被房东赶走，我们搬到了第二十二街。在那里，我们依旧住不安宁，又搬到第十街。

这样的经历继续着，无止境的搬迁。当我在学校起立朗读这篇文章时，老师非常生气。她认为我是在开一个蹩脚的玩笑。我被送到了校长室，校长叫来了我母亲。当可怜的母亲读着我写的文章时，她忍不住哭了，向学校声明说，这完全是真的。那就是我们的流浪生活。

还是个小女孩的时候，我就希望学校能有所改变。记忆中，公立学校对孩子们的教育是残忍的，学校不理解孩子。我依然记得饿着肚子在硬硬的凳子上罚坐，冰冷的双脚浸在湿透的鞋子里的悲惨经历。在我的脑海里，老师的形象是一只不通人性的怪物，总是折磨我们，而孩子还不能把自己受到的委屈说出来。

我从不记得由于家庭贫困所受的苦难，因为觉得没什么大不了的，但是学校的痛苦经历却让我记忆犹新。公立学校的教育体系对于一个骄傲而敏感的孩子来说，就像蹲监狱一样让人有羞辱感。我总是在反抗它。

六岁时的一天，我母亲回家，看到我召集了六个还没有学会走路的邻居家的婴孩，让他们坐在我面前的地板上，教他们挥舞手臂。母亲问我为什么要这样做，我告诉她，这是我的舞蹈学校。

她觉得很有趣，坐到钢琴前，开始为我伴奏。后来，舞蹈学校一直办了下去，并大受欢迎。邻近的女孩子都来了，她们的父母还付我一点学费。这就是日后我谋生职业的开端。

十岁时，我的舞蹈班规模扩大了，因此我对母亲说，我不需要再上学了。上学只是浪费时间，还不如留在家里挣钱，而且目前挣钱更重要。我高高盘起我的头发说，我已经十六岁了。后来，由我祖母带大的我的姐姐伊丽莎白也前来和我们一起生活，加入了教学的行列。当时，我们的舞蹈课大受欢迎，我们在很多旧金山的富人家中教学。

第二章

我还在襁褓中时，我的母亲就和父亲离婚了，所以记忆中我从没见过父亲。有一次，我问我的一个姨妈，我是否有父亲，她回答说："你的父亲是一个恶魔，他毁掉了你母亲的一生。"之后，我就经常把父亲想象成图画书中恶魔的样子，长着角和一条尾巴。当其他的孩子在学校里谈论起自己的父亲时，我总是保持沉默。

七岁的时候，我们住在三楼两间空荡荡的房间里。一天，我听到前门的门铃响了，就走到客厅里去开门。门打开了，我看到一个戴着高帽子长相帅气的绅士问：

“你能领我去邓肯太太的公寓吗？”

“我就是邓肯家的小女孩。”我回答。

“是我的小狗狗公主吗？”这个奇怪的绅士说。（这是我还是婴儿时，他给我取的昵称。）

他突然把我抱起来，流着泪亲吻我，弄得我满脸都是他的眼泪和亲吻。这突如其来的举动让我十分吃惊。我问他是谁，他含泪回答：“我是你的父亲。”

这个消息让我十分高兴，我立刻冲进屋子告诉家里人。

“那里有一个男人，他说是我的父亲。”

我母亲站起来，脸色惨白，焦虑不安，走进隔壁房间，顺手锁上了门。我的一个哥哥藏到了床底下，另一个哥哥躲进了橱柜中，我的姐姐这时候也变得歇斯底里。

“让他走，让他走。”他们喊着。

我很困惑，但作为一个懂礼貌的小女孩，我走到客厅，对他说：“我的家人今天实在是不舒服，没有办法见客。”听完这，陌生人拉起我的手，让我陪他走走。

我们走下楼梯，走到街上。我心神迷醉地在他身边小跑，想着这个帅气的绅士就是我的父亲，他没有角，也没有尾巴，不像我以前想的那样。

他带我到一个冰淇淋店，让我的肚子里装满了冰淇淋和蛋糕。我异常兴奋地回到家里，却发现家里愁云密布。

“他是一个极有魅力的男人，明天他还会给我带更多的冰淇淋。”我告诉家里人。

但是全家人都拒绝见他。过了一段时间，父亲回到了洛杉矶，他另一个家里。

之后，我又很多年都没有见到我的父亲，直到有一天，他又突然出现了。这一次，我的母亲变得宽容多了，她见了父亲。父亲送了一座漂亮的房子给我们，房子里有宽敞的舞蹈房，一个网球场，一间仓库，一个风车。这些都来自他的第四次发财。在父亲的一生中，他曾经发过三次财，但是后来都破产了。第四笔财富也随着时间的流逝流失了，那座房子也没有了，不过在我们住在那里的几年里，房子曾是两次风暴航行的避风港。

在最后一次破产前，我不时见到父亲，知道他曾是一名诗人，

我有点儿欣赏他。他的一首诗歌曾从某种程度上预言了我的整个舞蹈生涯。

我讲述了一些我父亲的经历，是因为这些早年的印象对我后来的人生产生了巨大的影响。一方面我的脑子里充斥着感伤小说，另一方面在我的眼前就有一个活生生的婚姻实例。这个神秘父亲的黑色阴影笼罩着我整个童年。没有人说起父亲。“离婚”这个可怕的字眼深深地印刻在我敏感的心灵上。我不能问任何人这些事情的缘由，只好自己探寻。我读过的大部分小说都是以婚姻为终结的，那是一种极端幸福的生活状态， 因此没有理由继续写下去。但是在一些书中，比如著名的乔治·艾略特[①]的《亚当·彼德》中，有一个女孩没有结婚，不料却怀上一个孩子，可怕的耻辱降临到了这个可怜的母亲身上。女性的不公平待遇给我留下了深刻的印象，我将它与我父母亲的故事相联系，从那时起，我就决定只要活着，就要反抗婚姻，为女性解放而战，为每个女性争取随个人意愿生儿育女的权利，维护女权，弘扬女性的美德。一个十二岁的小女孩脑子里通过推理得出这样的结论似乎是奇怪的，但是我的生活境遇让我十分早熟。我深入了解婚姻法，为女性的奴性地位而愤慨。我开始带着疑惑留意我母亲那些已婚的女性朋

① 乔治·艾略特（1819 — 1880）：英国著名女作家，与狄更斯、萨克雷齐名，著有《弗洛斯河上的磨坊》等。

友们的脸，我察觉到每张脸上都有嫉妒的印记，都有奴隶的特征。我在彼时彼刻就发誓，绝不能让自己屈身到如此卑微的地步。我一直坚守着誓言，不惜与母亲疏离，不惜被全世界误解。苏维埃政府所做的好事之一就是废除了旧的婚姻制度。结婚只要两个人在一个本子上签上自己的名字，签名下印着一行附注："任何一方都不因签名而承担责任义务，任何一方只要愿意就可以宣告其无效。"这才是每一个有自由心灵的女性满意的婚姻制度，也是我唯一接受的婚姻制度。[①]

时至今日，我相信我的观念或多或少就是每一个精神自由的女性的想法。而二十年前，我抗拒婚姻，以自己的实际行动去实践一个女性有未婚生子的权利，这些都让我为世人所不解。时移世易，我们的观念发生了革命性的变化。今天每一个受过教育的女性都会赞同我的想法，婚姻的道德规范对于追求精神自由的女性来说是无法接受的。尽管这样，受过教育的女性依然选择婚姻，仅仅因为她们没有勇气面对反抗婚姻将招来的社会非议。但是如果你看到十年来离婚的清单，你就会意识到我说的是对的。很多听我宣扬自由信条的女性大多无力地回应："可是由谁来抚养孩子？"对我来说，如果结婚仪式只是为了强制约束对方抚养孩子的话，那么你要嫁的一个男人，竟是一个你怀疑在某种情况下会

---

① 这里指邓肯于1922年在苏联与诗人叶赛宁结婚。

拒绝抚养孩子的男人，这是一个非常卑劣的想法。因为你要嫁给一个男人，而这个男人你已经怀疑他也许会成为一个恶棍。对于男人，我没有那么悲观地认为他们中的大多数是缺乏人性的物种。

*

这要归功于我们的母亲，她让我们的孩提生活弥漫着音乐和诗歌。夜晚，她总会坐在钢琴边，弹奏几个小时。我们没有固定的作息时间，我们的生活里没有任何规矩。相反，母亲常会忘记我们的存在，沉浸在她的音乐中，或是沉醉于诗歌朗诵，无心留意她周围的事物。她的一个姐妹，我的姨妈欧格丝塔也才华横溢。她经常来看我们，并为我们表演戏剧。她真漂亮，有一双乌黑的眼睛和一头乌溜溜的头发。我记得她像哈姆雷特一样穿着黑丝绒短裤。她有一副好嗓子，要不是她的父母亲把与剧院发生任何联系都看作是与恶魔有染，她肯定在歌唱事业上大有前途。我现在明白了，她的一生是被今天我们这个时代难以理解的美国清教徒精神所毁掉的。美国最早的开拓者们带着一种至今仍未完全丧失的超自然意识，他们以强硬的性格征服这个荒蛮的国家，驯化印第安人，驯服野兽。他们同时也在驯服自己，而这对于艺术是灾难性的。

从很小的时候起，我的姨妈欧格丝塔就受清教徒精神折磨。

她的美丽、天赋，天生的悦耳嗓音都被扼杀了。那时候的男人们说：“我宁可让我的女儿死也不能让她登上舞台！”在男女演员被允许出入许多奢华社交圈的今天，这样的想法是很难被人理解的。

我猜想正是我们身体里流淌着的爱尔兰的血液，让我们这群孩子一直反抗着这种清教徒的教规。

我们搬到父亲赠予我们的大房子之后，发生的第一件大事就是我哥哥奥古斯丁的剧院在仓库开张。我记得他从客厅的毛皮毯上割下一小块用做里普·万·温克尔的胡子，当我在观众席坐在一个饼干盒上看他表演时，他那真实自然的表演让我落泪。我们的感情都十分丰富，拒绝受到压制。

小剧场规模扩大了，邻居们纷纷赞扬。不久，我们就有了沿着海岸巡回演出的想法。我跳舞，奥古斯丁朗诵诗歌，后来我们排演的一出喜剧中，伊丽莎白和雷蒙德也参加了演出。虽然那时候我只有十二岁，而其他的孩子也不到二十，但这场沿着海岸，在圣克拉拉、圣罗莎、圣芭芭拉等地的巡演十分成功。

我童年生活最主要的注解就是持续不断地反抗社会的褊狭之处，反抗生命的限制，并与日俱增地渴望着向东飞翔，飞向我想象中更为广阔的世界。不记得有多少次，我对着家人和亲戚们高谈阔论，最后总是以此作为结束语：“我们必须离开这个地方，在这里我们什么也干不成。”

*

在整个家族中，我是最无畏的。当家里断粮时，我就自告奋勇去屠夫那里，用我的小诡计说服他无偿给我一些羊排。我也会被派去面包店，去诱惑店主继续让我们赊购。在这些短短的征途中，我获得了一种真正的冒险乐趣。尤其是当我获得成功时，我常常欢快地跳着舞回家，拿着战利品，感觉自己像个拦路抢劫的强盗。一般我总能成功。这是一项很好的教育，我从如何哄骗凶暴的屠夫这件事上，学到了日后与同样凶暴的经理人们周旋的技能。

记得有一次，我还小，我发现母亲在哭泣，面前摆着她为某个商店织补的东西，因为那个商店拒收这些东西。我从她手中接过篮子，拿起其中一顶她织的帽子戴在自己头上，并戴上一副母亲织的手套。然后，我一家一家地敲门，推销它们。我带回了母亲本来能从那个商店拿到的两倍的钱。

当我听到那些父亲们说他们工作是为了留很多钱给他们的孩子时，我疑惑他们是否意识到自己这样做会消除他们孩子生命中的开拓精神。他们每给他们的孩子留一个美元，他们的孩子就变得更为软弱一分。父母给予孩子最好的财富就是允许他们按照自己的想法生活，完全靠他们自己的脚站立起来。因为教授舞蹈，我和姐姐曾经出入旧金山最富有的人家里。我根本不嫉妒那些富裕的孩子，相反，我很同情他们。我十分吃惊，他们的生活竟是如此的狭窄和呆板。比起那些百万富翁的孩子，在如何有价值地生活这点上，我比他们富有一千倍。

作为舞蹈教师，我们的名气越来越大。我们把自己的舞蹈叫做新式舞蹈，事实上根本没有什么体系。我随着自己的想象，即兴创作，教授学生在我脑子里显现的点滴灵感。有一次，我的第一堂舞蹈课是从朗费罗[①]的一首诗歌开始的。“我向空气中射出一支箭。”我一边朗诵着，一边教我的学生根据诗句的意思摆姿势，做动作。晚上我排舞时，母亲会为我们伴奏。一个可爱的年长的女士经常到我家来与我们共度夜晚，她曾在维也纳住过，说我让她想起了埃尔丝勒[②]。她给我们讲了很多关于埃尔丝勒的伟大功绩。“伊莎多拉会成为第二个埃尔丝勒。”她说。她这些言辞让我做了很多有野心的梦。她要母亲送我去旧金山一个著名的芭蕾舞老师那里学习。但是那个老师的课并没有让我觉得愉快。当老师要我用脚趾站立时，我问老师为什么要这样，老师回答说“因为这很美”，我说可我觉得这很丑，而且不自然。上了三次课以后，我就离开了那个班，而且没有再回去。这种僵硬而平庸的体操，他所谓的“舞蹈”，只会扰乱我的梦想。我梦想的是另外一

---

① 朗费罗（1807 — 1882）：19 世纪美国最伟大的浪漫主义诗人之一。

② 埃尔丝勒（1810 — 1884）：奥地利芭蕾舞者。

种舞蹈。虽然我不知道它是什么样子， 但是我能清楚地知道，它在一个看不见的世界里，只要有一天我找到了钥匙，就能进入那个世界。当我还是个小女孩的时候，我的艺术之神就在身体里了。全靠我母亲的英勇和冒险精神，它才没有被压制。我怀疑有多少父母给予孩子的那些所谓的教育，其实只是把他们的孩子变得平庸，夺去了他们原本创造美好的事物和新事物的机会。不过我想也只能这样， 否则在我们这个井然有序的文明社会里，哪里来成千上万的营业员、银行职员，等等。

我的母亲有四个孩子。也许通过压制和普通的教育，她能把我们培养成实际的公民。有时候，她哀叹道："为什么四个都要成为艺术家，没有一个成为实实在在的人？"而就是她美丽、不安宁的精神把我们熏陶成了艺术家。她从不关心物质生活，教会了我们如何轻蔑，对待诸如房产、家具、附属物等财产的轻蔑。以她为榜样，我一生都没有戴过一件首饰。她告诉我们，那些东西是负累。

当离开学校后，我广泛阅读。我们住的奥克兰有一个公共图书馆，不论我们的住处离图书馆有多远，我总是跑着，跳着舞，蹦跳着来回。图书馆的管理员是一个很棒的漂亮女子，加利福尼亚的一个女诗人，茵娜·库尔布斯里，她鼓励我阅读，因此我每次向她借阅好书时，她看上去总是很愉快。她有一双非常漂亮的眼睛，闪耀着炙热的火焰，充满了激情。后来我才知道我父亲曾一度和她热恋，她显然是我父亲一生中热烈爱恋过的女子，也许正是这看不见的牵连，将我引向了她。

那段时间，我读了狄更斯、萨克雷、莎士比亚的全部作品，还有成千上万部小说，好的、坏的，给人启迪的作品、蹩脚的作品——我贪婪地阅读所有作品。我常常整夜坐着，在白天收集的蜡烛头的光照下一直读到黎明。我开始写一部小说，同时编一张报纸，报纸上的全部内容都是我一个人写的，社论、本地新闻、小故事。此外，我还坚持写日记，我发明了一种秘密语言来写日记，因为那时我有一个巨大的秘密。我恋爱了。

除了给孩子们开课，我和姐姐还收了一些年纪较大的学生，她教他们“社交舞”，华尔兹、玛祖卡、波尔卡等等。在这些学生中有两个年轻男子。一个是医生，一个是药剂师。药剂师帅得惊人，还有一个可爱的名字——弗农。那时我十一岁，但是将头发高高盘起，穿着长裙的我看起来要比实际年龄成熟。像女主人公芮塔一样，我在日记中写道，我疯狂地热烈地陷入爱里面，直到现在我还是确信那时我是热恋了。我不知道芮塔是否意识到。在那个年纪，我太羞于表达我的感情了。我们一起去舞会，在舞会上他几乎和我跳每一支舞。回到家后，我总是熬夜到凌晨，在我的日记里详细叙述我体验到的极度兴奋。“在他怀里，”我写道，“我飘飘然。”白天，他在主街的一个药店工作。我走很远的路，只是为了经过药店一次。一些时候，我鼓起足够的勇气走进药店打招呼："你好吗？"我甚至找到了他的住处，我在晚上经常跑出家门，只为了看看他窗口的灯光。这种激情持续了两年，我深感自己备受煎熬。快到两年时，他宣布他将和奥克兰社交界的一个年轻女孩结婚。我在日记中表露了苦闷的绝望。我记得婚礼那天的情景，记得我看到他挽着一个普通的戴着白色面纱的女孩走在教堂廊道上时我的感受。在那以后，我就再也没有见过他。

我最后一次在旧金山跳舞时，一个满头白发，但是看上去年轻帅气的男人闯进了我的化妆室。我一下子就认出了他，那是弗农。我想在经过了这么多年以后，我也许应该让他知道我年轻时对他的爱恋。我认为他听了会觉得好笑，而他却震惊了。他说起他的妻子，那个平凡的女孩子，看起来她还活着，而他对她的感情也从未出过轨。原来人的生活可以如此简单！

那是我的第一次恋爱。我爱得疯狂，我相信自那以后我没有停止过热恋。现在我正在从最近一次打击中恢复，这一打击是猛烈而致命的。是不是可以说，我现在正处于最后一幕登场前的幕间休息，或者说演出已经结束了呢？我可以刊出自己的照片，然后让读者来回答他们是怎么想的。

第三章

书籍深深地影响了我，在它们的指引下，我计划离开旧金山，去国外生活。我有个想法，打算找一个演艺公司，让它带我离开这里。有一天，我去见了正在旧金山做一周巡演的一个剧团经理，他要求我跳一段舞蹈给他看。一个上午，试演在一个巨大、空旷、黑色的舞台上进行。我的母亲为我伴奏。我穿着一件白色的束腰宽松外衣，随着门德尔松的《无言歌》起舞。当音乐结束的时候，经理沉默了一会儿，然后转身对我的母亲说：

“这样的演出不适合舞台，更适合教堂。我想你还是把这个小女孩带回家去吧。”

我感到失望，但也并不完全相信经理的说法。我开始想其他离开旧金山的办法。我把全家人集中起来开了一个会，通过一个小时的长篇大论，我终于让大家明白生活在旧金山毫无出路的所有理由。我母亲听得有点儿茫然，但她还是乐意跟着我去任何地方。我们两个就先出发了，买了两张旅行车票，第一站是芝加哥。我的姐姐和两个哥哥留在了旧金山。只要我找到了出路，全家人就会来跟我们会合。

6 月炎热的一天，我们坐着一辆小卡车到达了芝加哥，带着一些我祖母留下来的旧式珠宝和二十五美元。我希望自己马上就可以得到一个合约，那样一切就会变得愉快而简单。但是事情并非如此。带着我的希腊式舞裙，我拜访了一个又一个经理，在一个又一个经理面前跳舞。但是他们的说辞和我在旧金山见的第一个经理一样。“这很可爱，”他们说，“但是不适合剧院。”

几个星期过去了，我们的钱用光了。典当了我祖母的首饰也没有换到很多钱。事情不可避免地发生了。我们没有钱付房租了，我们的行李被扣留了。终于有一天，我们流落街头，身无分文。

我裙子的衣领上还有一圈真正的小蕾丝。那天，我在沸水般滚烫的太阳下行走了一整天，竭尽全力售卖这个蕾丝衣领。最后，在太阳快落山的时候，我成功了。（我记得卖了十美元。）那是一个漂亮的爱尔兰蕾丝，卖掉它，我就有足够的钱付房租。我想用剩下的钱买一箱西红柿。我和母亲整个星期靠吃西红柿过活，没有面包，也没有盐。母亲变得十分虚弱，再也不能熬夜。我常常每天很早就出门去尽力约见经理们，但后来我决定只要有工作不管是什么，我都愿意干。于是，我就去劳工办事处应征。

“你能干什么？”柜台里的女人问。

“任何事。”我回答。

“好吧，你看上去好像什么都不会干！”

有一天，灰心丧气的我去见了 MTR 公园的经理。他嘴里含着一支大雪茄，帽子遮住了一只眼睛，目空一切地看着我随着门德尔松的乐曲《春之歌》飘来飘去。

“很好，你很美，”他说，“很优雅。不过如果你能不跳这些，而改跳些有活力的舞蹈，我就会请你。”

想到我家里虚弱的母亲靠着最后的西红柿过活，我问他，他认为怎样的舞蹈有活力。

“哦，”他说，“不像你跳的这种。一些有裙子，有褶边，有踢踏舞步的舞蹈。你也许可以先试着跳一些希腊舞蹈，然后换成穿小褶边裙子的踢踏舞，这也许是个有趣的转变。”

但是我到哪里去找那些褶边呢？我意识到借一些钱或者要些预支的工资是不合理的。我只是说我明天会来的，带着小褶边、踢踏舞步、有活力的舞蹈，然后走了出去。那是炎热的一天，典型的芝加哥天气。我一个人在大街上游荡，又累又饿又虚弱。当经过大商店时，我走进去，说我想见他们的经理。我被带到了办公室，我看到一个年轻男子坐在办公桌后。他言辞和善，我向他解释，明天早上前，我一定要有一条有褶边的裙子，如果他能先赊给我，那么我会用合约挣到的钱还给他。我不知道是什么让这个年轻人接受了我的请求，他同意了。很多年以后，我遇见他时，他已经是个亿万富翁——戈登·赛尔弗里奇先生。我买到了材料：白色的和红色的做裙衬的材料，还有一些蕾丝褶边。我把它们捆成一束，夹在胳膊下面，回到了家。我发现母亲此时已经极度衰弱了，但她还是挣扎着从床上坐起来，为我赶制了衣服。她整夜缝制，到第二天早上，最后一条褶边缝好了。穿着这身衣服，我又回到了露台花园经理那里。管弦乐队已经准备好为试演伴奏了。

“你用什么音乐？”他问。

我还没有考虑过这个问题，但我答道：“《华盛顿邮车》。”这是当时非常流行的一个曲子。音乐开始了，我竭尽全力向经理展示一个有活力的舞蹈，我边跳边编。他自然很开心，从嘴里拿出雪茄，说：“这不错。你明天晚上来。到时候我会把你特别介绍给观众。”

他一周付我五十美元工资，而且经理很好心，愿意先付我钱。

我用一个假名在露台花园获得了巨大的成功。但是整件事情都让我厌恶，快到一个星期时，经理想跟我续约，邀我巡回演出，但我拒绝了。我和母亲不用再饿肚子了，但是为了挣钱，我用尽招数娱乐公众，这有悖于我的艺术理想。这是我第一次这样做，也是最后一次。

我想那个夏天是我一生中最痛苦的时期之一。后来每一次，我出现在芝加哥，街道上的景象都会给我一种病态的饥饿感。

但是即便在这样艰难的处境下，我充满勇气的母亲从来也没有要回家的念头。

一天，有人给了我一张名片，名片是一个名为安珀的女记者的。她让我去见她。安珀是芝加哥一家大报社的副主编。我去见了她。她高挑、瘦弱，大约五十岁，红头发。我跟她说了我关于舞蹈的理念，她很友善地听我说，邀请我和母亲去“波西米亚”。她说在那里我们会遇到艺术家和热爱文学的人。当晚我们就去了那个俱乐部。俱乐部在一幢高楼的顶层，空旷的房间里有些桌椅，挤满了那时我从未见过的非同凡响的人物。安珀在他们中间，用男人般的声音喊：

“所有的波西米亚人集合！所有的波西米亚人集合！”

每次她喊了“波西米亚人集合”后，大家都应和着高高举起啤酒杯，欢呼、歌唱。

聚会中，我跳了宗教舞蹈。那些波西米亚人不知所措。他们不知道该如何欣赏这样的舞蹈。尽管这样，他们还是认为我是个可爱的女孩子，邀请我每晚都去参加他们的聚会。

波西米亚人是最稀奇古怪的，他们中有各个国家的诗人、艺术家、演员。他们似乎有一个共同点：身无分文。我猜想许多波西米亚人像我和母亲一样根本没有食物，全靠慷慨的安珀为这个俱乐部供应的三明治和啤酒过活。

在这群波西米亚人中间，有一个波兰人，名叫姆拉斯基。他大约四十五岁，一头蓬乱浓密的红卷发，红色胡须，颇具洞察力的蓝眼睛。他常常坐在一个角落里，抽着烟斗，用略带讽刺的笑容看着那些波西米亚人的“消遣”。他是那天看我跳舞的人群中唯一能理解我的理想和我的事业的人。他虽然也很穷，但还是经常邀请我和母亲去一些小饭馆吃饭，或者带我们坐有轨电车去乡村，在树林里野餐。只要他来看我，就会给我带满怀的金菊花。我直到现在还会将这种金红色的菊花和姆拉斯基红色的头发和胡须联想在一起。

他还是一个古怪的男人、诗人和画家。他曾试图在旧金山做生意谋生，但是没能成功，而且差点饿死在那里。

那个时候我只是个小女孩，根本无法理解他的悲剧和他的爱。我猜想在如今这个精于人情世故的年代，没有人能理解那个年代的美国人所具有的出奇的无知和天真。那时我的生活理想是那么抒情、那么浪漫。我还从未体验过，或者接触过肉体之爱。过了很久，我才意识到我已经激起了姆拉斯基疯狂的爱。这个四十五岁的男人爱得那么疯狂，以波兰人才会有的方式爱上了我这个无知的小女孩。我的母亲毫无预感，任凭我们单独相处。孤男寡女在树林里长时间的散步产生了某种心理反应。他最后终于忍不住吻了我，并恳求我嫁给他。当时我认为这是此生最轰轰烈烈的爱情了。

但是夏天就要过去了，我们几乎花完了所有的钱。我决定，我们必须到纽约去，待在芝加哥是毫无出路的。但是怎么去呢？有一天，我在报纸上得知伟大的奥古斯丁·达利和他的剧团，带着巨星艾达·里恩在镇上演出。我下决心一定要见到这个伟大的男人，他享有全美国最爱好艺术和最具有审美力的剧院经理的美名。许多个下午和夜晚，我都站在剧院后台的入口处，一遍遍地把我的名片递进去，请求见奥古斯丁·达利。我被告知说达利太忙了，没空见我，我只能见他下面的经理。但是我拒绝了，我说我有非同寻常的要紧事，一定要见奥古斯丁·达利本人。最后，一个傍晚，我终于得以"面圣"。奥古斯丁·达利长得非常出众，他懂得如何在陌生人面前假装一番凶暴的言辞。我感到害怕，但还是鼓起全部勇气，发表了一通长而非凡的讲演。

"我有个远大的理想，达利先生，现在我把它呈现在您面前。您也许是这个国家里唯一能理解它的人。我已经发现了舞蹈。我发现了人类丢失了两千多年的这种艺术。您是一个最杰出的剧院艺术家，但是在您的剧院里还欠缺一样让古老的希腊剧院成就其伟大的东西，那就是舞蹈的艺术——也就是古希腊悲剧中的合唱队。没有这，就像失去了腿脚的身体和头，无法站立。我带给您的就是这种舞蹈。我带给您的想法将变革我们的整个时代。我在哪里发现了它呢？在太平洋里，在内华达山脉的松浪里。我曾经看过年轻的美利坚合众国在落基山顶舞蹈的完满风姿。我们国家伟大的诗人是沃尔特·惠特曼。我发现的舞蹈可以和沃尔特·惠特曼的诗歌相媲美。我真的是沃尔特·惠特曼的精神后裔。我将为美国的孩子创作一种新的舞蹈，这种舞蹈能表达美国精神。我带给您剧院的是它所缺乏的必不可少的灵魂，舞蹈之魂。您应该知道,”我继续说着，试图忽略那个伟大的经理不耐烦的打断(“这足够了！这足够了！”)，“您应该知道，”我继续说，并提高了嗓音，“剧院的起源是舞蹈，第一位演员是舞者。他舞蹈，歌唱。这就是悲剧的诞生，只有舞者和他所有自发的伟大艺术回到剧院，您的剧院才是真正的剧院！”

奥古斯丁·达利不清楚是什么使得这个瘦弱、奇怪的孩子有这样的胆量在他面前如此长篇大论。但是他回答道：“好吧，在纽约将上演的一出童话剧里还缺一个小角色，10 月 1 日你可以去参加排演。如果你能胜任，你就被雇用了。你叫什么？”

“我的名字叫伊莎多拉。”我回答道。

“伊莎多拉。这是个不错的名字，”他说，“好吧，伊莎多拉，10 月 1 日纽约见。”

我喜出望外地奔跑回家去见我的母亲。

“成功了，”我说，“妈妈，终于有人赏识我了。我被伟大的奥古斯丁·达利雇用了。10 月 1 日，我们必须去纽约。”

“好。”母亲说，“但是我们拿什么买火车票呢？”

现在这是个问题。我有主意了。我给旧金山的一个朋友发了一封电报：

成功受聘于奥古斯丁·达利。10月1日必须到纽约。电汇一百美元车费。

奇迹发生了：钱汇到了。我的姐姐伊丽莎白和我的哥哥奥古斯丁也同期而至，他们都受到电报内容的鼓舞，觉得我们交好运了。满心激动，满怀期盼，我们最终都成功搭上了去纽约的火车。我想，世界终于要认识我了！如果我当时知道前面将有那么多艰辛，我也许会失去勇气。

伊凡·姆拉斯基得知要跟我分开痛苦万分。但是我们海誓山盟，相爱永远，我跟他解释说如果我在纽约有了发展，我跟他结婚就不是件难事了。这并非是我相信婚姻，而是我觉得这样做能让我母亲高兴。当时我还没有拿起为自由爱情而战的棍棒，后来我才开始战斗的。

第四章

我对于纽约的第一印象是它比芝加哥要漂亮得多，也更具艺术气质。我很高兴又一次回到海边：在内陆城市时，我常常感到窒息。

我们暂住在第六大道内一条小巷的一家寄宿公寓里。寄宿公寓里住着一群很奇怪的人。他们看起来跟波西米亚人有一个共同的特点：没钱付房租，处于随时被扫地出门的边缘。

一天早晨，我去达利剧院的后台入口报到。我再一次见到了那个伟大的男人。我想要向他诉说我的新想法，但是他好像很忙，很焦虑。

现在无声剧对我而言根本算不上艺术。动作应该是抒情的，是热烈情感的表现，跟语言没有关系。而在无声剧中人们用手势来表达语言，所以这既不是舞蹈艺术，也不是表演艺术，它毫无生命力地落在两者之间。尽管如此，我别无他法，只能接受这个角色。我把剧本拿回家研究，但整件事让我觉得自己十分愚蠢，这跟我的舞蹈野心和理想相去甚远。

第一次排演是一次可怕的经历，它让我的幻想破灭。简·梅是一个脾气特别粗暴的小妇人，一有机会就大发雷霆。她要我用指着她表示“你”，按着自己的心表示“爱”，猛捶我的胸部表示“我”，这一切看起来太可笑了。因为心不在焉，我表现糟糕，简·梅对我很有意见。她找了达利先生，说我毫无天赋，没法演这个角色。听说这件事后，我意识到这意味着我们全家将陷入困境，待在糟糕的寄宿公寓内受毫无仁慈之心的房东太太的摆布。我眼前出现了那个合唱队小女孩的形象，昨天她被赶到了街上，连衣箱都来不及拿，我想起了母亲在芝加哥受的苦。当我想到这些的时候，眼泪夺眶而出，打在我的脸颊上。我想我看上去十分可怜，十分悲惨，因为达利先生露出了更友好的表情。他拍了拍我的肩膀，对简·梅说：“你看，她哭起来很有表现力。她可以学。”

但是这些排演对我来说是受难。我被要求做各种在我看来十分粗野和可笑的动作，和伴奏乐毫无真正的联系。不管怎样，年轻能适应一切，我最后抓住了这个角色的心性。

简·梅扮演皮耶罗一角，剧中有一个场景是我向皮耶罗示爱。在伴奏乐的三个不同的小节里，我得靠近皮耶罗，亲他的脸颊三下。在彩排中，我表演得太投入，竟然在皮耶罗白色的脸颊上留下了红色的唇印。这一刻，皮耶罗变成了简·梅，她暴怒，打了我一耳光。这一耳光魔力般地揭开了我的剧场生涯！

彩排仍然在继续，我不禁开始仰慕这位无声剧女演员非凡而充满生气的表演。如果她不是被无声剧这种错误而乏味的形式所禁锢，她也许会成为一位伟大的舞蹈家。这种形式太束缚人了。我常想发表自己对无声剧的看法："如果你想说，你为什么不说出来呢？为什么要费尽力气地做尽手势，就像在聋哑病院里？"

首演之夜到来了。我穿着法国督政时期的蓝色丝绸演出服，戴着金色的假发和一顶巨大的稻草帽。唉，我来这里原本是要给这个世界带来一场艺术革命的！而我完全失去了自我，被装扮了起来。我亲爱的母亲坐在剧院的第一排，她一头雾水。即使这样，她仍然没有提议回旧金山，但是我看得出她失望透顶。这么多努力奋斗竟然换来如此糟糕的结果！

在排练无声剧期间，我们身无分文。我们从寄宿公寓搬了出来，在第一百八十街租了两间空屋子。我没钱坐车，只能走路去位于第二十九街的奥古斯丁·达利的剧院。为了抄近路，我常常在泥地上跑，跳过人行道，穿越树木。我想尽办法省钱。因为没有钱，我不吃午餐。在午餐时间，我常常躲在舞台包厢里，用睡眠来节省力气，然后饿着肚子继续下午的排练。在无声剧正式演出前，我排练了六个星期，一直过着这样的生活。正式演出的第一个星期，依然没有发工资。

在纽约演出了三个星期后，剧院开始到各地进行一个晚上的巡演。我拿到了剧院发的用于支付我所有开支的每周十五美元的薪金。我给了我母亲一半作为她的生活费。每到一个演出地点，我不去旅馆，而是提着我的小箱子，步行去找便宜得多的寄宿公寓。我每天的生活费只有十五美分，什么都包括在内，有时候要走很多路，我才能找到这样的住处。而有时候房东给我安排的房间周围住着很奇怪的邻居。记得有个房东给了我一间没有门锁的房间，而男邻居们大多是酒鬼，常常喝得醉醺醺的，试图闯入我的房间。我很害怕，把笨重的衣柜横在房门口，防止他们进来。即使这样，我还是不敢入睡，整夜都惊醒着。我想不出还有什么比跟着剧院四处巡演更让人感觉幻灭的事情了。

简·梅是不屈不挠的。她每天都组织一次排练，无论怎么排，她都不满意。

我随身带了几本书，阅读从未间断。每天我都给姆拉斯基写长长的信，但我不想告诉他我有多惨。

两个月后，剧团回到了纽约。整个冒险使得达利先生陷入了财政危机，简·梅回到了巴黎。

而我身上又发生了什么？我再一次见到了达利先生，竭力想让他对我的艺术感兴趣。但是他好像根本听不进去，对我所说的毫无兴趣。

“我正要排演《仲夏夜之梦》，”他说，“如果你感兴趣，你可以跳其中的那段精灵舞。”

我的舞蹈理想是表达人性的情感，传达人生的体验。我对精灵们并不感兴趣。但是我同意了，并建议在泰坦尼亚和奥伯龙入场前在森林中的那一幕，用门德尔松的谐谑曲作为我舞蹈的伴奏乐。

当《仲夏夜之梦》上演的时候，我穿着一件用白色和金色薄纱制成的束腰宽松长衣，带着一对闪亮的金翅膀。我很反对带这对翅膀出场。在我看来，带上它们非常可笑。我试着告诉达利先生，我不用带纸质的翅膀就能表现出翅膀的感觉。但是达利一意孤行。首演当晚，只有我一个人在舞台上跳舞。我很高兴。最后，我终于能够独自站在这巨大的舞台上面对伟大的观众舞蹈了。我真的跳了，观众不由自主地鼓掌。当我带着翅膀下台的时候，我希望看到达利先生高兴的表情，希望他能表扬我。而相反，他暴怒。“这里不是音乐厅！”他大发雷霆。他根本听不到观众给予这个舞蹈的掌声。第二个晚上，我上台表演时，发现所有的灯都熄灭了。在《仲夏夜之梦》一剧中，我都是在黑暗中舞蹈的。没有人能看清舞台上的表演，只能看到一个白色的东西在飘动。

《仲夏夜之梦》在纽约演出了两个星期之后，也开始了巡演。我又一次开始了恐怖的旅行，四处找寻廉价的寄宿公寓。唯一不同的是我的周薪涨到了二十五美元。

就这样，我过了一年。

我过得很不开心。我的梦想、我的理想、我的雄心，一切都付之东流。在剧院里，我几乎没有朋友。大家觉得我很古怪。我常常带着一本马可·奥勒留的书。我试图吸收一些斯多葛派的哲学思想来缓解我不时感受到的痛苦。尽管如此，我还是在旅途中结识了一位演泰坦尼亚王后的年轻女孩，她叫茉德·温特。她性格温和，富有同情心。但她有一个奇怪的癖好，靠吃橘子过活，拒绝其他食物，我怀疑她并非地球生物。若干年以后，我接到了她的死讯，她死于致命的贫血。

奥古斯丁·达利剧院的台柱是艾达·里恩，一个伟大的女演员，虽然她对后辈毫无同情之心，但在剧院时，我唯一感到高兴的事情就是可以欣赏她的表演。她很少参加公司的巡演，但是当我回到纽约，我就可以经常看到她演罗瑟琳、贝亚特丽采和波西亚等角色。她是世界顶级女演员之一。在日常生活中，这种伟大的艺术家从来不在乎自己是否讨剧院同事的喜欢。她很骄傲，不苟言笑，让人觉得要她跟大家说声早安也是件很难的事，从有一天剧院侧厅张贴的这则布告可见一斑：

公司敬告各位员工，无需向艾达·里恩问候早安！

事实上，在奥古斯丁·达利剧院的整整两年里，我从未有跟里恩小姐说上话的荣幸。她显然将公司里的小人物都不放在眼里。记得有一天在等达利剧院的一班人时，她用手扫过所有人的头顶说："啊！经理，你怎么能让我等这些无足轻重的人呢！"（我，就是这些无足轻重的人中的一个，一点儿也不喜欢她暗示的贬低之辞！）我不理解，像里恩这样一个如此伟大的艺术家，一个如此迷人的女人竟然会犯这样的错误。我只能这样给她找原因，她已经快五十岁了，长期被奥古斯丁·达利先生重用，也许她不满达利先生最近常常没有任何理由，或者因为某些里恩小姐反对的理由，选出几个漂亮的年轻女孩子，让她们连续两三个星期或者两三个月扮演主要角色。作为一个艺术家，我十分崇拜艾达·里恩。如果那个时候她能够给我一点点友好的鼓励，那对于我的人生将会有多么重大的意义呀。但是在这整整两年里，她从未正眼看我一下。事实上，记得在《暴风雨》一剧结尾时，为了庆祝米兰达和费迪南德结婚，我要跳一段舞蹈，而里恩在我整个表演过程中都明显地把头扭向另一边，这使得我尴尬万分，几乎无法表演下去。

在《仲夏夜之梦》的巡演过程中，终于有一天，我们到了芝加哥。我极度喜悦地去见我所谓的未婚夫。那又是夏天，在没有排练的日子，我们每天都钻进树林，散长长的步，我越来越欣赏伊凡·姆拉斯基的智慧。几个星期后，我要回纽约了。我们约定，他也跟我一起去，然后结婚。听到我要结婚的消息，我的哥哥开始打听他的背景，然后很幸运地查出他在伦敦已经有妻子了。我的母亲惊呆了，坚持要我们分手。

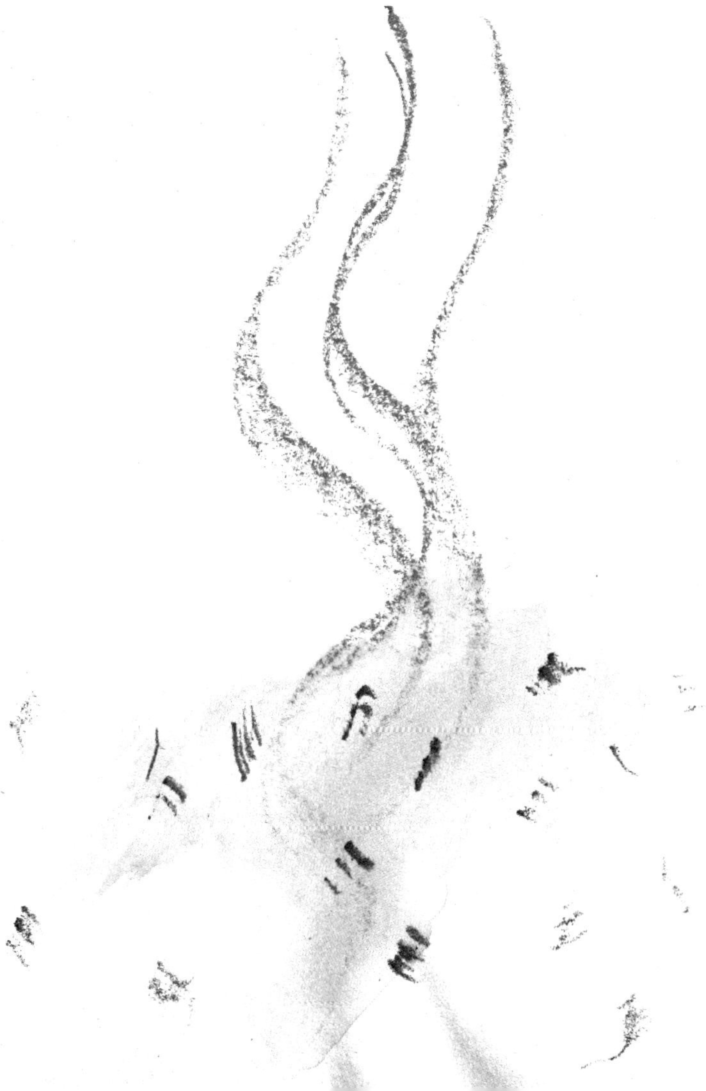

第五章

我们全家现居纽约。我们找了一间带浴室的工作室。为了保证足够的舞蹈空间，我在工作室里没放一件家具。我们没有床，只有五个弹簧床垫。我们在工作室的墙上挂满了窗帘，白天把床垫竖起来放，晚上睡在床垫上，共用一条被子。在这间工作室生活期间，伊丽莎白继续像在旧金山时一样上学。奥古斯丁加入了一个剧团，很少在家，他总是四处演出。雷蒙德冒险进入新闻业。为了维持开支，我们把工作室按小时出租给老师们用于教授朗诵、乐器演奏、声乐等。由于工作室里只有一间房间，所以出租时间全家人不得不出门散步。我记得有次下大雪我们在中心公园靠走路来取暖。我们走啊走，然后走回家，站在门口等别人上完课。有一个教朗诵的老师总是教同一首诗歌。那是“梅布尔，小梅布尔，她的脸靠着窗格”。他常常带着特别夸张的悲怅感重复这一诗句。学生用毫无感情的声音重复，老师常常大声说：“难道你感受不到诗歌中的悲怅感吗？难道你真的感觉不到吗？”

这时奥古斯丁·达利正在打着主意要推出《艺妓》一剧。他选我参加演出，并在一个四重唱中演唱。我之前从未唱过一个音符。另外三个和我一起唱歌的演员说我总是带着他们跑调，所以我只是甜美地站在那里，张着嘴，但是却不发出一点声音。妈妈常说这太特别了，其他人唱歌的时候，因为发声而表情可怕，而我却从头到尾都保持着甜美的表情。

这出愚蠢的《艺妓》是我在奥古斯丁·达利那里最后一次毫无意义的演出。记得有一天，他穿过漆黑的剧院，发现我躺在包厢的地板上哭泣。他弯腰，问我怎么了，我告诉他我再也受不了他剧院里那些愚笨的东西了。他告诉我他比我更不喜欢《艺妓》，但是他不得不考虑剧院的财政问题。为了安慰我，达利拍了拍我的背，这个动作激怒了我。

“我在这里演《艺妓》这样的剧对我有什么好处？”我说，“你什么时候才会用我？”

达利只是很震惊地看了看我，然后“哼”了一声，走开了。

这是我最后一次见奥古斯丁·达利。几天后，我鼓起所有勇气，双手递交了我的辞呈。但是这些年的经历让我对剧院有了一种十足的恶心感：一夜又一夜不断地重复同样的词语、同样的手势，如戏剧般地变幻无常地看待生活，冗长无聊的废话，都使我厌倦。

我离开了达利，回到了位于卡内基音乐厅的工作室。我们只剩一点钱了。我再次穿上我那束腰宽松外衣，我的母亲为我伴奏。因为白天我们几乎没有时间用工作室，我可怜的母亲整夜为我伴奏。

那个时候，我被埃塞尔伯特·内文[①]的音乐所吸引。我用他的音乐《那喀索斯》[②]、《奥菲莉亚》[③]、《水仙女》等编舞。一天，我在工作室练习，门开了，一个眼神狂野、头发竖立的年轻男子闯了进来。虽然他非常年轻， 但他已经被后来导致他死亡的可怕的疾病缠身。他冲向我，宣称："我听见你和着我的音乐舞蹈。我不许你这样做，我不许！这不是舞蹈伴奏乐，这是我的音乐。没有人可以用它来舞蹈。"

我握着他的手，把他带到一张椅子旁边。

"坐下，"我说，"我和着你的音乐跳舞。如果你不喜欢它，我发誓我不会再跳。"

---

① 埃塞尔伯特·内文（1862 — 1901）：美国现代古典音乐作曲家、钢琴家。

② 那喀索斯：希腊神话中迷恋自己在水中的倒影，淹死后变成水仙的美少年。

③ 奥菲莉亚：莎士比亚悲剧《哈姆雷特》中的女主人公。

我为他跳了他所作的《那喀索斯》。我在旋律里找到了影像：年轻的那喀索斯站在小溪边，直到他爱上了自己的影子，最后消瘦憔悴变成了一株水仙花。我为内文表现了这些。在最后一个音符快消失的时候，他从椅子上跳起来，冲向我，用双手抱着我。他凝视我，眼里充满了泪水。

“你是一个天使，”他说，“你是一朵奇葩。这就是我在写这首曲子的时候脑海里浮现的景象。”

然后我跳了《奥菲莉亚》，接着跳了《水仙花》。他变得越来越狂热。最后他坐到了钢琴边，亲自为我即兴伴奏，他把这个美丽的舞蹈叫做《春》。真是遗憾，虽然他为我演奏了很多次这支曲子，但是却从未把它记录下来。内文已经完全着迷了，他建议我们一起马上在卡内基音乐厅的小音乐房内开一场音乐会。

内文亲自操办音乐会，从租音乐厅到制作节目单等等，他每个晚上都跟我排练。我始终认为埃塞尔伯特·内文拥有一个伟大作曲家所该具备的一切素质。他原本应该成为美国的肖邦，但是在恶劣的身体条件下，他要花很大的劲才能让身体和精神协调起来，也许正是这种疾病导致他后来英年早逝。

第一场音乐会获得了巨大的成功，紧接着的那些场次在纽约引起了不小的轰动。如果那个时候我们够实际，知道要找一位好的经纪人，那么我已经开始成功的演艺生涯了。但是我们出奇地无知。

许多上流社会的女士也成为我的观众，我受邀在纽约不同人家的客厅演出。那个时候我已经把菲茨杰拉德[1]翻译的海亚姆[2]诗歌全集编成了舞蹈。我跳舞的时候，有时候奥古斯丁为我朗诵，有时候是我姐姐伊丽莎白。

夏天来了。我受邀到纽波特阿斯特太太的别墅去跳舞。我和伊丽莎白，还有我母亲一起去了纽波特。纽波特是当时非常流行

① 菲茨杰拉德（1809–1883）：英国作家、翻译家。

② 海亚姆（1048–1122）：波斯诗人，著有《鲁拜集》。

的度假胜地。阿斯特太太在美国就相当于英国女王。见到她的人比见到王室成员还要敬畏和害怕。但是在我看来，她很平易近人。她把演出安排在她的草坪上：纽波特当地最上层社会人士都在草坪上观看了我的演出。我有一张当时的演出照，其中有值得尊敬的阿斯特太太，她旁边坐着哈利·莱尔。周围有范德比尔特、贝尔蒙特、菲什等家族的成员们围绕着她。后来，我还在纽波特其他的一些别墅里跳舞，但是那些女士过于锱铢必较，以至于我们挣来的钱都不够付旅费和食宿费。虽然大家欣赏我的舞蹈，认为它是迷人的，但是他们根本不能理解我的舞蹈艺术。这次纽波特之行，我们失望而归。这里的人都很势利，他们虽然富有，却毫无艺术感。

那个时代，上流社会的人把艺术家看作下等人 一种高级仆人。这种看法如今已经发生了巨大的变化，尤其是帕德雷夫斯基[①]成为波兰总理之后。

我并不满意加利福尼亚的生活，因此我开始有一种很强烈的愿望，要找到一个比纽约更具艺术氛围的地方。我梦想着去伦敦，在那里也许能遇到作家、画家，比如乔治·梅瑞狄斯[②]、

---

① 帕德雷夫斯基（1860–1941）：波兰钢琴家、作曲家、政治家。1919 年任波兰总理。

② 乔治·梅瑞狄斯（1828–1909）：英国小说家、诗人。

亨利·詹姆斯[①]、瓦茨[②]、史文朋[③]、伯恩·琼斯[④]、惠斯勒等。这些都是极具吸引力的名字。说实话，在纽约待了这么久了都没有人能够真正理解并支持我的艺术理想。

与此同时，伊丽莎白的学校在扩大，我们从卡耐基音乐厅的工作室搬到了温莎公爵酒店一层的两个大房间。这两个房间的租金是每星期九十美金。我们很快就意识到靠学员的舞蹈课学费是付不起房租和其他开支的。事实上，从表面上看我们很成功，但是我们的银行账户却是亏空的。温莎公爵酒店是阴暗的，我们住在那里一点儿也不开心，而且要承担沉重的开支。一个晚上，我和姐姐坐在火堆旁，考虑该从哪里找些现金回来去付那些账单。突然我大叫："唯一可以救我们的办法就是酒店被火烧了！"没想到一语成谶。三楼住着一个很富有的老妇人，她的屋子里摆满了古董家具和古画。她有一个习惯，每天早上整八点下楼到会客厅用早餐。我们计划第二天早上由我去找她借钱。我确实这样做了。可是老妇人当时脾气很坏，她拒绝了我，还抱怨酒店的咖啡难喝。

"我在这个酒店住了很多年了，"她说，"但他们提供的咖

---

① 亨利·詹姆斯（1843 — 1916）：美国小说家。

② 瓦茨（1817 — 1904）：英国画家和雕塑家。

③ 史文朋（1837 — 1909）：英国诗人、批评家。

④ 伯恩·琼斯（1833 — 1898）：英国画家、工艺设计家。

啡总那么难喝，我打算离开了。”

那个下午，她真的离开了酒店，整个酒店付之一炬，她也被烧成了酥饼！伊丽莎白镇静而勇敢地挽救了她的舞蹈学校，让学员手拉手排成纵队撤出酒店。我们来不及从火中抢救出我们的财物。我们失去了所有的物品，包括对我们来说十分珍贵的家庭相片。我们搬到位于同一个大道的白金汉宫酒店避难。几天后，我们又和刚来纽约时一样了——身无分文。“这是命运，”我说，“我们必须去伦敦。”

第六章

所有这些不幸使得我们在这一季末的纽约束手无措。也就是在那个时候，我有了去伦敦的想法。在温莎公爵酒店的大火后，我们失去了所有行李，甚至没有换洗的衣服了。我跟奥古斯丁·达利先生的合约，在纽波特上流社会人士面前以及在“纽约四百”的跳舞经历都让我感到一种痛苦的幻灭感。我想如果这就是美国对我的回应，那么我再也不用去敲这扇很快紧闭的门，再也不在如此冷漠的观众面前舞蹈。我极度渴望着到伦敦去。

家里只剩四口人了。一次，奥古斯丁跟着一个小巡演剧团扮演罗密欧一角，爱上了那个扮演朱丽叶的十六岁女孩。一天，他回到家里，宣布他结婚了。这一行为被看作是一次背叛。母亲狂怒。她那天的表现就像我前面描述的、我父亲第一次回家的时候一样。她走进了另一间房间，关上了门。伊丽莎白默不作声，雷蒙德变得歇斯底里。我是唯一同情奥古斯丁的。我告诉因为极度痛苦而脸色苍白的奥古斯丁，我会跟他一起去看望他的妻子。他带我到了小街道里一个可怕的宿舍内，我们爬了五层楼梯，在一个房间里见到了朱丽叶。她很漂亮，但很虚弱，看上去病恹恹的。他们向我倾诉他们正在期待一个新生命的降临。

因此，奥古斯丁自然被排除在我们去伦敦的计划之外了。全家人觉得他在路边跌倒了，不配和我们一起去追寻伟大的前途。

在夏天到来的时候，我们又一次待在了一间空无一物的工作室中，没有资金。我灵光一闪，决定去乞求那些曾在沙龙里看过我们跳舞的富女人，乞求她们给我们一笔足够我们去伦敦的钱。我首先去拜访了一位住在第五十九街可以俯瞰中心花园的富丽堂皇的公馆里的女士。我告诉她关于温莎公爵酒店的大火，告诉她我们如何在大火中失去了所有的财物，告诉她我们在纽约如何得不到赏识，告诉她在伦敦我们一定可以获得认同。

最后，她站起身走向书桌，拿起笔，写了一张支票，并折好递给我。我满含泪水地离开了她，跳跃着走出了那个房子。唉！当我到达第五大道的时候，我发现支票上只有五十美元，根本不够我们全家去纽约。

接着，我试着去找另一个百万富翁的妻子。她住在第五街的街尾。从第五十九街到她的宫殿，我走过了五十个街区。在这里，我受到了一个年纪更大的女人更冷漠的对待，她斥责我不实际的请求。她还向我解释如果我曾经学习过芭蕾舞的话，那么她也许会有不同看法，因为她知道曾经有一位芭蕾舞者发了大财。由于我的衣服热不透风，我变得十分虚弱，几乎中暑，倒在地上。那是下午四点，我还没有吃午饭。看到我跌倒了，这位女士感到不安，她按铃召来了高贵的男管家。男管家给我带来了一杯巧克力和一些吐司面包。我的眼泪滴进巧克力里，打在吐司面包上。我依然劝说这位女士，让她相信我这次伦敦之行的可行性。

“我有一天会成名，”我告诉她，“那时将对你有所回报，因为你赏识了一位美国天才。”

最后这位六千万美元的拥有者终于也给了我一张支票——还是五十美元！但是她加了一句：“一旦你赚到钱，你要把钱还给我。”

我没有把钱还回去，我宁可把这些钱送给穷人。

用同样的方式，我游说了纽约大部分百万富翁的太太。于是，有一天我们拥有了三百美元，成功攒够了去伦敦的钱。但是如果我们想到了伦敦还能剩余点钱的话，这些钱还不够我们买普通蒸汽轮船二等舱的船票呢。

雷蒙德想出了一个聪明的点子。他跑遍了码头，直到找到了一条去赫尔的载运牲口的小船。船长被雷蒙德的故事深深地打动，他同意让我们坐他的船，虽然这不合他船上的规矩。一天早晨，我们只带了几个手提包就上船了，因为我们的大箱子都在温莎公爵酒店的大火中付之一炬。我相信正是这次旅行让雷蒙德成了一个素食主义者。因为我们看到了被围起来的成百只可怜的挣扎着的牲畜，它们从中西部平原被运往伦敦。它们被各自的角撞伤，整日整夜哀怨地呻吟着。这给我们留下了深刻的印象。

后来，当我坐在大邮轮奢华的船舱里时，我常常想起这次在载运牲畜的船上的航行，想起我们压抑不住的欢喜和愉悦。我很怀疑一个人如果长期处于奢华的氛围中会不会变得神经衰弱。我们的食物只有腌牛肉和味如稻草的茶。卧铺很硬，船舱狭小，食物微薄，但是开往赫尔的这两个星期旅程中我们非常幸福。我们羞于用自己的名字坐这样的船，于是我们用我外婆的姓氏——奥戈尔曼。我给自己取名叫玛吉·奥戈尔曼。

我在船上交到的第一个朋友是一个爱尔兰人。我常常和他一起。他经常跟我说："相信我，玛吉·奥戈尔曼，如果你允许的话，我一定会成为你的好丈夫。"另一些夜晚，好心的船长会拿出一瓶威士忌，请大家喝热棕榈酒。这是一段非常幸福的时光，除了条件艰苦，还有圈里那些呻吟着的可怜的牲畜让我们有点儿忧伤。我想知道现在人们是不是仍然用这种残忍的方式把牲畜带入英国。

奥戈尔曼一家在 5 月的一个早晨到达了赫尔。乘了几个小时的火车后，邓肯一家到达了伦敦。我记得通过《泰晤士报》上的一则广告，我们找到了大理石拱门附近的一家旅舍。在伦敦，起初的一段日子，我们把所有的时间都用在坐巴士出神地四处游逛上。周围的一切事物都让我们感到惊喜和愉快。我们完全忘记了我们的财物是多么有限。我们喜欢四处观光，花好多个小时在威斯敏斯特教堂、大英博物馆、南肯辛顿博物馆和伦敦塔流连，游览了丘园、里士满公园和汉普顿宫。然后我们激动而困乏地回到旅店，所作所为完全像一群有一个从美国给我们寄费用的父亲的观光客。直到几个星期后，我们才从观光客的美梦中清醒过来，因为盛怒的女房东要我们付账单。

直到有一天，我们在国家美术馆听了一个非常有趣的关于克雷吉欧[①]的“维纳斯和阿多尼斯”的讲座后，回到家时，发现门被迎面关上了。我们站在门口的台阶上，而我们少得可怜的行李仍在房子里面。我们翻遍了所有的口袋，所有人的钱加起来只剩六个先令。我们转身向大理石拱门和肯辛顿花园走去，想在那里找个地方坐下来，考虑我们下一步该怎么办。

① 克雷吉欧（1489 或 1494 — 1534）：意大利文艺复兴时期画家。

第七章

如果我们可以看到记录自己生命的影片，肯定会感到惊奇，而不禁高呼："这些真的在我身上发生过吗？"在我的记忆中，我们四个人在伦敦的街道上行走，就像查尔斯·狄更斯笔下的场景一样。我现在几乎不能相信这些事情曾经真实发生过。我们这些年轻人在遭受一系列打击之后还能保持愉快的心情并不奇怪，但我的可怜的母亲，她不再年轻，在她的一生中经历了如此多的艰难和麻烦，她却依然把这些看作是生活里普通的经历。每当我回首往事，这常常让我难以置信。

我们沿着伦敦的街道走着，没有钱、没有朋友，找不到过夜的安歇之处。我们试了两三间旅馆，但是在没有行李的情况下，他们都坚持要我们必须预先支付房钱。最后我们打算在绿色公园的长椅上将就一晚，可一个身材庞大的警察出现在我们面前，赶我们走。

这样的情形持续了三天三夜。我们靠一便士的圆面包维生，但我们的生命力实在惊人，我们整天待在大英博物馆里。我记得我当时正在读温克尔曼[①]的《雅典之旅》的英译本。我忘记了我们的奇怪处境，为了温克尔曼从他热烈的发现之旅回来后悲剧性的死亡而哭泣，而并非是为了我们自己的不幸而哭泣。

到了第四天拂晓，我决定必须采取一些措施了。我告诫我的母亲、雷蒙德和伊丽莎白，叫他们跟着我，不要说话。我径直走进了伦敦最高级的旅店之一。我告诉昏昏欲睡的守夜门房，我们刚刚坐夜车到达伦敦，我们的行李正从利物浦运来。在给我们安排房间的同时，我要旅店给我们送早饭，包括咖啡、荞麦面包和其他的美式佳肴。

之后的一整天我们都在奢华的床上睡觉。我不时地打电话给门卫，苦涩地抱怨我们的行李还没有到。

“我们没有换洗衣服是无法出门的。”我说。那个晚上我们在房间里用餐。

第二天拂晓时，我觉得诡计就要被戳穿。我们就像来的时候

---

① 温克尔曼（1717 — 1768）：德国考古学家、艺术史学家和鉴赏家。

一样走出酒店，但是这一次，我们没有叫醒门房。

我们走在街道上，觉得已经恢复精力了，可以再次面对这个世界。那个早晨，我们散步到切尔西，在一个老教堂的墓地里坐下。我发现墓地的小路上有一张报纸，我捡起它，视线落在一则小报道上。那则报道里说在纽约时我曾在她家里跳过舞的一位女士，在格罗夫纳广场买了一座房子，大宴宾客。我灵光一闪。

“你们在这里等。”我对其他人说。

午饭前，我独自一人上路去格罗夫纳广场，在那位女士家里见到了她。她非常友好地接待了我。我告诉她，我来了伦敦，在各家的客厅跳舞。

“我周五的晚宴正好需要这种演出，”她说，“你能在晚餐后为我们作些表演吗？”

我很满意，并巧妙地暗示她必须先付点定金。她真是和蔼又客气，立刻写了一张十英镑的支票给我。我带着支票跑回切尔西墓园时，雷蒙德正在做一次关于柏拉图理念中的灵魂的演讲。

“我这个周五要去某太太在格罗夫纳广场的房子里跳舞。或许威尔士王子也会去，我们的机会来了！”我给他们看了支票。

然后，雷蒙德说：“我们必须拿着这些钱去租一个工作室，先付一个月租金，我们再也不能将自己置身于那些低等、粗俗的女房东的辱骂声中了。”

我们找到了一个工作室，一间小小的、临着切尔西国王路的工作室。那一夜我们睡在工作室里。那里没有床，我们只能睡在地板上，但是我们觉得自己又重新像艺术家一样生活了，我们都同意雷蒙德的想法，再也不能住那些资产阶级的旅店了。

用付完房租剩下的钱，我们买了一些罐头食品作为将来的供给。我在免税店里剪了几码白纱用于在周五某太太的宴会上的装扮。那晚，我跳了内文的《那喀索斯》。在舞中，我是一个脆弱的少年，爱慕自己在水中的倒影，因为当时我很瘦，所以很合适这个角色。我还跳了内文的《奥菲莉亚》，我听到了口哨声。“这个孩子从哪里学来如此悲惨的表情？”在晚宴结束的时候，我跳了门德尔松的《春之歌》。

我的母亲为我伴奏，伊丽莎白朗诵安德鲁·朗格翻译的忒奥克里托斯的诗，雷蒙德就什么是舞蹈以及舞蹈对未来人性可能产生的心理作用做了一个简短的讲演。这点对那些脑满肠肥的听众来说有点阳春白雪。但是我的表演很成功，女主人很高兴。

来看演出的都是典型的有教养的英国人，没有人议论我赤脚穿凉鞋、戴着透明面纱跳舞，尽管一些年后这在德国引起了人们的议论。英国人太礼貌了，既没有评价我服饰的来源，也没有评价我舞蹈的来源。每个人都说，“真漂亮”，“非常好”，“真感谢你”，或是一些类似的话——这就是全部了。

但自从那个晚上起，我就不断收到许多去家庭宴会跳舞的邀请。前一天，我发现自己在王族成员面前跳舞，或是在劳瑟太太的花园里跳舞，而后一天，却没有果腹之食。有时候我的演出有收入，但更多的时候演出是无偿的。女主人喜欢说：“你将在某某公爵夫人面前跳舞，你将在某某伯爵夫人面前跳舞，这么多著名的人物都将看到你的演出，你将在伦敦成名。”

记得有一天，在一场慈善演出中，我跳了四个小时的舞。作为奖赏，一个有头衔的女士为我斟茶，亲手递给我草莓甜品。我几天没有吃过固体食物，身体很不舒服，那些草莓和油腻的奶油让我觉得恶心。与此同时，另一个女士举着一只装满英国金币的大包说：“快看，你为我们盲女孩之家募捐到了这么多钱！”

我和母亲都太过于要面子，从不告诉那些人他们前所未闻的、会让他们感到罪恶的事情。相反，我们节省下正常饮食需要花费的钱，用于购置衣服，衣衫光鲜地出现在公众场合。

我们买了些吊床，租了一架钢琴。我们的绝大多数时间都泡在了大英博物馆里，雷蒙德给所有的希腊花瓶和雕塑画了素描，我则试图找寻音乐去表达它们，不论什么音乐都行，只要与我的脚的节奏、酒神的头的姿势以及酒神杖被抛向空中的动作保持一致。我们每天还花很多时间在大英博物馆的图书馆里阅读，中午我们在馆内的餐室用餐，一个一便士的小圆面包，一杯法式咖啡。

我们狂热地痴迷于伦敦的美丽。这里所有的文化和建筑美，都是我在美国不曾见过的。现在我可以尽情畅饮了。

离开纽约后，我已经一年多没有见到伊凡·姆拉斯基了。有一天，我收到一个芝加哥朋友的来信。信中说姆拉斯基自愿参加了西班牙战争，随军驻扎在佛罗里达，染上了伤寒，死在了那里。这封信对我是个可怕的打击。我简直不能相信这个消息是真的。一个下午，我走路去库柏学院，查阅了一大堆旧报纸。我找到了用小字体印刷的阵亡人员名单，他的名字在里面。

朋友的信中还给我提供了姆拉斯基妻子的名字和她在伦敦的地址。因此一天，我叫了一辆双轮马车，出发去找姆拉斯基夫人。地址上的地点离我住的地方很远，是汉默史密斯的某个地方。我仍然或多或少受到了美国清教徒思想的影响，我把姆拉斯基从未向我提及他在伦敦有妻子这件事看作一件可怕的事情。我也从未告诉任何人我去看望他妻子的计划。我把地址给了马车夫，就向着这个几英里外，几乎是在伦敦边缘的地方进发了。一路上，整排整排低矮灰色的房子，每座都是同一个样子，都有阴沉肮脏的前门，挂着的门牌一个比一个厉害，有舍伍德居、格林屋、艾尔斯米尔、恩尼斯摩等等，而这些都不是我要找的，最后我终于找到了斯特拉这个门牌。我按了门铃，开门的是一位异常沮丧的英国女佣。我说我来找姆拉斯基夫人，就被带进一间闷热的客厅。我穿着凯特·格林威[①]风格的白色细薄棉布裙，腋下系着一根蓝

① 凯特·格林威（1846 — 1901）：英国女画家、作家，以儿童插画著称。

色腰带，头戴一顶大草帽，我的卷发垂在肩头。

我听到楼上传来沉重的脚步声，一个尖尖的声音清晰地说："好了，姑娘们，守秩序，守秩序。"斯特拉是一所女校。我当时正在受一种情感煎熬，混杂着惊恐和痛苦的嫉妒——虽然姆拉斯基已经悲惨地死去。这时，进来了一个我此生见过的最奇怪的小人影。她不超过四英尺高，瘦得憔悴，明亮的灰眼睛，稀疏的灰色头发，小小的白皙脸庞，没有血色的紧闭的薄嘴唇。

她的招待并不热情。我努力解释我是谁。

"我知道，"她说，"你是伊莎多拉，伊凡写给我的很多信中都提到过你。"

"真是不好意思，"我结结巴巴地说，"他从来没有对我说起过你。"

"是啊，"她说，"他不会说的。我本来已经打算去跟他团聚，可是现在——他已经死了。"

她说着这些话时所用的语气和声音让我开始哭泣。然后，她也跟着哭了，仿佛我们是多年的老朋友。

她带我去她的房间，房间的墙上贴满了伊凡·姆拉斯基的照片。那些照片中有一些是他年轻时照的，他有着一张极其俊美、颇具打动人心力量的脸。在一张寄来的照片中，他像战士一样穿着制服，她用黑纱将这张照片围了起来。她告诉了我关于他们的故事，他怎样去美国寻求发展，因为钱不够，所以她没有和他一起去。

“我本来要去跟他会合的，”她说，“他一直写信来说：‘很快我就有钱了，就能接你来。’”

几年过去了，她一直在这个女校当家庭教师，她等白了头，伊凡还是没有给她寄钱。

我不禁将这个病恹恹的瘦小老妇人的命运与我自己勇敢的旅程相对比—— 在我看来她真的很老。她是伊凡·姆拉斯基的夫人，如果她真的想去，她为什么不去跟他团聚呢？即使是作为一个陌生的过路人，我也无法理解，直到现在也无法理解，如果一个人真心想做一件事情，有什么能阻止他的呢。因为我从来是想做就做的。虽然这不时地给我带来灾难和不幸，但我至少能够按照自己的方式生活，这让我很满意。这个可怜的、病恹恹的小东西，怎么能一年又一年地去等，等着一个是她的丈夫的男人召唤她呢？

我坐在贴满着伊凡照片的房间里，她紧紧地握着我的手，跟我谈着伊凡，直到我意识到天黑了。

她让我保证还会再去看她，我也要她一定来看我们。但她说她没有时间，她每天得从清晨工作到深夜，给那些女孩子上课，批改她们的作业。

我已经打发车夫回去了，因此我只能坐双层公交车回家。记得在回家的路上，我一路哭泣，为了伊凡·姆拉斯基的命运和他可怜的小妻子。但同时我有一种奇怪的强烈的优越感，蔑视那些失败者，那些把他们的生命浪费在等待上的人们。这就是青春的残忍吧。

在那之前，我每天都枕着伊凡的照片和信件睡觉。从那天以后，我就把它们收进了一个密封的小盒子里，放进了我的衣箱。

*

在切尔西的工作室第一个月租到期时，天气十分炎热。我们找到了一个位于肯辛顿的带家具出租的工作室。在新工作室里，我有了一架钢琴，也有了更多的工作空间。但转眼就到了 7 月底，夏初，伦敦上流社会的社交季节结束了。在我们前面的是 8 月，我们几乎没有钱熬过这个季节。整个 8 月我们都泡在肯辛顿博物馆和大英博物馆的图书馆里。在图书馆关门后，我们走路回家，从大英博物馆走到我们在肯辛顿的工作室。

一个晚上，出乎我的意料，瘦小的姆拉斯基夫人出现了，还邀请我一起吃晚餐。她非常激动。这次出访对她而言是一次伟大的冒险活动。晚饭时她还点了一瓶勃艮第葡萄酒。她要我告诉她伊凡在芝加哥是什么样子，他说过些什么。我告诉她，伊凡很喜欢采集树林里的金菊花；告诉她，有一天我看到他的红头发在阳光下闪耀，他怀里满是金菊花的情形；告诉她，我总是把他跟这种花联系在一起。她哭了，我也流下了眼泪。我们又喝了一瓶勃艮第葡萄酒，放任自己尽情沉浸在往事中。然后她跟我告别，坐着错综复杂的公交班车，回斯特拉去。

9 月来了。伊丽莎白一直和我们以前在纽约教过的学生的母亲保持着通信。其中一个母亲给她寄了一张支票，作为她回纽约的旅资。这让她决定回美国去挣些钱。

“因为，”她说，“如果我赚到钱，我就寄一些给你们。不过，你很快就既富有又成名了，那样我很快就能回来和你们在一起了。”

我记得我们去肯辛顿繁华商业区的一家店里给伊丽莎白买了一件暖和的旅行外套。最后我们在运船客的火车上跟她告别，我们三个留了下来，回到了工作室。接下来的好些日子，我们都极度沮丧。

开朗而温柔的伊丽莎白走了。10 月阴森地逼近，寒冷、可怕。我们第一次感受到了伦敦的雾，长期喝一便士的汤也许让我们贫血了，连大英博物馆都失去了魅力。漫长的一天又一天，我们甚至没有出门的勇气，只是裹着毯子坐在工作室里，在一张用几片硬纸板临时制作的跳棋盘上玩跳棋。

就如同我回首往事时，为我们惊人的乐观感到惊奇一样，每每我回头看这段日子的时候，我也为我们精神的全面崩溃而惊奇。事实上，有一段日子我们甚至没有在早晨起床的勇气，整天睡觉。

最后，伊丽莎白的信来了，信封里装了一笔汇款。她已经到达纽约了，住在第五大道的白金汉酒店。她开设了她的学校，进展顺利。这给了我们信心。因为我们工作室的租期到了，我们在肯辛顿广场租了一间带家具的小屋子。这使得我们拥有了一个特权，那就是一把进入广场花园的钥匙。

一个秋末冬初、风和日丽、气候宜人的夜晚，我和雷蒙德在花园里跳舞，一个戴着一顶黑色大帽子的绝世美丽的女士出现了。她说："你们这些人究竟是从哪里来的？"

"我们不是来自地球的，"我回答道，"而是来自月球的。"

"哦，"她说，"不论你们来自地球还是月球，你很甜美，你能跟我去我家吗？"

我们跟着她去了她在肯辛顿广场非常温馨的家。她的家里有由伯恩·琼斯、罗塞蒂[①]和威廉·莫里斯[②]等著名画家给她画的惟妙惟肖的肖像。

她就是帕特里克·坎贝尔[③]。她坐在钢琴前，为我们弹奏，唱古老的英国歌给我们听，然后她又为我们朗诵诗歌，最后我跳舞

---

① 罗塞蒂（1828 — 1882）：英国画家、诗人、翻译家，其绘画题材大多取自但丁作品和中世纪传奇文学，具有浪漫主义幻想特色。

② 威廉·莫里斯（1834 — 1896）：英国著名的设计师、作家、诗人。被誉为"现代设计之父"，是新艺术运动的代表。

③ 坎贝尔（1865 — 1940）：英国女演员。

给她看。她美极了，亮丽的黑发，一双又大又黑的眼睛，光滑细腻的皮肤，女神般动听的歌喉。

她让我们都爱上了她，与她的这次相遇完全把我们从先前所陷入的那种忧郁沮丧的状态中解脱出来了。同时，这也标志着我们的幸运时代到来了。因为帕特里克·坎贝尔夫人对我的舞蹈十分欣赏，她帮我写了一封介绍信给乔治·温德姆夫人。她告诉我们当她还是个小女孩时，她的首次演出就是在温德姆夫人家里朗诵朱丽叶的台词。温德姆夫人愉快地接待了我，我有了第一次在炉火前喝英国下午茶的经历。

炉火、面包、黄油三明治、浓茶、户外黄色的雾气、颇有文化的拖长腔调慢吞吞的英国腔，这一切让伦敦变得十分迷人。也许之前我也被伦敦吸引，但是从这一刻起，我深深地爱上它了。这个屋子里存在着一种有魔力的氛围，它安全而舒适，文雅而安逸。我不得不承认宾至如归、如鱼得水。那里漂亮的图书馆也深深地吸引着我。

就是在这个屋子里，我第一次领略了英国佣人的优雅举止。他们的一举一动都显露出某种贵族的气质，他们一点儿也不嫌弃自己是佣人，不像美国的那些佣人那样一心想往上爬，他们以为名门望族效劳而感到骄傲。在他们之前，他们的父辈们在这里帮佣，在他们之后，他们的孩子也将在这里帮佣。这种代代相传的方式让一切井然有序，平静安稳。

某个晚上，温德姆夫人安排我在她家客厅跳舞。几乎全伦敦的文人雅士都出席了。那天我遇到了在我生活里留下深刻印记的男人。那时候他大约五十岁，是我见到过的最俊美的男人：高高的额头下有一双深邃的眼睛，一个古典的鼻子，一张精致的嘴巴，身材修长，微微有些驼背，中分的灰色头发垂在耳际，一副独特的可亲的表情。他就是查尔斯·哈勒，著名钢琴家的儿子。很奇怪，那个时候追求我的那些年轻男子，没有一个能吸引我。事实上，我几乎感觉不到他们的存在，而我却一下子就对这个五十岁的男人产生了热烈的感情。

他是玛丽·安德森[①]年轻时代的一个重要的朋友。他邀请我去他的工作室喝茶，他给我看了当初玛丽扮演《科里奥兰纳斯》剧中维吉利娅一角时穿的长袍。他一直把这件长袍当作一件神圣的纪念品保存着。第一次拜访后，我们的友谊就变得十分深厚，几乎每个下午我都到他的工作室去。他告诉了我很多事情，关于他的密友伯恩·琼斯，关于罗塞蒂、威廉·莫里斯、前拉斐尔派的；还有他十分熟悉的惠斯勒和丁尼生的。在他的工作室里，我度过了许多迷醉的时光。我之所以能表现早期绘画大师的作品，应部分归功于这位艺术家令人愉悦的友谊。

---

① 玛丽·安德森（1859 — 1940）：美国女演员，后定居英国，从事戏剧活动。

当时，查尔斯·哈勒是新国家美术馆的负责人，所有当代画家的作品都在那里展出。那是个颇有魅力的小美术馆，中央有一个庭院，一个喷泉。查尔斯·哈勒想让我在那里演出。他把我介绍给了他的朋友们，画家威廉·里奇蒙德爵士、历史学家安德鲁·朗格先生、作曲家休伯特·帕里爵士。他们答应每个人在我演出时发表一篇演讲，威廉·里奇蒙德爵士谈了关于舞蹈和绘画的关系，安德鲁·朗格谈了舞蹈和古希腊神话的关系，休伯特·帕里爵士谈了舞蹈和音乐的关系。我在那个美术馆的中心庭院里跳舞，周围是喷泉，稀有的树木、花朵，一排排棕榈树。报纸热情报道了我的演出，查尔斯·哈勒对我的成功喜出望外。全伦敦每个有名的人物都邀请我喝茶或者共进晚餐。我们有过一段短暂的时光，幸运女神向我们微笑。

一个下午，在罗纳德夫人热闹的招待会上，我得以觐见威尔士亲王，就是后来的爱德华国王。他惊叹我是庚斯博罗[①]画中的美人，这一称号进一步提升了我在伦敦上流社会的声誉。

我们的好运越来越盛，我们在沃里克广场租了个更大的工作室。我在那里每天都因获得新灵感而工作着。这些灵感是我在国家美术馆看到的意大利艺术的影响下获得的。虽然在那个阶段我也颇受伯恩·琼斯和罗塞蒂的强烈影响。

---

① 庚斯博罗（1727 — 1788）：英国著名的肖像画家和风景画家。

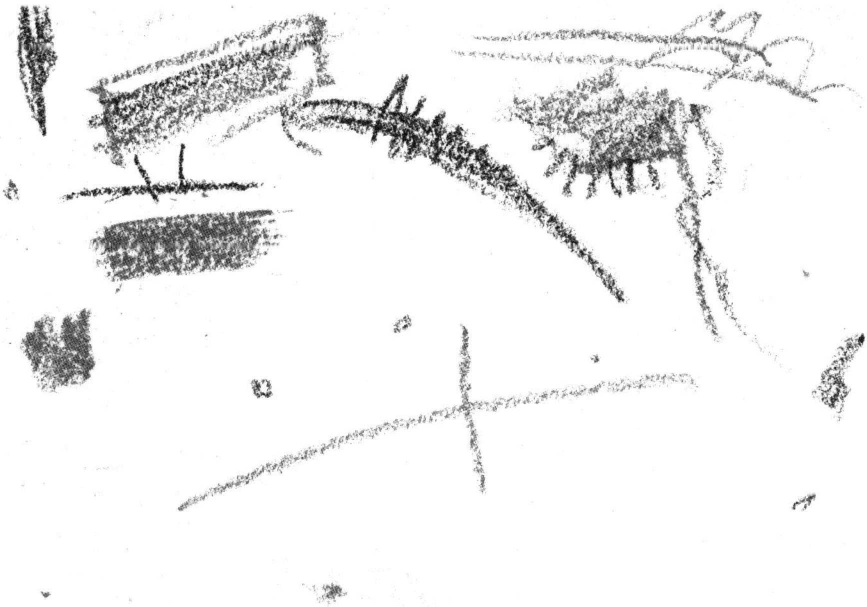

就在这个时候，我的生命里出现了一位年轻诗人，他有着轻柔的声音，梦幻般的眼神，刚从牛津毕业。他是斯图尔特家族的一个后裔，名叫道格拉斯·恩斯利。每个黄昏，他总是腋下夹着三四本书出现在我的工作室，给我念史文朋、济慈、勃朗宁、罗塞蒂和奥斯卡·王尔德[1]的诗。他喜欢大声地朗诵，我也爱听他念。我可怜的母亲认为在这样的场合当一个陪护是绝对必要的，虽然她懂诗，喜爱诗，但是她无法理解这种牛津的朗诵诗歌方式。一个小时或者更长时间之后，尤其是朗诵威廉·莫里斯的

① 奥斯卡·王尔德（1854 — 1900）：英国诗人，唯美主义作家。

诗歌时，我母亲常常会打瞌睡。每当这个时候，年轻的诗人会将身子前倾，轻轻地在我的脸颊上吻一下。

与恩斯利和查尔斯·哈勒之间的友谊让我非常高兴，我不需要结交任何别的朋友了。普通的年轻男子让我觉得特别无趣。虽然当时很多人在伦敦的客厅里看过我跳舞后，纷纷乐意来拜访我或是邀请我外出，但是我傲慢的举止把他们完全吓呆了。

查尔斯·哈勒和他非常迷人的待字闺中的妹妹一起住在卡多根大街一座古老的小房子里。哈勒小姐也对我很好，经常邀请我去吃便饭，吃饭时只有我们三个人在一起。和他们一起，我第一次见到了亨利·欧文[①]和爱伦·特里[②]。我认识欧文是通过他的戏剧《钟》，他伟大的艺术让我如此激动和景仰，在这种艺术的感召下，我一连好几个星期没有睡好觉。而爱伦·特里从那个时候起，一直到现在，都是我生活的理想。那些从未见过欧文的人怎么可能理解他所表现的那种令人颤抖的美丽和壮丽的气势呢！他智慧的魅力和戏剧的才能是无法用言语描述的。他是一个极有天赋的艺术家，就连每个缺点都值得崇拜。他身上有某种但丁的天才和崇高品质。

---

① 亨利·欧文（1838 — 1905）：英国第一位爵士封号的演员，因扮演众多莎士比亚剧中的角色而赢得广泛赞誉，他同时也是一位杰出的剧院经理人。

② 爱伦·特里（1847 — 1928）：英国女演员。

那个夏日的一天，查尔斯·哈勒带我去见一位著名的画家——瓦茨。我在瓦茨家的花园里跳舞给他看。在他的房子里，我看到了爱伦·特里绝美的脸一次次地出现在他的画中。我们一起在他的花园里散步，他告诉了我许多关于他艺术和生活的美丽事情。

爱伦·特里那时正处于女性美的全面成熟期。她不再是瓦茨画中那个高挑、纤细的女孩，而是胸部高耸、臀部浑圆、仪态高贵，和今日审美标准不同！如果今天的观众看到全盛时期的爱伦·特里，她会被一大堆人围攻，要她通过减肥变得苗条等等。我敢说如果她像当今的女演员一样花时间考虑如何让自己保持年轻和纤瘦，她的表演才华会大打折扣。她看上去一点也不纤细或者瘦弱，但是她确实是美丽女性的典范。

这样，我结交的都是当时伦敦最有智慧和最具艺术气质的人。冬天一天天过去，沙龙活动比社交旺季少了许多。我抓住了一个机会，加入了本森剧团，但是跟我第一次在《仲夏夜之梦》中扮演仙女一样，我没有得到很大的发展。看起来剧院的经理总是不能理解我的艺术，不相信我的点子可以给他们带来利润。自从莱因哈特[①]、基米尔以及其他剧场先锋派人士不断推出新作以来，人们虽然争相模仿我的艺术风格，却总是流于粗制滥造。

① 莱因哈特（1873–1943）：奥地利戏剧导演。

按理说我应该有发展空间，可是现实又是另一回事，真让人匪夷所思。

一天，我被介绍给了特里太太，在一次排练期间，我去了她的更衣室见了她。她非常热情。在她的引荐下，我换上舞衣，走上舞台给比尔博姆·特里跳舞。我跳了门德尔松的《春之歌》，但他根本不看我一眼，只是心烦意乱地看着文件。后来，他竟在莫斯科的一个宴会上吹捧我为世界上最伟大的艺术家之一，事后，我告诉了他这件事。

“什么，”他惊叫，“我看了你的舞蹈、你的美丽、你的青春，竟然不欣赏它们？啊！我当时多么愚蠢呀！现在，”他补充道，“这太晚了，太晚了！”

“并不晚。”我回答，从那一刻起，他给了我极大的赞赏，我后面会告诉大家。

事实上，很难理解为什么我在那个时候唤起了几乎所有画家和诗人的热情，得到了他们的赞赏，诸如安德鲁·朗格、瓦特、阿诺德爵士、奥斯丁·杜布森、查尔斯·哈勒等，但是那些剧院的经理却仍然不为所动，仿佛我的艺术所传达的理念太理想化而不容于他们对剧院艺术的粗俗、现实的理解。

我整天都在工作室工作。时近夜晚，或者是诗人来给我朗诵诗歌，或者是那个画家带我出去，或看我跳舞。他们好像对彼此存有无声的厌恶，从来不一起来。诗人说他不明白我怎么能花这么多时间和那个老人待在一起，画家说他不理解聪明的女孩子怎么会看上那个自大狂呢。但是和他们两个人的友谊都让我觉得快乐，我也说不清楚我究竟爱哪一个。我的每个星期天都是留给哈勒的。我们一起去他的工作室吃午饭，有斯特拉斯堡的鹅肝酱、雪莉酒和他亲手煮的咖啡。

一天，他允许我试穿那件玛丽·安德森的纪念舞衣。我摆好不同姿势，让他给我画了许多张素描。

就这样，冬天过去了。

第八章

我们虽然一直过着入不敷出的生活，但还算安宁。然而这种宁静的氛围让雷蒙德烦躁不安，他去了巴黎。到了春天，他不停地用电报恳求我们去巴黎。因此有一天我和母亲收拾了所有的行李，坐船横渡英吉利海峡。

经历了伦敦的大雾天，我们在一个春日的早晨抵达了瑟堡。法国在我们眼中像一个花园。从瑟堡到巴黎，一路上我们都从三等车厢的窗户里探出脑袋往外看。雷蒙德在车站接我们。他留长了头发，一直垂到耳边，穿着下翻的衣领，打着飘动的领结。他形象大变，让我们感到惊讶，但是他向我们解释说，这是他现在住的拉丁地区流行的打扮。他带我们到他住的地方，我们在那里碰到了一个小女店员匆匆跑下楼。他请我们喝了一瓶红酒，他说那值三十生丁。喝完红酒后，我们出发去找工作室。雷蒙德只会说两个法语词“Chercher atelier ”，我们在街上一路走一路问。当时我们并不知道“atelier”在法国不仅指工作室，而且泛指任何一种店铺。最后，黄昏时分，我们在郊区找到了一间工作室，带家具，一个月竟然只要五十法郎，物超所值。我们感到惊喜，预先支付了一个月的租金。起初我们猜不透它为什么那么便宜，但那个晚上我们知道了原因。我们刚刚收拾完，打算休息，一场可怕的震动使得整个工作室地动山摇，工作室里的每一样东西仿佛都飞到天上去，然后又坠落到平地上。这种情形不断重复出现。雷蒙德下楼去查看，发现原来我们栖身在夜间开工的印刷厂上。这就是工作室超级便宜的原因。这或多或少使我们感到气馁，但是五十法郎那个时候对我们而言不是个小数目。我安慰道，这情形就像海，我们可以想象我们是在海边。这里的门房提供餐饮，午餐每人二十五生丁，晚餐每人一法郎，还供应红酒。女门房常常端来一碗沙拉，礼貌地微笑着说：“记得要搅拌沙拉，先生、小姐，记得要搅拌沙拉。”

雷蒙德放弃了追求那个女店员，把所有时间都用来陪我。我们常常早晨五点钟起床，以此表达我们身处巴黎的激动之情。我们的一天是从在卢森堡公国的公园里跳舞开始的，然后在巴黎散几里路的步，在卢浮宫泡上几个小时。雷蒙德已经有一个画了所有希腊花瓶图画的文件夹了，我们在那个展示希腊花瓶的房间花了太多时间，以致那个管理员对我们的动机心存怀疑了。我比划着解释道，我来这里只是为了跳舞，他断定他遇到的只是两个无害的疯子，便让我们单独待着。我记得我们几个小时又几个小时地坐在打蜡的地板上，滑来滑去，看较低橱架上的展示品，或者惦着脚尖说“看，这就是狄俄尼索斯”，或者说“看这里，这里美狄亚杀死了她的孩子们”。

一天又一天，我们来到卢浮宫，一直到关门的时候也不忍离去。在巴黎，我们没有钱，没有朋友，但是我们什么也不想要。卢浮宫就是我们的天堂。那个时候我们遇见的那些人，看到我穿着白色的裙子，戴着解放帽，看到雷蒙德戴着黑色的大帽子，衣领敞开，领结飘动，都说我们是两个奇怪的人，那么年轻，那么痴迷于希腊花瓶。在卢浮宫

关门时，我们在暮色中走路回家，流连于杜乐丽花园的雕像前。当我们回家吃白豆、沙拉，喝红酒时，我们幸福无比。

雷蒙德画素描的速度很快。几个月里，他就画下了卢浮宫里所有的希腊花瓶。还有一些是侧面人影，它们后来出版了，那些根本不是希腊花瓶， 而是我裸体跳舞时雷蒙德捕捉到的剪影，它们冒充是花瓶。

除了卢浮宫，我们还参观了克吕尼博物馆、卡那瓦雷博物馆、圣母院以及巴黎其他的博物馆。我尤其醉心于歌剧院前的卡尔波群雕和凯旋门上鲁德的作品。没有哪一个纪念碑不让我们驻足景仰，我们年轻的美国心灵为这些我们努力寻找的文化所振奋。

春去夏来，1900 年的万国博览会开幕了。一天早晨，哈勒出现在我们位于欢乐街的工作室里，我感到狂喜，雷蒙德却恼怒不已。哈勒是来参观博览会的。这之后我就成了他形影不离的伙伴。我再也找不到比他更迷人更智慧的向导了。我们整个白天都漫步在大楼间，晚上我们在埃菲尔铁塔用餐。他十分体贴，当我觉得累时，他就让我坐在轮椅中推着我走。而我经常觉得累， 因为博览会上展出的艺术品对我而言是不能和卢浮宫的展品相提并论的。但是我很快乐，因为我景仰巴黎，我景仰查尔斯·哈勒。

每个周日，我们都坐火车去郊外，我们在凡尔赛花园和圣日尔曼森林间漫游。我在森林里为他跳舞，他则给我画速写。就这样夏天过去了。那段日子我可怜的母亲和雷蒙德过的并不开心。

1900 年万国博览会给我留下深刻印象的是日本悲剧舞蹈家——佐贺洋子的舞蹈。夜复一夜，我和哈勒为这伟大的悲剧演员杰出的舞蹈艺术所震撼。

另一个给我留下更深印象并对我产生终身影响的是罗丹馆。那里陈列着这位伟大雕刻家的所有作品，这些作品是第一次公开展出。当我第一次走进那个陈列馆的时候，在这位巨匠的作品前，我深感敬畏。当时我还不认识罗丹，但是我觉得自己置身于一个全新的世界。每次我去参观听到那些粗俗的人问着“他的头在哪里”，“她的胳膊在哪里”，我都感到愤慨。我常常转身，大声斥责人群。“你们不知道吗？”我常常说，“这不是人体，而是一个象征，一种理想生活的概念。”

秋天近了，展览快结束了，查尔斯·哈勒得回伦敦去了。走之前，他把我介绍给了他的侄子——查尔斯·努夫拉尔。“我走了，你替我好好照顾伊莎多拉。”他走的时候这样交代他的侄子。努夫拉尔是个二十五岁的年轻人，有点儿玩世不恭，但却被这个要他照顾的美国小女孩完全征服。他开始让我接受完整的法国艺术教育，告诉了我很多哥特式艺术方面的知识，让我第一次领会了路易十三、路易十四、路易十五和路易十六时代艺术作品的价值。

我们搬出了原来的工作室，用积攒下来的钱在维利埃大街租了一间大工作室。雷蒙德用最原始的风格布置了工作室。他找来锡箔纸，把它们卷起来，放在煤气喷嘴上，让煤气的火焰从中喷出来，就像古罗马的火把，因此我们的煤气账单大大增加。

在工作室，我母亲重拾音乐。就像在我们的童年时代一样，她几小时几小时地弹肖邦、舒曼和贝多芬。我们的工作室里没有卧室，也没有浴室。雷蒙德在墙上画满了希腊柱，我们用一些雕刻的箱子放置我们的床垫。一到晚上，我们就把床垫从箱子里拿出来，睡在床垫上。在这个时候，雷蒙德觉得所有的鞋子穿起来都不舒服，他发明了他著名的凉鞋。他拥有发明天赋，经常花四分之三个晚上忙于他的发明，而且敲敲打打的，弄得躺在箱子上的我和可怜的母亲难以安睡。

查尔斯·努夫拉尔是常客。一天，他带了两个志同道合的朋友到我们的工作室来。一个英俊的年轻人叫雅各·毕格尼斯，另一个年轻的革命青年叫做安德烈·波尼尔。查尔斯·努夫拉尔为我感到骄傲，把我作为非凡的美国产物介绍给他的朋友。那个时候，我正在研究肖邦的前奏曲、华尔兹和玛祖卡。这些曲子，我母亲弹奏得非常好，有像男人般坚定有力的感觉，带着丰富的感情和洞察力。她乐意陪我几个小时。那次雅各·毕格尼斯有了一个想法，他想要她的母亲圣玛索夫人—— 一个雕塑家的妻子，邀请我某个晚上为她的朋友们表演。

圣玛索夫人是当时巴黎一个最具艺术性和最高雅的沙龙的举办者。我们在工作室为她丈夫安排了一次预演。钢琴边坐着的是个非同凡响的男人，有着天才般的手指。而我的表演立刻吸引了他。

“真令人陶醉呀！”他大声说，“太迷人了！真是个可爱的孩子！”他把我搂在怀里，以法国人的方式，亲吻了我的双颊。他就是梅萨热，著名的作曲家。

我演出的那个夜晚到来了。我在一群人前表演，他们那么友好，那么热情，我征服了全场。他们几乎等不到舞蹈结束，就高呼：“太好了，太好了，她真是个讨人喜欢、与众不同的孩子！”在第一个舞结束的时候，一个眼光慑人的高个子站了起来，拥抱了我。

“小女孩，你叫什么名字？”他问。

“伊莎多拉。”我回答。

“小名呢？”

“当我是个小孩子的时候，人们叫我杜丽塔。”

“哦，杜丽塔，”他说，吻了我的眼睛，我的脸颊，我的嘴唇，“你真迷人。”接着，圣玛索夫人牵着我的手说：“这就是伟大的萨尔杜。”

事实上，这个房间里聚集着整个巴黎上流社会中数一数二的人物。我在鲜花和赞扬声中离去，我的三个绅士，努夫拉尔、雅各·毕格尼斯和安德烈·波尼尔护送我回家。他们面露喜色，充满了骄傲和满足，因为他们的那个小小的人儿取得了如此大的成功。

这三个年轻人中成为我最亲密朋友的不是高高的让人愉悦的查尔斯·努夫拉尔，也不是英俊的雅各·毕格尼斯，而是那个身材不高，脸色苍白的安德烈·波尼尔。他很苍白，圆脸，戴眼镜。但是他多么有才智呀！我总是一个精神至上主义者，也许人们并不相信。在我的爱情中，最重要的是心灵，我爱上的许多人，最先打动我的就是他们的心灵。安德烈那个时候正在写他的第一本书——《佩脱拉克和西蒙》。他每天都来看我，从他那里，我熟识了所有法国第一流的文学。

那个时候，我已经学会用法语自由阅读和交谈。长长的下午和晚上，安德烈·波尼尔在工作室里为我大声朗读。他的声音抑扬顿挫，里面有一种精致的甜美。他给我读莫里哀的作品，福楼拜、戈蒂耶和莫泊桑的作品。他第一个给我读梅特林克的《佩利亚斯与梅丽桑德》，还有当时所有法国当代作品。

每个下午，都会有人羞怯地敲工作室的门。那就是安德烈·波尼尔，腋下总是夹着一本新书或者新杂志。我母亲不能理解我对这个男人的热情，他不符合她对一个爱人的审美标准。就如同我前面所说的，他胖胖的，身材矮小，小眼睛。只有一个重精神的人，才能看到他的眼睛里闪烁着智慧和狡黠的光。常常他给我读两三个小时书之后，我们就坐在沿塞纳河行驶的公交车的上层，前往西提岛，去凝视月光下的巴黎圣母院。他了解每个建筑物的外观，能告诉我每块石头的历史。然后我们步行回家，我不时地感受到安德烈的手指怯怯地贴在我的肩膀上的压力。每个周日，我们也坐火车去马尔利。这个场景出现在了安德烈的一本书中，他描绘这些在森林中的散步，描绘我如何在小路上为他跳舞，像一个仙女或是一个森林女神微笑着召唤他。

他向我吐露他的所有想法，他想要创作的文学类型。那种类型当然永远不可能成为畅销书，但是我相信安德烈的名字会作为他那个时代最杰出的作家之一流传下去。有两次，安德烈·波尼尔情绪激动。一次是因为奥斯卡·王尔德的死。他脸色苍白，颤抖着来找我，绝望得可怕。我粗略地读过、听过王尔德的作品，但对王尔德的生平知之甚少。我读过一些王尔德的诗，很喜欢它们。安德烈告诉了我王尔德的故事，我问他，王尔德因何入狱，他脸红到发根，闭口不答。

他握着我的手，颤抖着。他和我一起待到很晚，一直说："你是我唯一的知己。"他走了，给我留下了一种奇怪的印象，仿佛不同寻常的灾难降临到了这个世界上。没隔多久，一个早晨他带着惨白的表情出现在了我的面前。他没有告诉我，他为何有这样的表情，只是沉默，眼睛注视前方，临走前，他在我额头上吻了一下。他意味深长的吻我的方式，让我情不自禁有一种预感，他要去自杀。我一直痛苦焦虑，直到三天后，他神清气爽地回来了，并向我忏悔，他已经和人决斗了，而且打伤了对手。我并不知道这场决斗因何而起。事实上，对他的个人生活，我一无所知。

他总是每天下午五六点出现，然后给我朗读，或是和我出去散步，这取决于天气或是我们的情绪。有一次我们坐在墨登森林中一处四路交叉的地方。他把右转的路命名为幸运，左转的路命名为和平……笔直向前的路命名为不朽。“那么我们坐着的这条路呢？”我问道。他压低声音回答：“爱。”“那我最愿意待在这里。”我愉快地大声说。但是他只是说：“我们不能在这里停留。”他站起来，很快地沿着路朝前走去。

我很失望，也很困惑。我一路小跑地跟着他，大声说：“但是为什么，为什么，你为什么扔下我？”可回家的路上，他一言不发，唐突地把我留在了工作室的门口。

这种少见的、热情的友谊维持了一年多，在我纯真的心里，我梦想着把它变成爱情。一个晚上，我按计划送雷蒙德和母亲去看歌剧，一个人独自待在家里——当天下午我偷偷地买了一瓶香槟酒。那个晚上，我布置了一张小餐桌，摆放着鲜花、香槟，还有两个玻璃杯。我穿上了透明的长袍，头上戴着玫瑰花的花环，感觉自己像泰绮思一样等待着安德烈的到来。他来了，看上去十分惊讶，尴尬万分——他几乎没有碰那瓶香槟。我为他跳舞，他似乎很拘谨，唐突地说晚上他还有一大堆东西要写，之后就离开了。他留下我一个人，只有玫瑰花和香槟酒相伴，我苦涩地流泪。

当你想到那个时候的我——年轻、美艳，就很难为这样的插曲找一个解释。事实上，我也没有找到答案，但是我只能绝望地想："他不爱我。"因为自尊心受到伤害，因为赌气，我开始与三个崇拜者中另一个身材高大、头发金黄、相貌英俊的家伙热烈地调情。不同于安德烈对拥抱和亲吻的木讷，他则采取直接攻势。然而这次实验也以失败收场了。一个晚上，我们在一家餐厅用过了真正的香槟晚餐之后，他带我到一个以某某先生和某某太太之名预订的旅馆房间。我不停颤抖，但是很开心。最后，我终于知道什么是爱了。我发现自己在他的怀里，淹没在爱抚的风暴中，我的心怦怦直跳，每一根神经都沐浴着欢乐，我整个人飘飘欲仙。我的生命终于苏醒，我狂喜。可他突然停了下来，跪在了床边，带着无法描述的情感哭着说："哦，你怎么不提醒我？我差点犯下了多么大的罪行！不，你必须保持纯洁。穿衣服，马上穿上衣服！"

然后，他对我的痛哭充耳不闻，他给我披上外套，匆忙地把我送上一辆出租车。他一路上都在诅咒自己如此野蛮的行为，而我非常害怕。

我问我自己，他将犯下的是什么罪行。我感到晕眩、不适、难过，我再一次被无助地丢在工作室的门口。我年轻的金发朋友再也没有回来，他很快就去了美国。很多年后，我遇到他，他问我："你原谅我了吗？""原谅你什么？"我问。

这就是我年轻时在陌生的爱情领域做出的第一次冒险。这是我向往已久的领域，却对我紧闭了多年，因为我让爱我的人产生神圣不可侵犯的感觉。这最后的震撼决定性地改变了我对感情本质的理解，使我把感情的力量倾注进了艺术中，它能给予我爱情所拒绝施舍的。

我整日整夜待在工作室里，寻找通过身体的律动来表现人类精神神圣性的舞蹈。也许一连几个小时，我站立着一动不动，两手交叉于胸前，盖住心窝。每当母亲看到我这么长时间不动，仿佛恍惚出神时，她就会变得很警觉。但是我在找寻，最后找到了所有动作的核心源泉，原动力，所有不同动作所产生的综合体。正是这个发现，奠定了我日后创立的舞蹈学校的理论基础。芭蕾舞学校教会学生们，这种源泉来自以脊椎为基础的背部主轴。芭蕾舞老师说，从这个主轴出发，胳膊、大腿和躯干必须自由活动，而这样的结果使舞者成为一个具有表达能力的傀儡。这种舞蹈方式带来的是配不上灵魂的机械化动作。相反，我所找寻的是精神表现的源泉，将之注入身体的每一根血管，使得身体充满了动人的光辉。这种离心式的力量发射出灵魂的影像。几个月后，我已经学会了如何将我全部的力量专注于这个中心。这之后，每当我听音乐时，音乐的声波和震动就会流到我身体里的这个光辉的源泉中。在那里，它们反映为灵魂的影像，它们不是大脑的镜子，而是心灵的。在这一影像中，我能够把它们表现在我的舞蹈中。我经常试图告诉艺术家我的艺术理论的基石。斯坦尼斯拉夫斯基在他的书《我的艺术人生》中提到过我告诉他这一理论。

这仿佛很难用语言去解释。而当我站在我的学生面前，哪怕是年龄最小、资质最差的学生，对他们说："用你们的心灵去感受音乐。现在，听着音乐的你们能感受有一个埋藏在深处的内在的自我苏醒，然后用这股力量抬头，抬起手臂，慢慢地朝着光走吗？"他们能理解。我认为这种苏醒就是舞蹈的第一课。

甚至连最小的学生也能理解。从他们明白这一点起，他们所有的动作，甚至走路都保有一种精神的力量和优雅。这并非与生俱来的生理动作，也不是由大脑创造的。这就是为什么我学校里那些那么小的孩子们在特罗卡迪罗广场和大都会剧院表演时，能获得只有伟大的艺术家们才能拥有的磁石般的吸引力。但是当这些孩子长大后，我们的唯物主义文明给他们带来了一种相反的影响，使这种力量从他们身上消失了——他们失去了灵感。

我童年和青年独特的成长环境使得这种力量在我内心发展得很好。在我生命的每一个不同的阶段，我都成功地摆脱了外在的影响，只是跟着这种力量的召唤生活。因此，在我相当徒劳地努力想获得世俗之爱后，我获得了突然的转变，我重新回到了这股力量中。

后来，当安德烈腼腆而又歉意地出现的时候，我一连好几个小时滔滔不绝地跟他讲述舞蹈艺术和一种有关人类动作的新观点。而我必须指出他从未流露出半点枯燥或是厌倦，他用最大的耐心和同情倾听着我诉说我所发现的每个动作。我也梦想着找到第一个动作，一系列其他不受我的意志支配的动作都将由它而产生。这个动作是无意识的原始动作的反射。我又把这个动作根据不同的主题发展成了一系列多样的变化的动作。比如第一个动作是恐惧，接着是由于这种原始情感而产生的自然反应；或者是悲伤，随之是哀悼的舞蹈；或者是一个爱的动作，就像一朵花展开它的花瓣，舞者像香气一样飘动。

这些舞蹈并不配实际的音乐，更像是它们自己就能创造一种看不见的音乐的旋律。通过这些研究，我第一次尝试表现肖邦的序曲。我也开始模仿格鲁克的音乐。我的母亲不厌其烦地为我伴奏，重复着《俄耳甫斯》的整个曲子，一遍又一遍，直到工作室的窗户露出晨曦。

那扇窗户很高，覆盖着整个天花板，没有窗帘。因此母亲经常抬头看天空、星星和月亮。有时候雨下得太大，小雨会滴在地板上，因为工作室的天窗不太防水。到了冬天，工作室冷得可怕，夏天，我们则像在受着炙烤。而且我们只有一个房间，当我们各自有不同的用处时，就变得很不方便。年轻人的忍受力能无视这种不适，而我母亲是一个能自我开解、自我克制的天使，她总是把怎样对我的工作有帮助放在第一位。那时，葛佛瑞伯爵夫人是社交圈的皇后。我收到了去她家客厅演出的邀请。那里聚集着一群时尚中人，包括巴黎所有社会名流。为了表示欢迎，伯爵夫人称我为希腊艺术的复兴者，虽然她深受皮埃尔·路易所著的《阿佛洛狄忒》和《比利蒂斯之歌》的影响。我用舞蹈表现了我在大英博物馆的冰冷灯光下看到的陶立克圆柱和帕特农神庙装饰墙的情形。

伯爵夫人在她的客厅里布置了一个小舞台。舞台以格子框架为背景，在每一个开着的小格子里都放着一朵玫瑰花。这红玫瑰花的背景和我简单的舞裙以及我的舞蹈要表现的宗教精神不协调。在这个时期，虽然我读了皮埃尔·路易的作品《比利蒂斯之歌》、奥维德的《变形记》，以及萨福的诗歌，但是我完全没有受到书中所描写的肉体快感的影响。这就证明了文学审查制度对年轻人是没必要的。一个人没有真实体验过的事情，即使印在书上，他也无法理解。

我仍然是美国清教徒思想的产物，这也许得归结于我先辈祖父和祖母的血液，他们在 1849 年乘坐马车横穿大平原，翻越落基山脉，在原始森林里以及酷热的平原上开辟道路，时时保持警觉，远离充满敌意的印第安人，或与之展开战斗。或者我的血管里流着我父亲这一族的苏格兰血液，或者是养育我的这块美国土地像塑造其他年轻人一样塑造了我—— 一个清教徒，一个神秘主义者，一个奋斗者。我相信绝大多数美国艺术家都是这样的，尽管他们的作品中也有关于肉体感官的描述，但是主要是英雄化的表述。尽管沃尔特·惠特曼的作品曾一度被禁止或被归入不入流的文学，尽管他经常在作品中宣扬感官的愉悦，但是他有一颗清教徒的心。大多数美国作家、雕塑家、画家都是这样的。

是美国这片宽广、粗犷的土地，或是风儿掠过的广袤的大地，或是亚伯拉罕·林肯无所不在的影响，使得它与法国感官艺术不同吗？有人也许会说美国的教育趋势把人的欲望几乎归于零。真正的美国人与传说中的归类并非一致，他们既不是淘金者，也不是拜金者，而是理想主义者和神秘主义者。这并不是说美国人是没有欲望的。相反，广义的盎格鲁－撒克逊人，或是有凯尔特血统的美国人，一旦到了紧要关头，会比意大利人更激烈，比法国人更感性，比俄国人更能铤而走险。但是早年的训练养成的习惯将他的这种性情关在了铁墙内，冻结了起来。只有当生活中有不同寻常的事情发生时，这种性情才会破墙而出。也许有人说，盎格鲁－撒克逊人或是凯尔特人是所有民族中最热烈的恋人。我认识一些人，穿着两套睡衣上床，一套是丝制的，亲肤而舒服；另一套是羊毛制的，为了保暖，旁边放着《泰晤士报》、《柳叶刀》[1]杂志，还有一截香烟，忽然变成性欲极强的男人，连希腊人也甘拜下风，如火山般爆发的激情，让意大利人一个星期都惊魂不定！

因此，那个晚上在葛佛瑞伯爵夫人的房子里，在那个人满为

① 《柳叶刀》：英国的一份医学杂志。

患的沙龙上，女士们衣衫光鲜，珠光宝气，成千上万朵红玫瑰的香气让人窒息。前台注视着我的年轻人鼻子都快碰到舞台了，几乎要被我跳舞的脚趾扫到。我特别不开心，觉得这从头到尾都是个失败。但是第二天早晨，我收到了伯爵夫人慷慨的小便条，感谢我的表演，还要我去门房那里领钱。我并不喜欢被叫到门房那里，而且我对钱过分敏感，但毕竟这笔钱可以付工作室的房租了。

更为愉快的经历是我在著名的梅德林夫人的工作室里度过的某个晚上，我跳了《俄耳甫斯》这首曲子。在观众席中，我第一次见到了有“法国萨福”之称的诺瓦耶伯爵夫人激动的脸庞。让－罗兰也出席了，并记录了他对我演出的印象，发表在日报上。

除了卢浮宫和国家图书馆，这两个我巨大的快乐之源外，现在我又发现了第三个：迷人的歌剧院图书馆。图书管理员对我的研究颇有兴趣，每天为我放置所有关于舞蹈的书籍，以及所有关于希腊音乐和剧院艺术的书籍。我要求自己阅读从古埃及至今所有关于舞蹈艺术的文献。我把我所阅读的书籍在笔记本上做笔记。当我结束这一巨大工程时，我意识到我所崇拜的舞蹈思想家只有三位：让－雅克·卢梭、沃尔特·惠特曼和尼采。

一个阴暗的下午，有人敲工作室的门。一个女人站在门口。她身姿庄严，魅力十足。她的出现仿佛应该由瓦格纳的音乐来宣告，深沉、浑重，预示着将要发生的事情。而事实上，这样的主题从那个时候起就贯穿着我的一生，带来震动性的暴风雨，悲剧性的事件。

“我是波利涅王妃，”她说，“葛佛瑞伯爵夫人的朋友。我看了你的舞蹈，你的艺术吸引了我，尤其是我丈夫，他是一个作曲家。”

她有一张漂亮的脸，可惜下颚过于厚重突出，下巴极具威严。这也许就是罗马皇帝的脸，一种冷酷而美丽的矜持掩饰着她的眼睛和五官所蕴含的妖艳。当她说话的时候，她的声音里带有坚硬、金属般的鼻音。这样的声音从她身体里发出让人困惑，因为人们以为她的声音应该是圆润浑厚的。后来，我猜测这种冷酷的表情和说话的声音是她用来掩饰的面具。尽管她拥有王族的地位，但也有一种极度敏感的羞涩。我跟她说了我的艺术、我的愿望。王妃立刻提出在她的工作室为我安排一场演出。她会画画，而且是个不错的音乐家，会弹奏钢琴和风琴。王妃看着我们空旷冰冷的工作室，我们穷苦的外表，察觉到了我们的贫穷。当她突然辞别时，她羞涩地在桌上留下了一个信封，里面有两千法郎。

我相信这是波利涅王妃常有的行为，虽然外界一直传说她冷酷而缺乏同情心。

第二天下午，我去了她的府邸，在那里我见到了波利涅王子，一个颇具天赋的音乐家，一个细腻纤弱的绅士，总是戴着一顶黑色天鹅绒的帽子，衬出他精巧、俊秀的脸庞。我穿上了舞衣，在他的乐坊里为他跳舞。他狂喜。他称赞我是他期待已久的一个梦。我关于动作和声音之间的关系的理论，还有我要将舞蹈作为一门艺术来复兴的愿望和理想，深深地引起了他的兴趣。他用他细长的手指愉快地为我弹奏，我立刻感到了他温暖的欣赏。当他最后说："真是个讨人喜爱的孩子，伊莎多拉，你真惹人疼爱。"我害羞地回答："我也很喜欢你，我真希望在你面前跳舞，编一套由你的音乐激发出来的宗教舞蹈。"

然后，我们设想合作一次。唉，在这个世界上终有不能如愿之事！合作的机会对我而言是多么珍贵呀。但是随着王子的去世，这个机会也就突然终止了。

在王妃工作室举办的音乐会取得了巨大的成功，因为她慷慨地对公众开放了自己的工作室，观众不只限于她的朋友，所以我的舞蹈引起了更多人的关注。在这之后，我们还在自己的工作室里安排了一系列的募捐音乐会，每次的观众在二十人到三十人之间。波利涅王子夫妇每次都来。我记得有一次，王子为了表示他的欣赏之情，脱下了小丝绒帽，在空中挥舞着，高喊"伊莎多拉万岁"。

卡里埃[①]一家也来参加这些音乐会。一次卡里埃给予了我极高的荣誉，为我的舞蹈发表了一个简短的演讲。他说：

---

①卡里埃（1849-1906）：法国画家、雕刻家。

渴望表现人类感情的伊莎多拉在希腊艺术中寻找最美好的模型。满怀着对美丽的半浮雕的景仰之情，她从中受到启迪。在天生的发现的直觉下，她转向了自然。这些姿态都是来自那里的，她信奉于模仿和复活希腊舞蹈，她找到了自己的表达方式。她虽想着希腊人，但只听从自己内心的声音。她给我们表现的是她自己的欢乐和痛苦。对时光的遗忘、对欢乐的追寻都是她自身的渴望。因为她把它们向我们表现得如此完美，她唤起了我们同样的感情。看着刹那复生的希腊作品，我们跟她一样年轻，一种新的希望征服了我们。当她表达她对于不可避免的事情的屈服时，我们也和她一起放弃了自己。

伊莎多拉的舞蹈不再是“表演性的舞蹈段落”，而是一种个人展示，如同一件更具活力的艺术品，也许同时也激发我们去创作我们命中注定的艺术作品。

第九章

虽然我的舞蹈被很多贵族熟知、欣赏，但是我的财政状况一直不稳定。我们常常极度担心如何支付工作室的租金，我们的炉子也常常没有煤烧，只能受冻。然而在这样的贫穷和匮乏中，我仍然能够独自在冰冷荒凉的工作室里站上几个小时，等待着灵感降临的那一刻，我能用动作表达我自己。最后，我的精神振奋了，我能够跟着我的灵魂来表现。

一天，在我站着的时候，一位优雅的绅士来拜访我们。他的外套上有昂贵的毛领，还戴着一只钻戒。他说：

“我来自柏林。我们已经听说了你的赤足艺术。（你可以想象，这种评价对我的打击是多么可怕。）我来自最大的游乐场，想立刻跟你签约。”

他搓着手，面露喜色，仿佛给了我一个多么棒的机会。然而我退回到自己的壳里，像一只受伤的蜗牛，冷淡地回答：“哦，谢谢你。我不会同意把我的艺术带进游乐场的。”

“你不明白，”他大声说，“最伟大的艺术家都在我们那里演出，你将会挣到很多钱。我现在就答应你一晚上五百马克。以后还会更多。你会以‘世界上第一位赤脚舞蹈家’的形象壮丽地登台。你当然会接受的对吧？”

“当然不，当然不，”我重复着，渐渐愤怒，“绝不可能。”

“这怎么可能，不可能，不可能，我不能接受‘不’这个答复，合约我都准备好了。”

“不，”我说，“我的艺术不合适游乐场。有一天我会去柏林，我希望和你们的柏林爱乐乐团同台演出。是在音乐殿堂中，而不是在一个充斥着杂技演员和驯兽的游乐场里。太可怕了！老天啊！不，绝不可能。祝您日安，再会。”

环顾了我们的生活环境和粗鄙的衣衫，这个德国经理简直不敢相信自己的耳朵。他第二天又来了，过了一天，他又来了。最后，他开出了一千马克一晚的条件，签约一个月。他十分愤怒，说我是个“笨姑娘”。最后我对他大吼：“我来欧洲是为了通过舞蹈实现伟大的宗教复兴的，是为了通过人体的动作来传播人体的美丽和圣洁的，我跳舞不是供脑满肠肥的中产阶级茶余饭后消遣的。”

“请你走吧！快走吧！”

“一晚上一千马克，你还是拒绝吗？”他喘着气。

“当然，”我严肃地回答，“一万，甚至十万，我也一样拒绝。我追求的东西，你无法理解。”当他离开的时候，我补充道：“有一天我会去柏林的。我会为歌德和瓦格纳的同胞献舞，但是要在配得上我的舞蹈的剧院里演出，也许报酬还不止一千马克呢。”

我的预言成真了。三年后，在克罗尔歌剧院，我和柏林爱乐乐团同台演出，就是这个经理给我的包厢送了鲜花致意。那次演出的票房收入超过两万五千马克。他意识到了自己的错误，友善地说：“亲爱的女士，您是对的，容我吻您的手。”

但当时我们真的受金钱所迫。皇家的赏识、我日益增大的名声，都不能填饱我们的肚子。那个时候有一位小巧可爱的女士经常到我们的工作室来，她看起来很像埃及王妃，虽然她来自落基山脉西部的某个地方，并对她具有漫长和著名历史的祖国深怀感情。她唱起歌来像一个迷人的歌星。我留意到，每天清晨门槛下常常放着散发紫罗兰清香的信笺，然后，雷蒙德就偷偷摸摸地不见了。因为他从来没有在早餐前散步的习惯，我把这些事情联系在一起，就得出了结论。之后的一天，雷蒙德向我们宣布将跟着某个音乐团体去美国巡演了。

我和母亲就被孤零零地留在了巴黎。因为母亲在生病，我们搬到了玛格丽特路上的一家小旅馆。在旅馆里，母亲终于可以睡在床上，而不用受工作室里冰冷地板上的风寒之苦。由于我们住的是膳宿旅馆，母亲可以有规律地饮食。

在膳宿旅馆里，我留意到有一对情侣不论走到哪里都引人注意。女子三十岁左右，长相出众，有一双不同寻常的眼睛。这双眼睛是我见过的最奇特的眼睛，柔和、深邃、迷人、磁性，充满了火热的激情，同时又带有某种优秀的纽芬兰犬的温顺谦逊。一头赤褐色的头发，将她的脸衬得如火焰，她的每一个举动都充满着热烈的爱恋。我当时想着，当一个人注视她的眼睛，就像进入了火山口一般。

男士纤弱，额头很漂亮，那么年轻，却略显疲倦。总是有第三个人和他们在一起，他们总沉浸在激烈和充满生气的谈话中，仿佛这三个人从来不会像普通人那样有一分钟的放松或无聊。相反，他们总是不断地耗尽内心的火焰，他的属于纯美的智慧之焰，她的属于女性愿意被火吞噬毁灭的激情之焰。只有那第三个人稍显怠惰，更多地追求生活的感官乐趣。

一天早上，那个年轻女子走到我的桌边，对我说："这是我的爱人，亨利·巴塔耶[①]。这是让－罗兰，他曾经报道过你的

① 亨利·巴塔耶：法国剧作家。

艺术。我是贝尔特·巴迪。我们想抽个晚上去你的工作室，看你跳舞。”

我当然很激动，很高兴。我从来没有听见过如此磁性、温暖、充满爱与生机的声音。我多么崇敬她的美丽呀！在那个时代，妇女普遍打扮得毫无美感，而她却穿着耀眼，身着不同颜色的紧身长大衣，或满是闪烁亮片的衣服。一次，我看她穿了一件长大衣，头上戴着紫色的花冠，出门去参加一个集会。在集会上，她要朗诵巴塔耶的诗歌。我确信没有一个诗人曾拥有过比她更美丽的缪斯。

那次见面后，他们经常来我们的工作室。巴塔耶在那里曾给我们朗诵过他的诗歌。我，一个小小的、未受过正规教育的美国女孩，以某种神秘的方式找到了通向巴黎知识界和艺术界心灵与思想的钥匙。巴黎在我们这个时代在世界上的地位，就如同古希腊光荣时期的雅典一样。

我和雷蒙德在巴黎养成了长途散步的习惯。在这些漫无目的的散步中，我们常常穿过许多名胜。比如，一天我们在马叟公园街区发现了一个古怪的法国百万富翁留下的中国博物馆。另一天，我们到了法国吉美博物馆，它陈列着所有收藏的东方宝物；在卡纳瓦莱博物馆，拿破仑的面具震撼了我们；在克郎尼博物馆，雷蒙德花了许多时间在波斯盘子上，他疯狂地爱上了那里 15 世纪挂毯上《美女与野兽》的图案。

有一天，我们逛到了特罗卡迪罗，我们的眼睛被一张大海报吸引。海报上写着当天下午穆内·苏利[1]参演的索福克勒斯的《俄狄浦斯王》上演。那个时候我们并不知道穆内·苏利是谁，但是我们期待这样的演出。我们看了看海报底部的票价，翻遍了口袋。我们总共有三法郎，而在最高看台上的最低票价是七十五生丁。这就意味着我们没有钱吃饭了，但是我们还是站在了最高看台后面的站台上。

特罗卡迪罗的舞台没有幕帘。场景搭建是非常拙劣的模仿，那是现代人想当然地认为古希腊是那个样子。合唱队登场了，穿着糟糕，仿佛就是根据某本服装方面的书中所描述的希腊服装的样子赶制的。普通的音乐，甜美而乏味的调子，从交响乐团流向我们。我和雷蒙德交换眼色，我们觉得那顿饭真是个无谓的牺牲。就在这个时候，在象征着宫殿的左侧的门廊处上来了一个人。在三流歌剧合唱队的伴唱下，二流的法式戏剧布景前，他抬起手唱道：

> 年迈的卡德摩斯的年轻继承者的子孙们，
> 你们为何朝着这宫殿呼喊呢？
> 又为何挂起这乞求的树枝和花环呢？

啊，我该如何形容我被这个声音的第一重音所唤起的情感？

---

① 穆内·苏利（1841 — 1916）：法国演员，擅长扮演古典主义悲剧的角色。

我疑惑，在所有著名的古代时光，在宏伟的希腊，在狄俄尼索斯剧场，在索福克勒斯的伟大时代，或是在整个罗马帝国，在任何一个国家，在任何时候，是否都有这样一种声音。从那一刻起，穆内·苏利的形象和穆内·苏利的声音变得越来越大，它拥抱了所有的艺术、舞蹈，变得如此高大，如此响亮，以至于整个特罗卡迪罗的高度和宽度都显得太小了，无法容下这个艺术巨人。我和雷蒙德在看台上，站在我们自己的位置上，屏住呼吸。我们面色苍白，我们变得虚弱，眼泪从我们的眼睛里流出来。当第一幕结束的时候，我们沉浸在极度兴奋中，只能彼此紧紧拥抱。在幕间休息时，我们都觉得这是我们的朝圣达到的最高境界，这就是我们来国外的原因。

第二幕开始了，这出伟大的悲剧在我们面前展开。第一个疑惑，第一次不安，降临到这个自信而胜利的国王身上。他不惜一切代价想要知道事情真相。接着，一个激动人心的时刻到来了。穆内·苏利跳着舞。啊，这就是我一直想要看到的舞蹈—— 伟大的英雄的舞蹈。

又是幕间休息，我看着雷蒙德。他脸色苍白，眼睛里有火燃烧着，我们心醉神迷。第三幕开始了，没有人可以用语言描述出来。只有那些亲眼看到的人，亲眼看到伟大的穆内·苏利的人，能与我们感同身受。当最后极度痛苦的一刻到来的时候，当他知道自己就是所有罪恶的源头，自己就是每个人都在寻找的那个人的时候，他处于一种极度亢奋而又突然降临的复杂的恐惧之中，这是一种因宗教罪恶感而产生的恐惧，是一种由自尊受到伤害而产生的恐惧。那一刻，他从自己的眼眶中挖出了双眼，他知道自己再也看不见了。他把他的孩子叫到身边，引领他完成最后的放逐。特罗卡迪罗众多的观众，六千人，颤抖呜咽。

雷蒙德和我慢吞吞地、极不情愿地走下长长的楼梯，直到门卫把我们赶了出去。直到那刻我才得到了伟大艺术的启示。从那以后，我找到了自己的道路。我们像醉鬼一样，带着鼓舞，走路回家，一连几个星期我们都沉浸在这样的情绪中。我怎么敢妄想有一天我能够跟伟大的穆内·苏利同台演出。

*

自从看了那次罗丹作品展之后，罗丹的天赋一直留在我的脑海里。有一天，我找到了罗丹在大学街的工作室。我对于罗丹的朝圣之心就如同灵魂在岩洞中寻找大潘神[①]一般，只是我要找寻的并非是爱神，而是太阳神阿波罗。

罗丹是个小个子，方脸，体格强壮，平顶发式，胡须浓密。他像第一流大师般明晰地给我展示了他的作品。有时候他嘀咕着自己雕塑的名字，但让人觉得那些名字对他并不意味着什么。他

① 潘神：希腊神话里半人半羊的山林和畜牧之神。

的手拂过一件件作品，爱抚它们。我记得那个时候我感到那些大理石在他的手下像熔化的铅一般流动着。最后，他拿起一小块黏土，在手掌间挤压。他这样做的时候使劲呼吸着。他的身体仿佛熔炉一样发着热。不一会儿，他做出了一个女人的乳房，那个乳房在他的手下颤抖。

他牵起我的手，叫了一辆出租车，直奔我的工作室。在那里，我很快地换上了我的舞裙，为他跳了一段忒奥克里托斯的田园诗，安德烈·波尼尔曾为我这样翻译道：

> 牧神潘爱上仙女厄科，
> 而厄科爱上萨梯……

我停下来跟他解释关于一个新舞蹈的理论，但是很快我就意识到他并没有在听。他从帽檐下打量着我，眼睛发光，然后露出了先前他看自己的作品时的神情，他朝我走来。他的手摸过我的

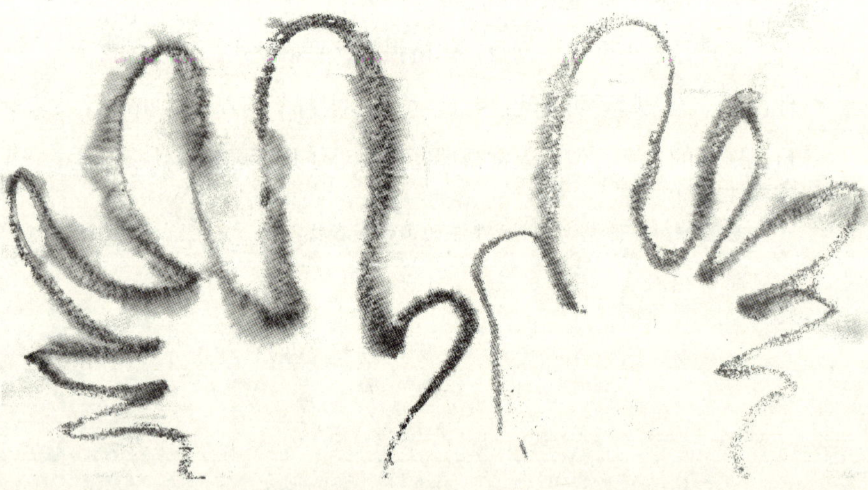

脖子、我的胸，轻抚我的胳膊，掠过我的臀、我赤裸的腿和双脚。他开始揉捏我的整个身体，仿佛它是土做的，从他身体里散发出的热量炙烤着我，融化着我。我全部的渴望就是让自己全身心地屈服于他。事实上，我真该那样做。而荒诞的教养让我感到害怕，我退缩了，我在舞裙外加了条裙子，糊涂地打发他走了。真遗憾！我常常后悔这种幼稚的误解让我失去了把童贞奉献给伟大的牧神潘、奉献给强大的罗丹的神圣机会。如果不是那样的话，我的艺术、我的一生一定将更加丰富！

直到两年后，当我从柏林回到巴黎时，我才再次看到罗丹。后来的许多年里，他一直是我的朋友，我的导师。

我跟另外一位大艺术家欧仁·卡里埃的交往方式跟罗丹的很不一样，但是相处中的快乐却是相同的。我被作家凯泽的夫人带到他的工作室。凯泽的夫人很同情我们身在异乡的孤独处境，经常邀请我们去她家吃饭。她家里有学小提琴的小女儿， 她的天才儿子路易斯——一个著名的年轻作曲家。在夜晚的灯光下，大家围在一起， 其乐融融。我留意到她家墙上挂着一张奇怪、迷人、悲伤的画像。凯泽夫人说："那是卡里埃给我画的。"

一天，她带我到卡里埃位于埃热西珀·莫罗大街的家。我们走到了工作室的最高层，卡里埃正被他的书、他的家人和他的朋友围绕着。他是我见到的身上具有最强大精神力量的人，充满了智慧和光辉。他身上流露出对所有事物的巨大亲和力。所有的美、所有的力量，他奇迹般的画作都只是他伟大灵魂的直接体现。当我见到他的时候，我感觉自己就像见到了上帝一样。我充满了敬畏，我想要屈膝跪地，我情愿这样做，如果不是胆小和保守的天性阻碍了我。

多年以后，约瑟加夫人这样描述这次会面：

> 我清晰地记得我少女时代发生的每一件事情，除了我与她的初次见面。那次会面在欧仁·卡里埃的工作室里，那天她的脸和她的名字涌入我的心中。我像平常一样心怦怦跳地敲了卡里埃家的门。如果不是不顾一切地压制自己的感情，我是无法接近这所“贫困圣殿”的。在蒙马特这座小小的房子里，这位杰出的艺术家安静幸福地工作着。周围有他的崇拜者，有他的妻子和母亲，有他穿着黑色毛衣、没有玩具、脸上洋溢着仰慕之情的孩子们。啊！这些圣洁的人们。
>
> 伊莎多拉站在这位谦逊的大师和他的朋友——来自巴斯德学院的沉默的梅奇尼科夫之间。她看上去比这两个人更加寂静。除了丽莲·吉希外，我还没有见过比那天的她更害羞的美国女孩。卡里埃牵着我的手，就像牵着一个小孩走近他所向往的东西一样。欧仁·卡里埃介绍道：“这是伊莎多拉小姐。”我站在那里打量着她。然后，寂静笼

罩着这个名字。

突然，平时说话总是轻声细语的卡里埃用深沉而洪亮的声音宣布："这个年轻的美国人将改变全世界。"[①]

每次经过卢森堡博物馆那幅卡里埃的家庭画像时，我都泪湿眼眶，就如同我忘不了那个我很快成为常客的卡里埃工作室，这是我青年时代最愉快的经历之一。我很快就进入了他们的内心，被认可为他们中间的一员。每当我怀疑自己的时候，我就会想到当时受到的认可，于是又充满了自信。我的一生如同获得了祝福一样，一直处于卡里埃天才的庇护下。它激励着我保有最高的理想，总是引领我去拜访更纯净圣洁的视觉艺术。奇怪的是，当痛苦几乎要将我带进精神病院时，是卡里埃的作品靠近我，给我活下去的信念。

没有一种艺术比卡里埃的更有力量，没有一个艺术家的生活能显示出如此的慈悲，去帮助他周围的人。他的画不应该被陈列在博物馆里，应该放在一个圣灵所的庙堂里。在那里，全人类都可以和他伟大的精神交流，都可以被净化、被祝福。

---

① 此句原文为法语。

第十章

西方的夜莺曾经对我说："莎拉·伯恩哈特是一个多么伟大的艺术家，可亲爱的，多么遗憾呀，她不是一个好女人。而还有一个女人名叫路伊·福勒[①]。她不但是一个伟大的艺术家，而且是一个纯洁的女人。她的名字从不跟任何丑闻有联系。"

一天夜里，她带着路伊·福勒来到了我的工作室。我自然跳舞给她看，还向她讲述了我的全部理论，就像我对任何来我工作室的人一样，哪怕来的是一个管道工。路伊·福勒满怀热情地诉

---

① 路伊·福勒（1862 — 1928）：美国现代舞先驱。

说，她明天将动身去柏林，建议我去柏林跟她会合。她不仅是一个伟大的艺术家，而且还是川上贞奴的经纪人。我十分喜欢川上贞奴的艺术。她建议我跟川上贞奴一起到德国各地开音乐会。我太乐于接受这样的邀请了。然后，我就安排去柏林找路伊·福勒。

最后一天，安德烈·波尼尔前来跟我道别。我们最后一次去巴黎圣母院朝圣。他送我到火车站，用他惯有的保守礼貌的方式与我吻别，而我却在他的镜片后看到了一丝痛苦。

我到了柏林，住在布里斯托尔酒店。我在一个豪华的套房里找到了路伊·福勒，她身边围着随行人员。一群十分漂亮的女孩子围着她，轮流轻抚她的头，亲吻她。在我简单的成长经历中，虽然我的母亲很爱我们，但她很少爱抚我们，所以我完全被这种表达感情的方式惊呆了。它对我来说太新鲜了。在这里我感受到了从未遇见过的温暖。

路伊·福勒的慷慨是没有止境的。她按铃要了一份丰盛的晚餐，这份晚餐的价格一定超出我的想象，极为昂贵。晚上她在冬季公园有演出。我观察着她，疑惑她是否还去得了，因为她的脊椎骨正承受着剧痛，因此她身边那些可爱的女孩子不时地给她拿来冰袋，放在她的背脊和椅背之间。“亲爱的，再拿一个冰袋来，”她说，“有了冰袋好像就不疼了。”

那个晚上，我们坐在包厢里欣赏路伊·福勒的舞蹈。我们怎么能将这个光彩的形象和刚才那个正受病痛折磨的病人联系在一起呢？她在我们眼前变换着各种颜色，从耀眼的兰花到摇曳盛放的海葵，最后是像螺旋般旋转的百合。所有一切如同梅林的魔术，光线、颜色和流动的形式的魔术。非同凡响的天才！没有一个路伊·福勒的模仿者曾企及她的这份天才。我看得入迷了，但是我意识到这是天性的瞬间迸发，是不可复制的。她在观众面前变换了上千种不同颜色的意象。简直难以置信。无法被复制，也无法描述。路伊·福勒首次将变换颜色和舞动长丝带引入到舞蹈中。她也最早将灯光和色彩变换运用到舞蹈中。我晕眩地回到旅馆，完全被这位伟大的艺术家征服。

第二天早上，我第一次游览柏林。我一直憧憬着希腊和希腊艺术，因此我一下子就被柏林的建筑打动了。

“这不就是希腊嘛！”我喊道。

但是当我更加仔细地查看后，我意识到柏林并不像希腊。柏林是日耳曼人印象中的希腊。柏林的柱子并非高耸入奥林匹斯蓝天的多利安柱。这是德国式的，书生气的、建筑教授概念中的希腊。当我看到皇家卫队正步走过波茨坦广场的多利安柱时，我立刻回到了布里斯托尔酒店，对店家说：“给我一杯啤酒。我累了。”[①]

我们在柏林待了一些日子，然后跟随着路伊·福勒的艺术团

① 此处原文为德语。

队离开布里斯托尔酒店去了莱比锡。离开时，我们所有的行李都被扣留了。连我从巴黎带去的不值一文的行李也难逃厄运。那个时候我无法理解这样的事情会发生在如此成功的艺术家身上。吃过了丰盛的香槟大餐，住着宫殿般的酒店套房，我无法理解我们为什么会被扣下行李。后来，我才知道这是路伊·福勒管理下的川上贞奴的原因。她演出失败，路伊·福勒的收入已经不足以填补亏空。

在这群海神、仙女和彩虹般的幻象中，有一个穿着量身定做的黑衣服的奇怪的人。她害羞、含蓄，精致的五官中有一股力量，黑色的头发从她的前额往后梳，眼神忧伤智慧。她总是把双手插在衣袋里。她对艺术很感兴趣，尤其是谈论起路伊·福勒的艺术就滔滔不绝。她像古希腊的圣甲虫般周旋在一群明亮的彩色蝴蝶中间。我立刻被她的个性所吸引，但是对路伊·福勒的激情占据了她整个情感世界，她根本没有给我留下余地。

在莱比锡，我依然每个晚上都去一个包厢看路伊·福勒演出。我越来越热衷于她奇妙的艺术中。这个伟大的人物——她变成了液体，变成了光，变成了每一种颜色和火焰，最后分解成奇迹般的螺旋形的火焰，飘向无限的时空。

在莱比锡，有一日凌晨两点钟，我被说话声惊醒。声音很模糊，但是我听出了是一个我们叫她“护士”的红发女孩，因为每当有人头痛的时候，她总是乐意抚慰、照顾。在她们激烈的低语中，我能一点点拼凑出，“护士”说她要回柏林去拜访某人，以获得足够让我们去慕尼黑的资金。然后，午夜时分，那个红头发的女孩走近了我，热烈地吻我，用充满激情的声音说：“我要离开这里去柏林了。”因为这只有几个小时的路程，所以我无法想象她为何如此激动，如此不舍得离开我们。她很快就回来了，带回了我们去慕尼黑的旅资。

在慕尼黑，我们又想去维也纳。但我们又一次没有足够的资金了，而且这次已完全不可能借到一笔钱了。于是，我自告奋勇去美国领事馆求助。我跟领事说，他必须为我们提供去维也纳的车票。我说服了领事，我们最后到达了维也纳。尽管我们几乎没有什么行李，但在布里斯托尔酒店，我们还是被安排住在最豪华的套房。而这一次，除了对路伊·福勒艺术的崇敬外，我不禁问自己，我为什么把自己的母亲独自留在巴黎，我在这群美丽而疯狂的女士中又在干什么。到目前为止，面对这戏剧化的事件，我只是一个无助而具有同情心的看客。

在维也纳的布里斯托尔酒店，我被安排和那个红头发的叫做“护士”的女孩住一个房间。有一天凌晨四点，“护士”起身，点燃蜡烛，走向我的床边，宣布道：“上帝要我来掐死你！”

我曾听说过如果一个人突然疯了，你不能反对他。我十分害怕，但是我压制住了惧怕，回答道：“没问题。但是请让我先做祷告。”

“好。”她同意了，把蜡烛放在我床边的桌子上。

我从床上溜出去，仿佛被魔鬼追赶，猛地把门推开，飞奔过长长的走廊，跑下宽大的楼梯，跑进酒店职员办公室。我当时穿着睡衣，披头散发，大喊：“这个女人疯了。”

“护士”紧随我的脚步追下楼。六个酒店的职员扑向她，把她牢牢按住，直到医生来。医生的诊断结果让我不安，我决定发电报让我的母亲从巴黎赶过来，母亲真的来了。当我告诉她我对目前环境的感受后，我和母亲决定离开维也纳。

我和路伊·福勒一起待在维也纳的那段日子里还发生了一件事。有天晚上，我在艺术家剧院为艺术家表演舞蹈。每个男子都带着一束红玫瑰。当我跳酒神舞时，我几乎淹没在红玫瑰的海洋里。那个晚上来了一个匈牙利的经理人，名叫亚历山大·格罗斯。他找到我，说：“如果你想有一个好前程，来布达佩斯找我。”

在这一刻，当周围的环境把我吓得要死时，我渴望和母亲一起冲出维也纳，我们自然想到了格罗斯先生的邀请，我们想到布达佩斯寻求一个更加光明的未来。格罗斯给了我一份合约，要我独自在乌拉尼亚剧院演出三十个晚上。

这是我的第一张在剧院为公众跳舞的演出合约。我犹豫了。“我的舞蹈是献给艺术家、雕塑家、画家、音乐家的，不是给普通大众的。”但是亚历山大·格罗斯反驳说，艺术家是最挑剔的观众，如果他们都喜欢我的舞蹈，那么公众一定会百倍地喜欢我的舞蹈。

我被说服了，在合约上签了字。亚历山大·格罗斯的预言实现了。我在尤拉尼亚剧院演出的第一个夜晚大获成功。我在布达佩斯演出的三十个晚上场场爆满。

啊，布达佩斯！那是 4 月。那是一年中的春季。在首次演出不久后的一个晚上，亚历山大·格罗斯邀请我们去饭店吃晚饭。那个饭店里演奏着吉卜赛音乐。啊，吉卜赛音乐！这是唤醒我青春感觉的第一声呼喊。在这样的音乐声中，我含苞待放的情感之花正在开放。还有什么音乐和这植根于匈牙利土壤中的吉卜赛音乐一样？多年后，我对约翰·瓦纳梅[①]谈起此事。在他商店的留声机部，他要我听他的机器所发出的美妙的音乐。我对他说："所有这些结构精美的机器——熟练的发明家发明的——都不能替代一个匈牙利农民在匈牙利尘土纷飞的道路上演奏的吉卜赛音乐。一个匈牙利吉卜赛音乐家抵得上世界上所有的留声机。"

---

① 约翰·瓦纳梅（1838 — 1922）：美国百货业大亨。

第十一章

美丽的布达佩斯之城鲜花怒放。在河边，在山上，紫丁香开满了每一个花园。每一个晚上，暴风雨般的匈牙利人疯狂地欢呼，把他们的帽子扔向舞台，大喊："万岁！"①

一天上午，我看到多瑙河在阳光下流淌着，泛起涟漪。晚上我就传话给交响乐团的指挥，在演出结束的时候，要乐团即兴演奏施特劳斯的《蓝色多瑙河》。这取得了电击般的效果。所有的观众都站起身来，兴奋得近乎疯狂。我不得不一次又一次地跳华

---

① 此句原文为匈牙利语。

尔兹舞，直到他们的举动不再那么像疯子才停下来。

那个晚上，在观众中有一个英俊的匈牙利年轻人和其他观众一起高喊，他有天神般的面容，天神般的身材。他把我从一个童贞的仙女变成了一个狂野而不羁的酒神女祭司。一切都促成了这个变化。我们走出了剧院。春天，月光柔和的夜晚，空气中弥漫着浓浓的紫丁香的香味，狂热的观众，第一次与注重味觉又无所顾忌的人们一起用餐，吉卜赛音乐、火辣的匈牙利菜炖牛肉、浓烈的匈牙利葡萄酒——这真的是我生命里第一次从食物中吸取营养，从如此丰富的食物中吸取过多的营养，所有一切让我第一次感觉到我的身体并非只是用来表达音乐的神圣和谐的乐器。在这之前，我几乎感觉不到乳房开始柔软、膨胀，这种惊人的感觉既吸引我，又让我觉得不好意思。我那如男孩般平坦的臀部也开始有了曲线。我整个人明显涌动着一种巨浪般汹涌澎湃的强烈欲望，整晚都睡不着，在狂热而又痛苦的不安中辗转反侧。

一个下午，在一次朋友聚会上，喝过一杯金色芳香葡萄酒后，我遇见了一对黑色的大眼睛。这对眼睛燃烧着热烈的爱慕，蕴含着布达佩斯全部春意的匈牙利式的激情，闪烁的火花落进了我的眼里。他身材高大，体型匀称，满头茂密的黑色卷发，其间闪着紫光。事实上，他曾经摆过米开朗基罗的雕塑大卫的造型。当他微笑的时候，红色性感的嘴唇间露出坚硬的白牙齿。从我们相视的第一眼起，我们拥有的每一份吸引的力量冲出我们的身体，让我们疯狂地拥抱。从第一次凝视起，我们就已经在彼此怀里了。世界上没有任何一种力量可以阻止它。

“你的脸像一朵花。你是我的花朵，”他说，一遍又一遍地重复着，“我的花　　我的花。”在匈牙利语中，花是天使的意思。

他给了我一张小方纸，上面写着“皇家国际剧院包厢”。那天晚上，我和母亲去看他演罗密欧。他是个不错的演员，在匈牙利是一流的。他对于罗密欧年轻热烈的阐释赢得了我的心。剧团里所有的人都对着我神秘兮兮地笑。每个人都好像事前就知道了，而且为此感到高兴。只有一个人——女主角，看起来一点也不开心。他陪着我和我母亲回到酒店。我们一起吃了顿简单的晚饭，因为演员从来不在演出前吃东西。

后来，当母亲以为我睡着了后，我又回到套房的客厅里和我的罗密欧幽会。客厅和我们的卧室间隔着长长的走廊。他告诉我那晚的演出中他改换了他对罗密欧的阐释：“我过去一直都是越过墙，马上用平常的声音说：

> 没有受过伤的人总是讥笑别人身上的伤疤，
> 可是，且慢！那远处窗户亮起来的是什么光？
> 那是东方，朱丽叶是太阳。

但是今晚，你记得吗，我是轻声说出这些话语的，仿佛它们要让我窒息，因为我遇见了你。我懂得了爱会改变罗密欧的声音。直到现在，我才懂得。因为是你，伊莎多拉，你让我第一次体会到了罗密欧的爱情是怎样的。现在我扮演整个角色都不同了。”然后，他站起身，为我重复，一场接一场，整个角色。他停下来说：“是的，我现在明白了，罗密欧如果真的在爱，那么他会这样说，这样说——与我第一次演出时所设想的完全不同。现在我懂得了。啊……崇拜的，面如花靥的女孩，你激发了我。有了这份爱，我一定能成为一个伟大的艺术家。”他一直说罗密欧这个角色的台词给我听，直到曙光悄悄爬上了窗户。

我欣喜若狂地看着，倾听着。我甚至不时大胆地与他对起台词来，或者是摆出一个手势。在神父面前那场戏，我们都跪下来，海誓山盟至死不渝。啊，青春和春天，布达佩斯和罗密欧！每当我想起你，总是离得那么近，一切就像发生在昨天。

一个晚上，我们各自都结束了演出。我们溜进客厅，母亲全然不知，她以为我早已安然入睡。起初，罗密欧很开心地排演他的角色，或是谈些他的艺术和剧院。我很开心地听他说着，但是渐渐地我注意到他似乎感到了什么困扰，不时地表现出伤心和无语。他紧握着他的双手，似乎十分不舒服。与此同时，我感到他俊俏的脸庞也变红了，他的眼睛变红了，他的嘴唇肿胀起来，他咬嘴唇咬出血来了。

我自己也觉得不舒服，有点眩晕。同时，一种不可抗拒的想要靠近点、再靠近点他的渴望在我心中汹涌。直到，再也控制不住，陷入一股狂潮，他抱起我走进了房间。我有点害怕，但是又充满了喜悦，我意识到这一刻就要来临。我承认我的第一次经历是一次可怕的惊吓。但出于对他所遭受的痛苦的同情，我没有在起初痛苦的那刻逃走。

那天黎明，我们一起离开了酒店，在街上坐上一辆迟归的双驾马车。我们坐着马车走了好几英里，到了乡间，在一间农民的小屋前停下。农妇给了我们一间带有旧式四柱床的房间。我们一整天都待在乡间，罗密欧不停地安慰我，要我别哭，替我擦干眼泪。

我担心当晚奉献给观众的演出会十分糟糕，因为我十分伤心。尽管如此，当我后来再次在客厅见到罗密欧的时候，他兴高采烈、得意扬扬，我立刻觉得自己受的苦是值得的，并希望重来一次。尤其是罗密欧温存地让我确信我一定会体验到人间天堂的妙境。这个预言很快就兑现了。

罗密欧有非常优美的嗓音，他给我唱了他国家的所有歌曲，唱吉卜赛人的歌，教会我那些歌词的词语和它们的意思。有个晚上，亚历山大·格罗斯为我安排了一场在布达佩斯歌剧院的欢庆会。我有一个主意，在演完格鲁克的音乐之后，我将简单的匈牙利吉卜赛交响乐带上了舞台，我要跳吉卜赛的歌曲。其中有一首情歌，它这样唱：

世间有一个小姑娘。
她是我可爱的鸽子。
慈悲为怀的上帝一定非常爱我，
因为他把你给了我。

甜美的旋律，充满激情、渴望、眼泪、爱慕。我带着这样的感情跳着舞，广大的观众被我感动得落泪了。我穿着红舞裙，以《拉科夫斯基进行曲》作结。我舞出了一曲革命的赞美诗献给了匈牙利的英雄们。

随着这次庆祝会的落幕，布达佩斯的社交季节也结束了。第二天，我和罗密欧跑到农村，在农民的小屋里待了几天。我们第一次体会到了整夜睡在彼此怀中的欢愉，每个黎明当我发现自己的头发和他浓密的黑色卷发缠绕在一起，他的胳膊搂着我的时候，我都觉得难以言语的快乐。我们回到了布达佩斯，我们的天堂里飘来了第一朵乌云，那就是我母亲的痛苦。另外，从纽约回来的伊丽莎白似乎也觉得我犯了某种过错。她们两个人的焦虑让人难以忍受，最后，我终于说服她们去蒂罗尔①做一次短途旅行。

① 蒂罗尔：奥地利和意大利交界的一个地区。

我的性情就是不论感情如何热烈，大脑也在轻快而精巧地转动。我从来没有像俗话说的那样“昏了头”。相反，感官的快乐愈烈，大脑的思维愈活跃。每当大脑成了感官的直接批评者，它挫败欢乐，侮辱欢乐，这时意志就来大声抗议。这种冲突如此激烈，让我产生了一种愿望，希望将这不停歇的可恶理智催眠。我多么羡慕那些人，他们能把自己完全地投入激情的时刻，一点也不害怕理智高高在上的批评，不害怕理智来干涉他自己的想法，不害怕理智来压迫感情。

然而，每当我任性的时候，大脑总是大喊：“对，我承认你生命里的其他东西，包括你的艺术，但其比起此刻的光芒来都是微不足道的。我愿意就此放弃抵抗，溶解、毁灭、死亡。”因此，理智在被击败前最后一次痉挛，随后沉入无尽的虚空中，这虚空常常给理智和精神带来最沉重的灾难。

就这样，我明白这种极度疯狂的欲望渐渐逼近，最终会引向至为关键的时刻，令人意乱情迷。我再也不顾忌欲望是否会毁灭我的艺术，不再顾虑母亲的失望，甚至不再顾及会破坏和失去整个世界。

让那些对我评头论足的人评判吧。但是不要责怪自然和上帝，因为是它们让这一刻变得比我们经历的其他事情更值得、更美妙。当然，飞得越高，摔得越惨。

亚历山大·格罗斯安排我去匈牙利各地巡演。我到许多小镇演出，包括锡本基尔辛。那里有一个让我印象深刻的关于七个被绞死的革命将军的故事。为了纪念这些将军，我在郊外一块开阔的田野上，根据李斯特忧郁的《英雄进行曲》，编了一个行军的舞蹈。

整个巡演过程中，我受到了匈牙利所有小城镇观众们的热烈欢迎。在每个小镇，亚历山大·格罗斯都为我准备了一辆维多利亚马车，白色的马，装满了白色的鲜花。我身着白装，在喝彩声和欢呼声中，像一位从另一个世界来访的女神。尽管我的艺术给了我狂喜，观众给了我赞誉，但是我不断地忍受着我对罗密欧的渴念，尤其在晚上独自一人的时候。我觉得我愿意放弃所有的成功，甚至我的艺术，哪怕只为了再一次在他怀里停留片刻。我渴望着回布达佩斯的那一天。那一天终于来了，罗密欧自然欢天喜地地来车站接我，但是我感觉到他身上发生了某种变化。他告诉我，他正扮演马克·安东尼，并正在排演。难道是角色的变化影响了他热烈的艺术性格？我不知道，我只知道罗密欧最初纯真的激情和爱恋发生了变化。他提起了我们的婚姻，好像这早已被决定了一样。他甚至带我去看一些公寓，为了选一个供我们以后居住的地方。看了一个又一个没有浴室的套房，以及那些在爬不完的楼梯之上的厨房之后，我感到异常的沉重。

“我们打算在布达佩斯生活？”我问道。

“为什么不这样呢？”他回答道，“你每个晚上都去包厢里看我演出，然后你就会学会与我对台词，助我研究。”

他对着我背诵马克·安东尼一角的台词。现在他全部的热情都在罗马民众身上，而我，他的朱丽叶，不再是他注意力的中心。

一天，在乡间长途散步途中，我们坐在一个干草堆边，他最后问我，我是否认为我应该离开他继续自己的事业，让他走他的路，这样对我而言更好。这并不是他的原话，但他就是这个意思。我仍然记得那个干草堆，记得我们面前的田野，记得向我的胸口袭来的寒风。那个下午，我跟亚历山大·格罗斯签了一个合约，决定去维也纳、柏林和德国的所有城市巡演。

我观看了罗密欧扮演马克·安东尼一角的首演。我留给他的最后印象是剧院里一个疯狂的观众。当我坐在包厢里时，我吞下了眼泪，就像吞下一堆碎玻璃。明天，我要离开这里去维也纳了。罗马消失了。我对马克·安东尼说再见，他看起来有些严肃，心里藏着事情。因此从布达佩斯到维也纳的旅行是我所经历过的最苦涩最伤心的旅行。宇宙间的所有欢乐都突然消失了。在维也纳，我病倒了，亚历山大·格罗斯把我送进了一个诊所。

我有几个星期身体极度虚弱，受着可怕、痛苦的折磨。罗密欧从布达佩斯赶来了。他甚至在我的病房里搭了一张帆布床。他温柔体贴。但是某个清晨，我醒来看见了一张护士的脸。她是个天主教徒，浑身被黑色包裹，把我的床和罗密欧的帆布床分开。

这时，我听到了爱情的丧钟。

我花了很长的时间才康复。亚历山大·格罗斯带我去佛朗岑巴休养。我无精打采，很伤心，拒绝欣赏乡村美景，也拒绝朋友的关心。格罗斯的夫人也来看我，在我失眠的夜晚，她悉心照料我。幸运的是，也许是昂贵的诊费和护理费耗尽了格罗斯银行账户里的钱，他安排我到佛朗岑巴、玛丽亚温泉市、卡尔斯巴德等地演出。因此有一天，我再次打开行李箱，拿出我的舞裙。我记得我放声大哭，亲吻我小小的红舞裙，我曾穿着它跳了所有革命性的舞蹈。我发誓再也不会为了爱情放弃艺术了。那个时候，我已经全国闻名。一个晚上，我跟我的经理人和他的夫人一起用餐。群众聚集在餐厅的厚玻璃窗外，后来人太多了，挤破了餐厅巨大的玻璃窗。这让酒店经理几乎崩溃。

经历了悲痛、爱的破灭和痛苦之后，我把精力转移到了我的艺术上。我把伊菲革涅亚[①]在祭坛上告别生命的故事编成舞蹈。后来，亚历山大·格罗斯安排我在慕尼黑演出。我在那里再次与母亲和伊丽莎白会合。她们看到我再次单身很高兴，虽然她们觉察到了我的变化和忧愁。

在慕尼黑演出前，我和伊丽莎白去了阿巴沙。我们驱车来来回回，寻找提供膳食的旅馆未果，却被宁静的小镇所吸引。我们

① 伊菲革涅亚：希腊神话中阿伽门农之女。

恰巧遇见了刚好从此地经过的斐迪南大公。他对我们很感兴趣，诚心欢迎我们。最后他邀请我们住在斯蒂芬尼酒店花园的私人别墅里。整个事件没有一丝的暧昧，却在宫廷的社交圈传为绯闻。贵妇人很快就登门造访，那个时候我还天真地以为她们是被我的艺术感召，其实根本不是这样，她们感兴趣的是我们在大公别墅的真正地位。也是这些贵妇人，每天晚上在大公的酒店的餐桌前表现出完美的社交礼仪，我也学着她们的礼仪，甚至比她们表现得更加礼貌。

那个时期，我发明了一种泳衣，后来就流行开了。它只是一件用中国最好的绉纱做的淡蓝色的袍子，低领，小肩带，长及膝盖，露出赤裸的腿和脚。因为当时女士们游泳都是严严实实地裹着黑衣下水的，裙子长到膝盖和脚踝之间，脚上穿着黑色的袜子和黑色的泳鞋。斐迪南大公常常拿着观剧镜，在潜水桥上散步，镜头常常锁定在我身上，用我也能听到的完美的声音呢喃道："啊，这个邓肯长得多美。啊，真是太美啦！春光也不如她美！"[①]

后来，我在维也纳的卡尔剧院跳舞期间，斐迪南大公带着一群年轻英俊的副官和随从每晚都去剧院包厢看我演出，人们自然议论纷纷。但其实斐迪南大公对我的兴趣纯粹是出于对美和艺术的热爱。事实上，他似乎为了避免流言蜚语，总是和年轻英俊的

---

① 此句原文为德语。

军官出游。当我得知斐迪南大公被奥地利法庭监禁在萨尔斯堡的一个幽暗的城堡时，我很同情他。也许他不同于常人，真正具有同情心的人是否多少有一点疯狂？

在阿巴沙的那座别墅里，我们的窗前有一棵棕榈树。这是我第一次看到一棵棕榈树能长在温和的气候中。我常常留意到它的叶子在清晨的微风中抖动。从这些叶子的抖动中，我创造了手臂、手和手指微微颤动的样子。这被很多我的模仿者滥用。他们忘记了去寻找灵感的来源，仔细考虑棕榈树的律动，忘记了在表现这个动作之前先去吸收这个动作的精神。我常常注视着棕榈树，所有的艺术杂念都离我而去，脑海里只萦绕着海涅的诗行：

南方有一棵孤独的棕榈树……

从阿巴沙出发，我和伊丽莎白去了慕尼黑。那个时候，慕尼黑的文艺生活集中在“艺术家之家”。那里聚集着一大批大师，有画家卡尔巴赫、伦巴赫和施图克。他们每天晚上都聚集在这里，喝最好的慕尼黑啤酒，谈论哲学和艺术。格罗斯希望安排我到“艺术家之家”首演。卡尔巴赫和伦巴赫表示同意，而施图克反对，他坚持认为慕尼黑“艺术家之家”是艺术的圣殿，舞蹈表演不合适在那里演出。一天上午，为了让施图克知道我的艺术的价值，我去找了他。我在他的工作室里脱掉了衣服，换上了舞裙，跳舞给他看。然后，我跟他一连说了四个小时，谈论我的使命的神圣性以及舞蹈作为一门艺术的可能性。他经常告诉他的朋友，他一生从未如此惊讶过。他说，他觉得仿佛奥林匹斯山上的森林女神从另一个世界出现在了他的面前。当然，他点头了，我在慕尼黑“艺术家之家”的首演是当地数年来最轰动的艺术盛事。

后来，我又在凯姆学院表演，那里的学生为之疯狂。一个又一个夜晚，他们从我的马车上卸下马具，拉着我的手穿过大街，唱着他们的校园歌曲，手中举着火把，在我的马车旁手舞足蹈。他们经常成群结队地一连几个小时在我酒店的窗外唱歌，直到我把鲜花和手帕扔向他们。他们会平分这些东西，每个人插一些在自己的帽子上。

一个晚上，他们带我去学生咖啡馆。在那里，他们把我抬到了桌子上，我从一张桌子舞到另一张桌子。他们整夜都在歌唱，不时地用德语重复：“伊莎多拉，伊莎多拉，啊，生命真美好。”这个夜晚发生的事情被《简报》报道，震惊了镇上一些严肃的镇民。但是这真的是一件再纯洁不过的事情了，尽管清晨我被送回酒店时，身上的衣服和披肩已经被他们撕成彩带绑在帽子上了。

慕尼黑在那个时候是名副其实的学术活动和艺术活动的聚集地。街道上到处都是学生。每个年轻的女孩腋下都夹着一个文件夹或是一卷乐谱，每一个商店的橱窗里都是一处名副其实的宝库，展示着稀有的书籍、古籍和吸引人的新书。博物馆也有许多珍贵收藏。清新的秋日空气从阳光照耀的山上吹来。我到满头银发的大师伦巴赫的工作室造访，与哲学大师卡维尔霍恩等经常交往，这都激励我重新找回中断已久的对生命中智慧和精神的认知。我开始学习德语，阅读叔本华[①]和康德[②]的原著。我很快就能听懂那些每晚在“艺术家之家”聚会的艺术家、哲学家、音乐家热烈愉快的长谈。我还学会了喝优良的慕尼黑啤酒，情感上受到的打击也得到了某种程度的平复。

一个晚上，在一场特别的艺术庆祝会的演出中，我注意到一个长着一张绝佳轮廓的脸的男人坐在第一排鼓掌。这个轮廓让我想起一位大师，那个时候我刚刚开始接触这位大师的作品。一样悬垂的眉毛，一样突起的鼻子，就是嘴巴柔软了一些，不那么有力。演出后，我得知他就是西格弗里德·瓦格纳，理查德·瓦格纳[③]的儿子。他加入了我们的圈子，使得我有了结识他、崇拜他的机会。后来，他成了我许多珍贵的朋友中的一员。他的谈吐充满了智慧，常常谈及他伟大的父亲，这些对父亲往事的追忆像一个神圣的光环萦绕在他的周身。

那是我第一次读叔本华的书，他给予我的音乐和精神的关系

---

①叔本华（1788 — 1860）：德国哲学家，唯意志论者。

②康德（1724 — 1804）：德国哲学家，德国古典唯心主义的创始人。

③理查德·瓦格纳（1813 — 1883）：德国作曲家、剧作家。

的哲学启蒙使我着迷。

伟大的精神，也就是德国人所谓的“geist”，是一种圣洁的感受，有着一种思想的神圣性。我所感受到的这些，常常让我觉得自己被带入了一个优越的如上帝般的思想家的世界。这些思想家的大脑比我在这个世界的旅途中遇到的任何人都要敏捷而神圣。在这里，人们把哲学概念看作是人类最高层次的满足，只有神圣的音乐世界能和它相提并论。在慕尼黑音乐厅，我也接触到了来自意大利的作品。一想到我们距离边境如此近，心中便燃起去意大利的强大冲动。于是，我、伊丽莎白和母亲一起坐上火车去佛罗伦萨了。

第十二章

我永远也不会忘记穿越蒂罗尔的奇妙体验，沿着阿尔卑斯山的阳面下去，直到翁布里亚平原。

我们在佛罗伦萨下了火车。接下来的几个星期，我们着迷地流连于美术馆、花园和橄榄园。那个时候，波提切利[①]最能激起我年轻的想象。我在波提切利的名画《春》前坐了好几天。在这幅画的启发下，我创作了一种舞蹈，尽力表现从画中传递出来的柔软而奇妙的律动。土地上覆盖的花朵的轻柔的波动，围成圈的

---

① 波提切利（1445 — 1510）：意大利文艺复兴时期画家。

仙女，飞翔的西风之神，所有这些都聚集在中心人物周围。中心人物一半像阿佛洛狄忒，一半像圣母，她以一个意味深长的手势象征着欣欣向荣的春意。

我在这幅画前一坐就是好几个小时。我迷恋它。一个好心的老管理员给了我一张凳子，饶有兴致地看着我对这幅画崇敬的样子。我坐在那里，直到我看到花朵开始生长，画中赤裸的双足开始舞蹈，身体开始摇摆，直到欢乐的使者来到我的跟前。我想："我要把这幅画用舞蹈表现出来，要把爱、春天以及曾给我带来如此痛苦的生命的生殖力传达给别人。我要用舞蹈向他们传达这种狂喜。"

闭馆的时间到了，我仍然待在这幅画前。我想在这美丽而神秘的时刻找到春天的意义。在此之前，我感到生命如同一件笨拙的工作，一种如盲人般在黑暗中的摸索。我想我能找到这幅画的秘密，我就能告诉别人通向丰富人生和创造快乐的途径。我记得我已经可以像一个参加战争的男人一样去思考人生。他带着良好的动机参战，受了重伤，经过反思，说："我为什么不去传播福音，好让其他人免受戕害[①]？"

这就是我在佛罗伦萨波提切利的《春》前的默想，这也是后来我把它转化成舞蹈所表现的精神。哦，在甜美、朦胧的异教徒

① 戕害：严重损害；伤害。也可解释为"杀害无辜"。

生活中，优雅的阿佛洛狄忒闪烁着更加慈祥的圣母光芒，阿波罗像圣塞巴斯蒂安[①]一样伸手触及春天的第一根新生的树枝！我感到所有的一切涌进我的胸中，夹杂着一股平和的喜悦。我希望把这些全都用我的舞蹈诠释出来，我给这个舞蹈取名为希望之舞。

在这里，一个老宫殿的房间里，我给佛罗伦萨的艺术界人士跳舞，跳过蒙特威尔第的音乐，还有更早的匿名大师的旋律。其中有一首维奥尔琴弹奏的精彩乐章，我为此编排了一段想象中天使般的小提琴舞蹈。

我们像以前那样毫不精打细算地过日子，钱很快就用光了。因此不得不给亚历山大·格罗斯拍电报，要他给我们寄一笔钱作为必要的开支，以便我们可以回到柏林跟他会合，在那里他正在安排我的首次演出。

当我们到达柏林时，我迷糊了。我们驱车穿过整个城市，发现整个城市都闪烁着写有我名字的海报，到处都是我和爱乐交响乐团在克罗尔歌剧院同台献艺的广告。亚历山大·格罗斯为我们在布里斯托尔酒店定了一间在菩提树下的漂亮套房。在那里，所有的德国新闻媒体都等着对我进行第一次采访。通过我在慕尼黑的学习和在佛罗伦萨的经历，我的思想充满了沉思和灵感。我用带着美国腔的德语说出我对于舞蹈艺术天真而庄严的观念——

---

① 圣塞巴斯蒂安（256 — 288）：罗马殉教者。

舞蹈是第一伟大的艺术，必将重新唤醒其他艺术。这让那些前来采访的德国绅士大吃一惊。

这些德国的新闻工作者听到这些的反应和后来听我在美国宣扬这些理论的对象是如此的不同。他们带着最虔诚的心倾听我。第二天德国的报纸上就出现了大篇幅的文章，谈论我的舞蹈，内容严肃，富有哲理。

亚历山大·格罗斯是勇敢的。他把他的所有资本都投在了我的这次柏林演出的筹办上。他不惜一切代价做宣传，租用第一流的歌剧院，雇用最好的导演。大幕拉开了，露出了简单的蓝色幕布的舞台背景，一个瘦小纤弱的身影出现在偌大的舞台上，如果此时我不能在第一时间赢得困惑的德国观众的掌声，那对于格罗斯来说意味着灭顶之灾。但是他是一个不错的预言家，我让他如愿以偿了，我震撼了柏林。我跳了两个小时舞，观众依然不愿离开歌剧院，想要我再来一个，再来一个，直到最后，热情的观众一拥而上，冲到了舞台的脚灯旁。成百上千的学生们真的爬上了舞台，这么多的崇拜者险些把我压死。接下来的许多个夜晚，他们重复着在德国流行的迷人仪式，将我的马车解下，像胜利者一样拉着我穿过街道，进入林登大街，直到抵达我的酒店。

从我第一晚登台开始，德国民众就给了我“女神般神圣的伊莎多拉”[①]这个称号。其中有一晚，雷蒙德突然从美国回来了。他太想我们了，说再也不能跟我们分开了。这时，我们期待已久的一个计划再次浮出水面，那就是去最神圣的艺术圣殿朝拜，去我们热爱的雅典。我感到自己还只是停步于艺术研究之路的大门口。尽管格罗斯一再挽留，一再难过，在柏林演出了一小段时间后，我还是坚持离开德国。我们再一次坐上了去意大利的火车，取道威尼斯，到达雅典。因为这是一趟被搁浅已久的旅行，我们的眼睛闪着光，我们的心剧烈地跳动着。

我们在威尼斯待了几个星期，虔诚地参观了那里的教堂和美术馆，但是在那个时候我们并不看重威尼斯。我们超过百倍地爱着在文化和精神方面都美过威尼斯的佛罗伦萨。直到多年以后，我和我那纤弱的、橄榄色皮肤的、黑眼睛的爱人再次来到威尼斯，它才以其神秘和可爱征服了我。那时，我第一次领略到了威尼斯无穷的迷人魅力。但是当我第一次到威尼斯之时，我只是急切地想找一条船，驶向更高远的地方。

雷蒙德觉得我们的希腊之旅应该尽量保持原始的状态。我们没有选择坐大而舒适的客船，而是登上了一艘小邮轮。那是一艘航行于布林迪西和圣毛拉之间的小船。我们在圣毛拉登陆，因为

① 此句原文为德语。

那里有古伊萨卡岛[1]。那里还有一块岩石，绝望的萨福在那里投海自尽。甚至现在，当我的记忆再次旅行到这里时，我都会想起拜伦的诗句：

希腊群岛，
希腊群岛，啊，希腊群岛，
热烈的萨福在这里恋爱歌唱，
战争与和平的艺术在这里生长，
提洛岛露出海面，太阳神跃起！
无止境的夏天给它们镀上了金色，
但是，除了太阳，一切尽逝。

清晨，我们从圣毛拉坐上一条小船出海了，船上只有两个男人。在炎热 7 月的一天，我们的船行驶过了蓝色的爱奥尼亚海。我们进入了安布鲁斯海湾，在一个叫做卡瓦萨拉斯的小镇上岸了。

为了租到一条小渔船，雷蒙德用面部和身体的表意动作，以及古希腊语解释我们希望这次航行尽可能地接近当年尤利西斯的

---

① 伊萨卡岛：希腊西部爱奥尼亚海中的群岛之一，为希腊神话中尤利西斯的故乡。

航行。渔夫似乎并不熟悉尤利西斯的故事，但是看到这么多希腊银币，他也就起了劲，开始了航行。但是他不情愿把船划得太远，还不时地指着天空说：“轰隆，轰隆！”他用手臂做出姿势表示海上有暴风雨，告诉我们大海是变幻莫测的。我们不禁想起了奥德赛描写大海的诗句：

> 他说完立即聚合浓云，手握三股叉，
> 搅动大海，掀起各种方向的劲风的
> 暴烈气流，用浓重的云气沉沉笼罩
> 陆地连同大海，黑夜从天空跃起。
> 东风、南风一起刮来，反向的西风
> 和产生于太空的北风掀起层层巨澜。
> 奥德修斯顿时四肢麻木心瘫软。[①]
>
> ——《奥德赛》第五章

没有哪里的海比爱奥尼亚海更变幻莫测了。我们这次航行是拿我们珍贵的生命冒险，很可能会和尤利西斯有一样的下场：

---

① 引自荷马作品《奥德赛》，王焕生译，人民文学出版社 1997 年版，第 107 页。

他正这样说，陡然隆起一个巨澜，
可怕地从地上盖下，把筏船打得团团转。
他自己被从筏上抛出，抛得很远，
船柄从手里滑脱，桅杆被各种风暴
混合旋起的强大风流拦腰折断，
船帆和帆桁一起被远远地抛进海里。
他被久久地打入水下，无力迅速地
向下浮起，身受狂涛巨澜的重压，
神女卡吕普索所赠的衣服也增添分量。
他很久才浮出水面，嘴里不断喷吐
咸涩的海水，海水顺着他的头流淌。

后来，当尤利西斯遇到海难后，遇到了瑙西卡：

昨天第二十天我才逃脱酒色的大海，
自从强烈的波涛和风暴把我吹离
奥古吉埃岛。现在神明送我来这里，
让我继续遭不幸，我的苦难犹未了，
神明们还会给我降下灾祸无穷尽。
尊敬的姑娘，可怜我，遭到许多苦难后，
我首先遇见了你，其他人我均不相识，

他们拥有这里的城市和辽阔的土地。[①]

——《奥德赛》第六章

我们在伊庇鲁斯海岸的一个名叫普里维萨的土耳其小镇靠岸，买了食物和饮料，有一大块山羊奶酪，一堆成熟的橄榄和鱼干。因为船上无遮无挡，整日暴晒在火焰般的阳光下，闻着奶酪和鱼的味道，尤其是小船以它自己的方式轻柔但又有力地颠簸不停，我永远也忘不了那段要命的日子。每当无风的时候，我们只能自己划桨。最后，在黄昏的时候，我们在卡法萨拉斯登陆。

当地所有的居民都来到海滩上欢迎我们。哥伦布当年第一次登上美洲大陆时，也没有像我们一样在当地居民中引起这样的轰动。当我和雷蒙德跪下来，亲吻泥土时，当地居民震惊得说不出话来。雷蒙德讲演道：

美好的希腊呀！如果有人凝望着你，感觉不到情人看到所爱之物般心动，那么他的心就是冰冷的。如果有人看到你斑驳的城墙、倾塌的神殿，却不伤心落泪，那么他的眼睛是呆板的。

---

① 引自荷马作品《奥德赛》，王焕生译，人民文学出版社 1997 年版，第 123 页。

事实上，我们高兴得快发疯了。我们想要拥抱每一个村里的居民，高喊："经过一番漂泊，我们终于来到了这块希腊圣土。致敬，奥林匹亚的宙斯！还有阿波罗！还有阿佛洛狄忒！准备好吧，哦，缪斯女神，再跳个舞吧！我们的歌唱也许会唤醒狄俄尼索斯，唤醒他沉睡中的女祭司！"

起来，哦，酒神的女祭司，妻子、少女，
来吧，哦，酒神的女祭司，来吧，
哦，带来欢乐的赠予者，
上帝的种子的播种者，
在他的权力之内带来酒神吧，

从弗吉尼亚山顶
把酒神带到街道、城镇和塔楼，
哦，把酒神带回家！

穿上你的小鹿皮衣，
衣服镶着纯白色的毛茸茸的边，
就像我们穿的一样。

我和他一起发誓，灰色毛发缠绕着雪白毛发，

来装饰酒神杖，穿着他的小鹿皮衣，

我们的额上戴着常春藤王冠。

卡法萨拉斯没有酒店，没有铁路。我们在一个小旅店住下。我们住在一个房间里，因为这个旅店只能给我们提供一个房间。所幸，我们并不怎么睡觉。首先，雷蒙德整夜在讲述苏格拉底的智慧和柏拉图式爱情的天国补偿论。其次，旅店的床是由非常粗糙的一张厚木板做的，而且成千上万的希腊小虫子想在我们身上大吃一顿。

黎明时分，我们离开了那个村庄，母亲坐在一辆双套马车里。马车里还装着我们的四个行李箱。我们从月桂树上砍下枝条，引领着马车前进。所有的村民都来送行，陪我们走了很长一段路。我们选择了古老的道路，两千年前，马其顿国王菲利普二世曾经率领他的军队走过的路。

*

从卡法萨拉斯到亚格林永的山路荒凉蜿蜒、崎岖不平。那是一个美丽的早晨，空气如水晶般清新。我们全速前进，年轻人的步伐轻盈如飞。我们在马车前跳来跳去，边走路，边欢乐地呼喊歌唱。当我们路过阿斯普罗波塔莫斯河（即古代的阿刻洛俄斯）

时，尽管伊丽莎白泪汪汪地阻拦，但我和雷蒙德还是坚持下水，在清澈的河水中“受洗”。我们根本没有意识到水流是多么湍急，我们差点就被卷走了。

旅途中，有两只野蛮的牧羊狗从远处的一个农场穿过整个山谷向我们跑来。要不是我们勇敢的马车夫用他的大鞭子把它们给吓跑了的话，它们会像凶猛的狼一样攻击我们的。

我们在路边的一家小旅店用了午餐，第一次尝到了用古老的猪皮盛装、用松香封口的葡萄酒。它喝起来有一种家具表面上光的亮漆的味道。不过，我们一边做鬼脸，一边还坚持说太好喝了。

最后我们到了古城斯特拉图斯，这座古城建在三座山上。这是我们对希腊废墟的第一次探险。多利安式的柱子让我们浮想联翩。我们跟着雷蒙德，他作为向导把我们带到了西边山上宙斯神庙剧院的位置。在我们生动的想象中，在夕阳的余光里，那里出现了海市蜃楼——城市再次覆盖了三座山，非常美丽。

夜晚，我们到了阿格里尼翁，筋疲力尽但沉浸于一种幸福的光亮中，那种幸福是很少降临在凡人身上的。第二天早晨，我们乘坐驿马车去了迈索隆吉翁，向拜伦明亮的心灵表示敬意。拜伦的心脏被保存在这座英雄之城的遗迹中，在浸染着烈士鲜血的土地里。想想也真奇怪，是拜伦从火葬的红色的余烬中抢出了雪莱的心脏，而雪莱的心脏现在珍藏于罗马。没准这两颗诗人的心脏仍然在神交呢，从希腊的无上荣耀到罗马的庄严。

所有这些记忆抑制了我们异教徒般兴奋的欢乐，让我们变得伤心。德拉克罗瓦[①]的名画《迈索隆吉翁的突围》中悲惨的气氛依然笼罩着这个小镇。当时几乎所有的居民，男人、妇女、孩子都因为在绝望中想要穿越土耳其的防线时被屠杀。

1824 年 4 月，拜伦在迈索隆吉翁去世。两年以后，也是在 4 月，几乎就是拜伦周年忌日那天，这些烈士跟随他去了阴间。拜伦愿意为希腊人的解放奉献自己的全部。在这个勇敢的迈索隆吉翁镇，有什么能比拜伦的死更感动人呢？他的心脏安息在这些殉难者中，世界也许会因此再一次认识到希腊不朽的美。因为事实上所有的殉难都是有价值的。带着沉重的心和满含泪水的眼睛，我们在黄昏的暮霭中离开了迈索隆吉翁，在一艘开往佩特雷小蒸汽船的甲板上看着它渐渐消失。

在佩特雷，我们经历了一场艰难的思想斗争，拿不定主意去奥林匹亚还是去雅典。最后对帕特农神庙的巨大而急切的盼望占了优势，我们坐上了去雅典的火车。火车奔驰在阳光普照的希腊大地上。有一刻，我们瞥见了大雪覆盖的奥林匹斯山。另一刻，我们又被盘旋起舞的山林女神和橄榄树神包围。我们感到了无尽的欢乐。我们的感情常常太强烈了，我们没有别的表达方法，只

---

① 德拉克罗瓦（1793 — 1863）：法国画家，是浪漫主义画派的典型代表，代表作有《自由引导人民》等。

能含泪互相拥抱。小火车站上，无动于衷的农民用疑惑的目光打量着我们。他们也许在想，我们不是喝醉了，就是疯了。而我们其实只是因为找到了最高级和最光辉的智慧——雅典娜的蓝眼睛而感到振奋。

那天晚上，我们到达了戴着紫罗兰花冠的雅典。黎明时分，我们满怀崇敬，极近昏眩，双腿颤抖，攀缘着通向雅典娜神庙的台阶。当我们登上高处时，我之前的生活就像一件杂色的衣服一样脱落了，就像我从未活过一样，就像在这初次的深呼吸和对纯美的初次凝视中，我诞生了。

太阳从彭提里库斯山后升起来了，神庙看起来极其清晰了，神庙大理石的一面在阳光下闪闪发光。我们爬上了通廊的最后一个台阶，凝视着在晨曦中闪闪发光的寺庙。我们一致保持沉默。我们彼此间略微保持着距离。因为这样的美太难用言语来表达了。它在我们心中引起了奇怪的恐惧。此刻，没有惊叫，没有拥抱。我们每个人都找到了自己最好的崇拜方式。我们就这样一连几个小时处于冥想中。我们感到身心俱疲，深受震撼。

我们终于团聚了，我母亲和她的四个孩子。我们决定邓肯家族依靠自己就足够了，而其他人只能让我们迷失理想。也是在参观帕特农神庙时，我们仿佛到达了完美的顶峰。我们扪心自问，为什么要离开希腊，既然我们在这里找到了能满足我们的美感的一切？有人也许会疑惑，那个时候我已经一举成名，而且在布达佩斯经历了一场刻骨铭心的恋爱插曲，我为什么一点也不想回到舞台上，或是回到爱人的怀抱。事实上，当我开始此次朝圣之旅后，我既不想追求名，也不想追逐利。这是一次单纯的精神朝圣。对我而言，我所追求的精神就是那看不见的、依然住在被摧毁的帕特农神庙里的雅典娜女神。因此，我们决定邓肯一家应该永远留在雅典，在那里建一座带有邓肯风格的神庙。

自从我在柏林演出后，我的银行户头里就有了一笔看起来让我用之不尽的钱。因此，我们开始寻找一个合适建造我们的神庙的地点。唯一并不完全开心的人是奥古斯丁。他一直满怀心事，最后终于对我们坦白，他很想念他的妻子和孩子。我们虽然觉得那是他的弱点，但是既然他已经结婚了，而且有一个孩子，我们表示理解。我们没有别的法子，只能把他的妻儿接来。

他的妻子带着小女孩一起来了。她衣着时髦，穿着路易十五式的高跟鞋。我们看不惯她穿高跟鞋，因为我们早已换上了凉鞋，这样才能不亵渎帕特农神庙的大理石地板。但是她强烈反对穿凉鞋。至于我们自己，我们甚至认为我穿的法国执政内阁时期风格的衣服和雷蒙德穿的灯笼裤、开领的衣服和飘动的领带都是堕落的衣着。我们必须穿回古希腊的长达膝盖的、腰部周围有装饰的裙子——我们确实这样做了，这让现代的希腊人们也对此感到吃惊。

穿上古希腊女子的束腰短裙、古希腊男子的短鼇，用发带束起头发，我们出发去寻找建造神庙的地址。我们寻遍了科罗诺斯、法列尤以及阿提卡的所有山谷，但是没有找到可以建造神庙的地方。最后，有一天， 我们在走向以产蜂蜜而闻名的希梅图斯的路上，越过一个高岗后，雷蒙德突然把他的东西往地上一丢，大喊道："快看，我们现在正和雅典娜卫城在同一个水平面上。"事实上我们离雅典娜神庙有四公里远，但是当我们向西眺望时，我们觉得神庙离我们令人震惊地接近。

但是，在这里建造一座神庙有些困难。第一，没有人知道这块土地归谁所有。它离雅典很远，常常只有牧羊人来放羊。我们花了很长时间才知道这块土地属于五户不同的农户，他们拥有这块地已经一百多年了。他们就像分披萨一样，从中间向下把它分成几块。经过长时间的寻访，我们终于找到了这五户农户的当家人们，问他们是否愿意卖出这块土地。农民们大为吃惊，因为之前没有人表示过对这块土地的丝毫兴趣。它离雅典很远，又是石质土，只能生长蓟类。而且，在土地边上的山边找不到任何水源。在此之前，没有人觉得这块土地有任何价值。但是此刻，我们告诉他们，我们想要买这块地。这块地的地主们聚集在一起，认为这块地是无法估价的。他们开出了天价。无论如何，邓肯家族下决心要买这块地，于是我们邀请五个家庭前来赴宴，并准备了羔羊肉和其他诱人的食物。我们还准备了拉基葡萄酒——这是希腊的上等好酒。在宴会上，在小小的雅典律师的帮助下，我们拿出一张买卖账单让那些不会写字的农民在上面画押。虽然我们以高价买进了这块地，但是我们觉得这次宴会取得了巨大的成功。与雅典娜神庙在同一水平面上的一个贫瘠的小丘，自古以来人们把它叫做科帕诺斯，现在属于邓肯家族了。

下一步就要找到画图的纸和建筑设计的工具，为我们的房子画一个图纸。雷蒙德找到了一个阿伽门农神庙的精确模型。他看不上建筑师的帮助，自己雇用建筑工人和搬运车辆。我们一致认为唯一能配得上我们神庙的石头是彭提里库斯山上的石头。彭提里库斯山闪闪发光的一面被砍下做成了帕特农神庙的庄严的廊柱。尽管如此，我们只是谨慎地满足于山底下那些红色的石头。从那时起，每一天都可以看到有长长的车队，装着红石头，从彭提里库斯山向科帕诺斯蜿蜒前行。每一车红色的石头都堆放在我们的土地上，我们一天比一天开心。

庄严的一天终于到来了，我们的神庙奠基了。我们觉得这是一个重大的事件，值得用一个隆重的仪式来适当地庆祝一下。女神知道，我们中没有一个人的头脑拘泥于教条。自由思想和现代科学彻底解放了我们中的每一个人。但我们仍然认为由一个希腊祭司以希腊人的方式来主持这个奠基仪式是更为美好和恰当的。我们邀请了几英里范围内的村民前来参加这一仪式。

老祭司来了，穿着黑色的教袍，戴着黑色的帽子。一面黑色的面纱从宽大的帽檐上垂下。祭司要我们准备一只黑公鸡作为祭品。这个仪式是从阿波罗神庙时期，拜占庭祭司那里传下来的。费了一点周折，我们找到了黑公鸡，把它连同一把杀鸡的刀子一起敬献给了祭司。与此同时，所有乡村的农民成群结队地来了。值得一提的是，一些追逐时尚的人专程从雅典赶来。接近日落时分，一大群人已经聚集在科帕诺斯了。

老祭司神情肃穆地开始了奠基仪式。他要我们指明房子地基的确切轮廓。我们按照雷蒙德先前在地上画出的方形，跳着舞告诉老祭司房子地基的轮廓。然后，他找了一块离房子最近的奠基石，就在红色的太阳落下的时候，他割开了黑公鸡的喉管，深红色的鸡血喷在了石头上。老祭司一手拿着杀鸡的刀子，一手抓着那只鸡，庄严地绕着方形地基走了三圈。然后，他念了祈祷文和咒语。他为这座房子的所有石头祈福，又询问了我们的名字。他念了一篇祈祷文,在这里面我们不断听到这些名字：伊莎多拉·邓肯（我母亲），奥古斯丁，雷蒙德，伊丽莎白和小伊莎多拉（我自己）。每一次他念出我们的名字“邓肯”时，就像发“桑肯”的音一般，有一个很重的“S”音，而非“D”音。他一次又一次地祝福我们带着虔诚的心平安地住在这座房子里。当他念完祈祷文的时候，音乐家们带着原始的乡村乐器来了。一大桶一大桶的葡萄酒和拉基酒被打开了。山上点起了熊熊篝火。我们和我们的邻居农民们，一起跳舞、饮酒，整夜狂欢。

我们打算在希腊永久定居。不仅如此，我们还跟哈姆雷特一样起誓，永不结婚。“让那些结婚的，就保持现状吧”，等等。

我们接受了奥古斯丁的妻子，却和她保持着距离。至于我们自己，我们在本子上制订了一个计划，上面写下了几条我们在科帕诺斯生活的规矩，但是那只适用于邓肯家族，排斥一切外人。我们订的计划和柏拉图在《理想国》中定的有几分相像。上面规定，我们日出而起，用欢乐的歌声和舞蹈迎接太阳的升起。然后，我们喝一碗山羊奶来振奋精神。整个上午都用于教当地的居民跳舞唱歌。他们一定要学会礼赞希腊诸神，一定要抛弃可怕的现代装束。午餐，我们将吃一些绿色蔬菜，因为我们决定不吃肉，成为素食主义者。整个下午，我们用来默想。晚上，我们将在合适的音乐伴奏下，举行异教的各种仪式。

然后，我们就在科帕诺斯开始建造我们的建筑。因为阿伽门农神庙的墙是两英尺厚的，所以科帕诺斯神庙的墙也是两英尺厚。直到那些墙开始建造了，我才意识到我们需要多少彭提里库斯山的红石头，而且知道了每一车石头要多少钱。几天以后，我们决定晚上在工地上搭帐篷过夜。然后，我们突然很实际地想到，方圆几英里之内没有一滴水！我们看着产蜜的图斯山脉，在我们眼前浮现的是许多泉水和流淌的小溪，我们凝望着彭提里库斯山，山上终年的积雪化作瀑布一泻而下。天啊！我们意识到科帕诺斯山是完全的干旱缺水的。离我们最近的泉水在四公里之外！

但没有什么事情能让雷蒙德气馁。他雇了更多的工人，开始挖掘一口自流井。在挖掘的过程中，他挖到了不同的古迹。他坚持认为在这个高地上，以前一定有过一个古村落。但是我有我自己的理由认为这里只是一个墓地，因为井挖得越深，地面越干涸。最后，几个星期在科帕诺斯寻找水源毫无结果后，我们回到了雅典，去向我们坚信依然住在雅典卫城里的有预知能力的先知求助。我们从市政府那里弄到了一张特别许可证，那样我们就可以在有月亮的夜晚去雅典卫城了。我们养成了坐在狄俄尼索斯圆形剧场的习惯。在那里，奥古斯丁朗诵古希腊悲剧；在那里，我们跳舞。

邓肯一家过着自足的生活。我们在雅典从不与当地居民来往。甚至当我们从农民那里听说希腊国王曾骑马去看过我们的神庙时，我们也无动于衷。因为我们生活在别的国王的王国里，生活在阿伽门农、墨涅拉俄斯和普里阿摩斯的王国里。

第十三章

一个月夜，我们坐在狄俄尼索斯剧院里，听到夜空里传来一个男孩刺耳的声音。那个声音有一种男孩所独有的悲伤而超自然的特质。忽然有另一个声音加入，然后又有另一个声音。他们唱着一些古老的希腊歌曲。我们坐在那里，听得出神。雷蒙德说："这调子一定是古老的希腊合唱团的男孩子唱的。"

第二天晚上，这样的音乐会重演着。因为我们分发了许多钱给他们，第三个晚上合唱团壮大了。渐渐地，所有的希腊男孩会汇聚在这里，在月光下的狄俄尼索斯剧院里唱歌给我们听。

那时，我们对希腊教堂里的拜占庭音乐非常感兴趣。我们走访了希腊的教堂，听到了优美而忧郁的颂歌。我们拜访了雅典城外为年轻的雅典祭司开办的神学院。他们向我们展示了保存在他们图书馆里的手稿，这些手稿从时间上可以追溯到中世纪。我们和许多希腊文化研究者看法一致，阿波罗、阿佛洛狄忒和所有非基督神祇的颂歌，后来辗转流传到希腊教堂里。

于是，一个想法诞生了，从这些男孩中选一些人，再次组建原始的希腊合唱团。我们每晚都在狄俄尼索斯剧院举行歌唱比赛，并给那些能忠实呈现最古老的希腊歌曲的男孩子们颁奖。我们也得到了一个研究拜占庭音乐的教授的帮助。我们就是用这种方法，组建了一个由拥有雅典最动听声音的十位男孩子组成的合唱团。一个学习古希腊文的神学院的年轻学生帮我们选了埃斯库罗斯的剧作《乞援人》。这些合唱曲可能是现有合唱歌曲中最优美的。我经常回想这样一个场景：受惊吓的少女聚集在宙斯神坛前，寻找从大海中来，有乱伦企图的表兄弟们的保护。

就这样，我们研究着雅典卫城、科帕诺斯的建筑以及埃斯库罗斯合唱团的舞蹈，完全沉浸在我们自己的工作中。除了偶尔去边远的村庄做短途旅行外，我们别无他求。

我们阅读《厄琉息斯秘密仪式》，这本书给我们留下了深刻的印象。

“那些不能用言语表达的神秘事物，只有看得见的人才被祝福，他死后的命运也与其他人不同。”

我们准备去离雅典十三英里半的厄琉息斯。我们赤裸着双腿，穿着凉鞋，开始在白色而布满尘埃的公路上跳舞。这条路靠着海边，环绕着柏拉图的小树林。我们希望能够抚慰神灵，因此我们用舞蹈代替走路。我们路过了一座名为达芙妮的小村庄，一座小教堂。从山间的一个缺口望去，我们看见了大海和萨拉米斯岛。我们在那里停留了一会儿，遥想那场著名的萨拉米斯战役。那时候，希腊人遇到了由薛西斯率领的波斯军队，并打败了他们。

相传，薛西斯当时坐在伊加利斯山脉前一个小山丘的一把银质椅子上观战。那是公元前 480 年。希腊人用三百艘船的舰队打败了波斯人， 赢得了独立。大约有六百名波斯战士被挑选出来驻扎在这个小岛上，以截断希腊人的后路，击沉他们的船，把他们赶上岸去。阿里斯蒂德从流放中被召回，他深知薛西斯军队想要摧毁舰队的动向，比波斯人技高一筹。

一艘希腊船发起了进攻，
领袖从一艘腓尼基船的船头发起进攻；
由于逆风，现在每一艘船的战斗都结束了。
一开始，波斯舰队的主队挺立在猛烈的进攻中，
但很快他们因船只众多造成了他们的毁灭；
在狭窄的峡湾中，他们发挥不出自身的威力，拥挤在一起，

他们的船互相撞击，击碎了自己的船桨。

与此同时，希腊人从四周灵巧地发起一次次进攻，

直到我们的船将他们的船击至只剩龙骨，

我们再也看不到蔚蓝的大海了，

只看到漂浮在海面上的破碎的船只和尸体。

事实上，我们一路上都在舞蹈。我们只停过一次，在一个基督教小教堂边。一个希腊神父看着我们，越看越吃惊，他走到路上，坚持要我们去他的小教堂看看，喝喝他的葡萄酒。我们在厄琉息斯逗留了两天，观赏它的神秘之处。第三天，我们回到了雅典。但是我们不是独自回来的，因为有许多希腊诗人的影子陪着我们：埃斯库罗斯、欧里庇得斯①、萨福和阿里斯托芬②。

我们一点也不想去别处观光了。我们已经找到了属于我们的麦加圣地，那就是对我们而言完美而光辉灿烂的希腊。从那个时候起，我开始偏离最初的对于智慧的雅典娜纯净的崇敬。我承认，当我最后一次去雅典时，雅典吸引我的不再是她的雅典娜的狂热，而是达芙妮小教堂里基督那张受难的脸。但在当时，在我们年轻

① 欧里庇得斯（约前 480 —前 406）：古希腊三大悲剧家之一。剧作大多取材于神话，但富有现实意义。语言接近口语，擅长心理描写。

② 阿里斯托芬（约前 446 —前 385）：古希腊早期喜剧代表作家，相传写过四十四部喜剧，现有十一部，被称为“喜剧之父”。

的时候，雅典卫城给了我们所有的欢乐和灵感。我们太强大，我们太目空一切，完全理解不了什么是悲哀。

每个黎明，我们都登上神殿山门。我们逐渐弄清楚了这座神圣的山在绵延的历史中的角色。我们带着自己的书，追寻着每块石头的历史。我们研究了所有有名考古学家的理论，为的是弄明白某些标记和奇怪现象的起源和意义。

雷蒙德自己有了一些别人从未有过的发现。为了寻找在卫城建成以前的古老山羊群的脚印，他和伊丽莎白花了一些时间待在雅典卫城。山羊群爬上这些石头，在山上吃草。他们确实找到了一些脚印，因为雅典卫城一开始就是一群牧羊人为了让他们的羊群在夜间有个庇护场所而建设的。他们成功地找到了山上明显由山羊蹄子踏出的小路。这些足迹在雅典卫城建成前至少已经存在一千年了。

在年轻的神学院学生的帮助下，通过一群衣衫褴褛的雅典顽童的比赛，我们从中选出了十个拥有天籁之音的孩子。他也帮助我们一起给这些孩子排练合唱。我们发现在希腊教堂的宗教意识中隐藏着古希腊合唱队的歌曲以及与这些歌曲相对照的乐章。这些歌曲恰当地证实了我们的结论，它们原本是献给宙斯、天父、雷神和保护神的赞美诗，早期的基督徒将它们修改成为献给耶和华的赞美诗。在雅典的图书馆里，我们找到了论述古希腊音乐的不同书籍，书里面讲述的就是这样的音程和音阶。由于这些发现，我们处于极度的兴奋中，在两千年之后，我们终于能将这些遗失的宝藏带回这个世界。

我们所住的“天使旅馆”慷慨地给了我一间可以让我随意使用的工作室。我每天在那里工作。我花了好几个小时将希腊教堂音乐的旋律所激发的动作和手势运用到《乞援人》一剧的合唱中。我们太专注，太相信这些理论了，因此我们没有意识到加入这些不同的宗教表现会产生喜剧性的混杂效果。

雅典，那个时候是，也一直是，处于一种革命的状态。这次的革命是皇室和学生就舞台上该使用哪种希腊语言——古代的还是现代的意见不同而引起的。成群的学生举着旗帜上街游行，支持在舞台上使用古代希腊语言。我们从卡帕诺回来的那天，学生们包围了我们的马车，称赞我们的希腊式束腰宽松外衣，邀请我们加入他们的游行。为了古希腊，我们非常乐意。这次会面后，学生们在市立剧院安排了一场表演。十个希腊男孩和那位拜占庭希腊神学院的学生都穿着多彩飘逸的束腰宽松外衣，用古希腊语言唱着《乞援人》的合唱曲。我伴舞。这场演出让那些学生极度兴奋。

听说这场演出之后，乔治国王希望我们在皇家剧院重演一次。但是面对皇家成员和所有驻雅典大使所做的表演缺少了在一般剧院为学生演出时的那种火热的反应，他们并不感兴趣。这些人戴着白手套为我们鼓掌，掌声一点儿也不使人振奋。乔治国王来到了我的后台化妆室里。他要我去拜访在皇室包厢中的王后。虽然他们看上去很开心，但是我仍然可以察觉到这种开心里并没有真正的精神上的爱或者对我的艺术的理解。对于皇室那些大人物来说，芭蕾舞才是出类拔萃的舞蹈。

与此同时，我发现我们银行账户里的钱快耗尽了。我记得那次皇家剧院演出的晚上，我没有睡着。黎明时分，我一个人去了雅典卫城。我进入狄俄尼索斯剧院，在那里跳舞。我感到这是最后一次了。然后，我登上了神殿的入口，站在帕特农神庙前。突然，我感到我们所有的梦想像一个辉煌的肥皂泡一样破灭了。我们跟现代人一样，以后也不可能变成另外一种人。我们不可能有古希腊人的感觉。我站在雅典娜神庙前，在其他时间，这座神庙曾显出不同的色彩。而我只不过是一个流着苏格兰和爱尔兰血液的美国人罢了。也许从某种密切关系而言，我与红色印第安人的关系要比希腊人来得近。我们在希腊一年来的美丽幻觉顷刻破灭。拜占庭希腊音乐声变得越来越微弱，而《伊索尔特之死》里所有和弦却在耳边响起。

三天以后，在大群崇拜者的簇拥下，在希腊男孩父母的泪光中，我们坐上从希腊开往维也纳的火车。在火车站，我用蓝白相间的希腊国旗包裹着自己，十个希腊男孩和所有普通民众唱起了美丽的希腊国歌：

源自英灵的坟墓，
你的勇猛将获胜，
万岁，自由！万岁！
我们将再次迎接你，
万岁，自由！万岁！[①]

每当回顾在希腊的那一年时间，我真的觉得那段时光非常美好，虽然两千年前的这种美也许是我们无法理解的，也是别人无法理解的。勒南[②]这样描述这种美：

> 哦，多么高贵！哦，简单而纯真的美！对女神的崇拜意味着智慧和理性。您的神庙是永恒的良心与忠诚的榜样。我来得太晚，现在才跨过通向您神秘之国的门槛，我带着懊悔与自责之意走向您的神坛。经过无穷尽的追寻，我终于找到了您。您在每个希腊人出生时就赋予他们的启发，我苦思冥想，不断努力才获得。

① 此处原文为希腊语。

② 勒南（1823 — 1892）：法国史学家、作家。他试图以科学方法研究宗教历史，排除一切神秘色彩，享誉学术界。其作品《耶稣传》文字优美，在文学界影响很大。

我们带着合唱团的希腊男孩和他们的拜占庭神学教授离开了希腊。

一个早晨，我们抵达了维也纳。

第十四章

我们想要复兴希腊合唱团和古希腊悲剧舞蹈的努力肯定是非常值得的，但同时也根本不切实际。因为先前在布达佩斯和柏林获得的经济效益，我已经不想做全球巡演了，只想用挣来的钱建造一个希腊神庙，复兴希腊合唱艺术。现在回首我们的青春理想，那实在是一种奇怪的现象。

我们在一天早晨到达了维也纳。在好奇的奥地利公众面前，十个古希腊男孩在舞台上演唱了埃斯库罗斯的《乞援人》，我则跳舞。我发现很难以我纤弱的身姿去同时表现剧中五十个达纳俄斯的女儿。但是我可以感觉到多重自我，并尽了我最大的努力。

维也纳距离布达佩斯只有四个小时的车程，但是我在帕特农神庙前花的一年时间太非同凡响了，把我和布达佩斯彻底隔开，所以罗密欧没有坐四小时的车来看我，一点儿也没有让我觉得奇怪。实际上，我甚至认为他原本就不该来看我。我太沉迷于希腊合唱艺术了，我把我所有的精力和情感都投入其中。说实话，我根本没有想到罗密欧。相反，那个时候，理性的问题占据了我的整个身心。而这一切与一段友谊有关，那时候我和一个充满智慧的男人交往。他叫赫尔曼·巴尔。

几年前，赫尔曼·巴尔在维也纳的艺术家剧院里看过我的舞蹈。当我带着希腊男孩合唱团再次回到维也纳的时候，他非常感兴趣。他写了许多精彩的新闻评论，发表在维也纳的《新报》上。

那个时候，赫尔曼·巴尔大概三十岁，头大大的，浓密的棕色头发，还留着棕色大胡子。虽然，演出结束后，他经常到布里斯托尔酒店来，和我谈话到第二天黎明；虽然我经常起身跳舞，一段又一段地用舞蹈演示古希腊歌队唱的歌曲，以此阐明我的意思，然而我们之间的情感没有丝毫暧昧的成分。也许多疑的人很难相信这样的事实，但是自从布达佩斯的经历后，多年以后，我对情感的态度有了革命性的转变，我相信自己已经结束了一个阶段，我的未来只能献给我的艺术。现在想来，我是按照维纳斯女神的线条建造的，有这种想法确实让人惊讶。这看起来虽然奇怪，但是经过那次猛烈的觉醒后，我的感官沉睡了，我根本不渴望任何感觉。我生命的全部中心就是艺术。

我再一次在维也纳的卡尔剧院获得了成功。观众们一开始对那些希腊男孩们合唱的《乞援人》反应冷淡，但是当表演结束，我跳《蓝色多瑙河》时，他们热情高涨。演出结束后，我发表了一次演讲，解释这并不是我想看到的结果，我想要传达给观众的是希腊悲剧的精神。我说，我们必须复兴合唱之美。但是，观众依旧叫喊着："不，不。跳舞。跳美丽的《蓝色多瑙河》。再跳一次！"[①]然后，他们一次又一次地鼓掌。

就这样，我们带着此行的收入，离开了维也纳，到达了慕尼黑。我们的希腊合唱团来到慕尼黑这一事件，在当地学术界和一些专业人士中引起了很大的轰动。伟大的福特华格勒教授举办了一次讲座，探讨那位希腊教会的拜占庭教授为希腊诗歌谱上的乐曲。

慕尼黑的大学生非常兴奋。事实上，我们美丽的希腊男孩大获成功，风靡一时。只是我要舞出五十个女郎，让我觉得信心不足。因此表演结束后，我常常会发表一个演讲来解释我要表现的不是我自己，而是五十个女郎。我为自己是一个人感到非常遗憾，但是请耐心点，我很快就会组建一个学校，把我自己变成五十个小姑娘。

---

① 此句原文为德语。

柏林对我们的希腊合唱团反应不是那么热烈。虽然有个来自慕尼黑的著名教授科纳里乌斯专程赶到柏林，为合唱团作介绍。柏林跟维也纳的反应一样，人们喊道："哦，跳美丽的《蓝色多瑙河》，别想着什么复兴希腊合唱团。"

同时，那些小小的希腊男孩也由于不适应环境而发生了某些不良变化。我好几次接到我们尊敬的酒店业主的投诉，矛头指向那些希腊男孩的坏习惯和粗暴脾气。看起来，他们不停地要黑面包、黑色的熟橄榄和生洋葱。如果这些东西不出现在他们每天的食物中，他们就迁怒于侍者——比如把牛排扔到侍者的头上，用小刀攻击侍者。好几家第一流酒店都不愿意让他们入住，我只得买了十张简单的单人床，放在我位于柏林公寓的前房门廊里，让他们搬来跟我们一起住。

因为我们认为他们还是孩子，我们每个早晨都庄重地带他们去动物园散步，他们穿着凉鞋和古希腊的服装。有天早上，我和伊丽莎白走在这支奇怪的队伍的最前面。我们遇到了骑在马背上的皇后。她感到震惊和诧异，因此在下一个拐弯处，她从马上掉了下来。由于那匹温顺的普鲁士马也从未见过这样的场景，它居然受惊失蹄了。

这些迷人的希腊孩子只跟我们一起待了六个月。我们无奈地发现他们天籁般的声音开始走调了。甚至那些令人敬慕的柏林观众也开始面面相觑了。我勇敢地探索着如何在宙斯的祭坛前塑造

《乞援人》中的五十个女郎的形象。但这是一个艰巨的任务，尤其是在希腊男孩们唱得越来越离谱后，他们的拜占庭教授也越来越心不在焉了。

神学院的教授对拜占庭音乐的认识越来越模糊。他好像把他所有的热情都留在了希腊。他缺席的次数越来越多，时间也越来越长。当警察局通知我们，那些希腊男孩每晚偷偷摸摸地爬出窗户，经常出没于廉价的咖啡馆，结交一些城市里最底层的不三不四的家伙时，一切都到了该做了断的时候了。

而且，自从来到柏林后，他们已经完全失去了他们在狄俄尼索斯剧院里所拥有的纯真和天堂般的男孩的表情。每个男孩都长高了半英尺。每个晚上，剧院里《乞援人》的合唱越来越跑调。人们再也不能找借口说这是拜占庭音乐而原谅它了。那简直就是可怕的难听的噪音。因此有一天，在忧心忡忡地思量后，我们决定带我们的希腊合唱团去威尔特海马百货商店。我们给个子矮的男孩子买了好看的灯笼裤，给个子高的男孩子买了长裤。然后，我们打车把他们送到了火车站，让他们坐进了二等车厢，每个人手上拿着一张去雅典的车票，与他们依依惜别。在他们离开后，我们将复兴希腊古典音乐的事延后，回到了对格鲁克的音乐《伊菲革涅亚》和《俄耳甫斯》的研习中。

从一开始，我就把舞蹈看作是一种合唱或者一种综合的表达。正如我当初努力在观众面前描绘出达纳俄斯的女儿们的哀伤那样，而今我跳着《伊菲革涅亚》中的舞蹈，先是表现卡尔基斯少女们在平滑的沙滩上玩金球时的情形，后来又带着对希腊同胞流血牺牲的恐惧舞出她们悲伤地流亡陶里斯的过程。我热切地想要创造出一部舞蹈者的交响乐，因此在我的想象中，它们已经存在了，在洒满金光的舞台上，我看到了白色的形体柔软的同伴：肩膀强劲有力，头部轻轻一抬，身体轻快摆动，四肢灵敏，在我四周跳着舞。在《伊菲革涅亚》的最后，陶里斯少女狂欢地跳着舞，庆祝俄瑞斯忒斯的获救。当我舞着这些异常激动的回旋曲时，我的手可以触及到她们的双手，随着回旋曲越来越快，越来越疯狂，她们小小的身体牵动着， 摇摆着。最后，我终于被一阵喜悦的狂潮征服倒下，我看到了她们：

> 醉了，在哀怨的笛声中，
> 独自穿过夜色中的树林追寻欲望的足迹。

我们在维多利亚大街上的家里每周举行的招待会，成了喜爱艺术与文学的人士的活动中心。这里展开了很多场将舞蹈作为一门优良艺术的专业讨论。因为德国人对待每场艺术讨论都非常认真深入，因此我的舞蹈成了人们热烈讨论甚至是激烈争论的对象。所有的报纸经常开专栏刊登评论文章，有时候把我捧为一个新发现艺术的天才，有时候又宣称我是一个真正经典舞蹈比如芭蕾舞的毁坏者。当我从那些观众反应狂热的表演现场回来后，我总是穿着我的白舞裙坐到深夜，在身边放一杯牛奶，仔细阅读康德的《纯粹理性批判》。只有天知道，我从中找出了我所要追寻的那些纯美动作的灵感。

在那些经常来我们家拜访的艺术家和作家中，有一个年轻的男人。他有高高的额头，眼镜后有一双尖锐的眼睛。他认定他的使命就是向我展示尼采的天才。他说，只有尼采，才能向你完全呈现你所找寻的舞蹈的表达方式。他每天下午都来，给我用德语读《查拉图斯特拉如是说》，为我解释我不明白的所有词语和短语。尼采哲学的魅力使我整个身心为之迷醉。每天与卡尔费登相处的时光对我的吸引力太强大了，以至于我的经理人试图说服我去汉堡、汉诺威、莱比锡等地做短途巡演时，我都极度不情愿。虽然那里有好奇的观众和上万马克的收入等着我。他经常提起的全世界巡演，并不是我所希望的。我想要学习，继续我的研究，创造一种也许根本不存在的舞蹈和动作,创建一所我自己的学校。这个愿望伴着我从童年走来，而且越来越强烈。这种渴望让我待在我的工作室里，继续读书研究，这让我的经理人陷入绝望。他不停地恳求我去巡演，不断来打扰我，痛苦地哀叹，给我看那些现在伦敦如何，世界其他地方又如何的报纸， 报纸上说那些地方出现了许多模仿者，效仿我的舞台布景、我的服装。我的舞蹈广受欢迎，大获成功，被誉为独创性的艺术。但是这仍然不能影响我。当夏天到来，我向他宣布我要在拜罗伊特，这个瓦格纳音乐的真正源头度过整个季节，在音乐中获取营养时，他愤怒到了极点。这个决定成为了最后的决定。因为一天，有一个人前来拜访，这个人不是别人，而正是瓦格纳的遗孀。

我从未见过哪个女人像科西玛·瓦格纳那样才智过人。她高个子，举止端庄，眼睛迷人，鼻子也许对一个女性而言太突出了，还有一个闪着智慧之光的前额。她精通所有最深奥的哲学，熟知大师们所创作的每一个乐句。她以最为优雅的方式跟我谈论我的舞蹈，给我最大的鼓励。然后，她谈到了理查德·瓦格纳不喜欢芭蕾舞学校，不喜欢芭蕾舞服，谈到了瓦格纳对于酒神祭那种狂欢的气氛和花样少女的梦想，谈到了柏林芭蕾舞团正在拜罗伊特进行的演出无法演绎出瓦格纳的音乐。她还问我是否愿意加入歌剧《唐豪瑟》[①] 的演出。这着实给我出了一个难题。以我的理念，我是不会参加任何芭蕾舞演出的。芭蕾舞的每个动作都摧毁着我的美感，它的每个动作在我看来都是机械而庸俗的。

“哦，为什么我还没能拥有我梦想中的那所学校呢，”我如此回答她的请求，“那样的话，我就能在拜罗伊特带给瓦格纳他所梦想的那一群仙女们、农牧神、森林之神和美惠三女神 [①]组成

---

①《唐豪瑟》：瓦格纳于1854年创作的一部歌剧。唐豪瑟是中世纪欧洲传奇中的一个骑士。

① 美惠三女神：希腊神话中代表妩媚、优雅、美丽的三位女神，相

的舞蹈。但是我一个人，又能做什么呢？尽管这样，我还是会去做，我至少会尽力展现美惠三女神的可爱、柔美、充满感官欲望的动作。”

传为宙斯的女儿、维纳斯的伴从，常出现在欢乐、喜庆的场合。在西方，常被选做艺术创作的题材，成为女性美的化身。

第十五章

在 5 月宜人的一天，我来到了拜罗伊特，住进了黑鹰旅馆。我们住的其中一个房间很大，足够我在里面工作。我安放了一架钢琴。我每天都收到科西玛夫人的口信，邀请我共进午餐或是晚餐，或是晚上去她的万弗里德别墅做客。她的家是一个款待客人的好地方。每天都有十五个甚至更多人去吃午饭。科西玛夫人坐在桌子最前端的主人位，优雅地接待客人，举止合宜。客人中有德国最出名的思想家、艺术家、音乐家，还常常有来自各国的公爵、公爵夫人或者皇室成员。

瓦格纳的墓地在万弗里德别墅的花园中，从图书馆的窗户可以望见。午餐后，科西玛夫人挽起我的手臂，我们一起走进花园，在墓地边散步。散步中，科西玛夫人用甜美忧伤而又怀有神秘希望的语调跟我谈话。

晚上，别墅里常常有四重奏，乐器由著名的艺术大师演奏。高大的汉斯·利希特，瘦削的卡尔·慕克，迷人的马特尔、胡姆普丁克[①]和海因里希·托德。那个时代的所有艺术家都在万弗里德别墅受到了同等的礼遇。

我很骄傲，穿着白色古希腊式小舞裙的我能被这一群如此著名的艺术家们所接受。我开始研究《唐豪瑟》里的音乐，它表达了人们思想中所有激烈的感官欲望——因为这种酒神庆典式的狂欢感觉就是在《唐豪瑟》的智慧中产生的。森林之神、仙女和维纳斯的洞穴已经封闭，就像瓦格纳的意识洞穴已经封闭。石洞因为持续长久地寻找一个欲望的发泄口而躁动不安。而这个他寻找的出口只存在于他的想象中。

关于狂欢，我这样写道：

> 我只能给你一个模糊的表达，一个代表绝大多数舞者趋势的不确切的勾画——一群群舞者被这种音乐的狂潮虏

---

① 胡姆普丁克（1854 1921）：德国作曲家，代表作为童话歌剧《汉塞尔和格丽塔尔》。

获，像有韵律的旋风般狂奔，随着美妙的感官享受和狂喜而流动。如果仅是凭我个人的力量，我有勇气敢于做出类似的创举，那么那全该归功于纯粹的想象力，它的主宰让我有了力量。这是只有在维纳斯的怀抱中沉睡的唐豪瑟才能拥有的想象。

为了实现这些梦想，一个具有感染力的简单动作能够激起成千上万双伸展的双臂，头往后轻轻一仰就代表着狂欢激动的情绪，这正好表达了唐豪瑟血液中燃烧着的激情。

我似乎觉得这音乐集中表现的就是一种欲求不满的感觉，疯狂的渴望，激情的倦怠，一句话，就是全世界的人们因为欲望强烈而发出的呼喊。

真的能把这些感受都表达出来吗？难道这些梦想不是仅仅存在于作曲家想象的火焰中吗？我们能清楚地表达这些梦想吗？

为什么要做这些无望的努力？我重复一遍，我还没法明确地说清楚这个概念，我只是指出它。

当这种可怕的渴望爆发时，当它们达到了那个冲破一切藩篱的临界点，它们就像无法抵挡的狂潮一样奔流。我会让薄雾弥漫整个场景，因此每个人虽然看不见，但是可以在想象中看到结局，这远胜于他们可以清楚看见的场景。

在这场爆发和解构之后，在破坏了的梦想被重新实现之后，在这一切之后，我们迎来了平和。

这就是美惠三女神，她们代表着平静以及情爱感官得到满足后的慵懒。在唐豪瑟的梦中，她们互相交错又彼此分离，她们聚集在一起，一会儿联合，一会儿分开。她们唱着宙斯之爱。

她们说着他的冒险经历，说着欧罗巴被带到海的另一边的故事。她们满脑子都是爱情。她们被情爱淹没，几乎溺死在丽达和白天鹅的爱欲中。因此，她们命令唐豪瑟在爱神维纳斯的白色臂弯中安眠。

难道我们必须用粗俗的表现方式将这些呈现在观众眼前？难道你不喜欢窥视朦胧的空间，看到欧罗巴纤细的胳膊搂着一只大公牛的脖子（她将宙斯搂向自己），另一只手向那些在河边呼唤她的同伴致意永别？

难道你不喜欢在阴影中看见丽达，她半身被天鹅的翅膀覆盖，因为即将到来的一吻而浑身颤抖？

也许你会回答："既然如此，你为什么要把这些故事搬上舞台呢？"我可以简单地告诉你——"我指出了这个概念。"

从早到晚，在这座山上的红砖砌成的寺庙里，我参与了所有的排演，等待着第一次演出的到来。我一遍遍地听着《唐豪瑟》、

《尼伯龙根的指环》、《帕西法尔》——直到我完全沉浸在音乐中。为了更好地理解它们，我背下了这些歌剧的所有台词，因此我的脑子里充满了这些传奇故事，我整个人跟着瓦格纳音乐的旋律的波涛而颤动。我到达了这样一种境界，所有外在的世界看起来都是冰冷、阴暗和不真实的，唯一的真实只出现在剧院中。一天，我扮演金发碧眼的布琳希德，躺在她哥哥席格曼的怀里，这个时候，荣耀的春之歌响起来，有节奏地震动。

春天来了，爱在飞舞……

飞舞吧，爱人。

随后，我可能扮演布琳希德，她因为失去神性而哭泣；然后，我又扮演昆德丽，中了克林赛的魔法，说出了狂野的咒语。但是最为极致的体验是，我的灵魂升起了，因为沾满血滴的圣杯而颤抖。这多么让人着迷啊！啊，我真的已经忘记了蓝眼睛的智慧女神雅典娜，忘记了希腊山上她那个绝美的神庙。另一座在拜罗伊特山上，有着有魔力的浪潮和回音的神庙，完全清除了我关于雅典娜神庙的记忆。

黑鹰旅馆十分拥挤而且很不舒服。一天，当我在巴伐利亚疯狂国王路德维格建造的汉米特基花园游荡时，我发现了一座建造别致的古旧石头房子。这是马格雷夫古老的狩猎小屋。它里面有一间比例绝佳的大客厅，古老的大理石台阶通向浪漫的花园。这座屋子年久失修，现在有一个农民大家庭在里面居住，他们在那里住了有二十多年了。我给了他们一大笔钱，让他们至少离开一个夏天，先住在别处。然后，我请了油漆工和木匠开工，把所有的内墙涂上泥灰，再漆成柔和的淡绿色；我飞到柏林，定购了沙发、椅垫、藤椅和书籍。最后，我拥有了“菲利普之家”——我给这座狩猎小屋取了这个名字。后来，我常常把它看作是海因里希的天空。

我独自一人待在拜罗伊特，母亲和伊丽莎白在瑞士避暑。雷蒙德回到了他心爱的雅典，继续建造科帕诺斯神庙。他经常给我发电报，上面写着：“自流井进展顺利。下周就会有水。寄钱来。”这种情形一直持续着，直到建造科帕诺斯神庙的开支越来越多，让我无法负担。

在离开布达佩斯后的这两年，我都过着十分贞洁的生活，有趣的是，我又回到了我还是一个处女时候的状态。我整个人的每一个部分，大脑和身体曾经沉浸在对希腊的狂热中，现在是沉浸在对瓦格纳的狂热中。我睡得很少，半夜经常会醒来唱我前一天晚上所学的主旋律。然而爱情再一次在我的体内复苏，虽然这一次的形式有些不同。或许这是同一个爱神，只是戴着另一个面具？

我和我的朋友玛丽两个人单独住在“菲利普之家”，因为那里没有供仆人居住的房间，所以仆人和厨师住在附近的小旅馆里。一天晚上，玛丽来找我说："伊莎多拉，我不是有意要吓唬你，可你来窗边，那里，在对面那棵树下，每天半夜都有一个男人看着你的窗户。我担心他是个心怀恶意的盗贼。"

真的，有一个小个子、清瘦的男人站在树下，看着我的窗户。我害怕得颤抖起来。突然，月亮升起来了，照亮了他的脸。玛丽紧紧地抓着我。我们都看到了那张向上仰望的脸是海因里希·托德的脸。我们从窗边退回屋里。我承认，我们忍不住像女学生似的咯咯笑起来——或许是因为一开始的恐惧，所以才会有这样的反应。

"他已经有一个星期像这样，每晚都站在那里。"玛丽轻声说。

我要玛丽等我一下，我在睡衣外面加上了一件外套，轻轻地跑出了屋子，直奔海因里希·托德站着的地方。

"真诚亲爱的朋友，"我说，"你真的那样爱我吗？"

"是，是的——"他结巴着回答，"你是我的梦中情人。你是我的圣克莱拉。"[①]

我当时还不知道，他后来告诉我，他正在写他的第二本书，关于圣弗朗西斯的一生。他的第一本书是米开朗基罗的一生。像

---

① 此处对话原文为德语。

所有伟大的艺术家一样，托德活在他作品的想象世界里。在这一刻，他就是圣弗朗西斯，他把我想成圣克莱拉。

我牵着他的手，温柔地引他走进别墅，来到楼梯边。他就像一个做梦的人，看我的眼神里充满了虔诚和光亮。当我回视他的时候，我被他高高提起，一起翱翔天际，或是在满是星光的道路上漫步。我从来也没有体会过如此特别又狂喜的爱情。这改变了我整个人，让我充满了光彩。我们互相凝视了一会儿后，我不知道实际上过了多长时间，我感到虚弱而晕眩。我被不可名状的巨大的幸福席卷，整个儿陶醉其中。在他的怀里，我晕倒了。当我醒来的时候，那双美妙的眼睛依然凝视着我，他轻柔地说了一段话：

> 我坠入了爱河，
> 我坠入了爱河！①

我再次体验到了那种超脱世俗、飘渺虚幻的飞向天堂的感觉。托德的身体前倾，他亲吻了我的眼睛、额头，但是这些吻不带任何世俗的欲望。一些多疑的人可能难以相信，但千真万确，不仅是那一晚，直到清晨我们分别时，甚至后来每一个托德来到

---

① 此处原文为德语。

我别墅的晚上，他都从未对我有过任何情欲之举。通常的情形是这样的，美妙的凝视，直到我回视他的眼睛，我周围的一切都黯淡了，我的灵魂长出了翅膀，和他一起在天际翱翔。我也从未期待他对我有任何情欲之举。我沉睡了两年的感官完全转变成了一种非尘世的狂喜。

我们在拜罗伊特的排演开始了。我和托德一起坐在黑暗的剧院里，听着《帕西法尔》的前奏曲。我的每一根神经都感受着强烈的喜悦，以致来自他手臂的轻微的触碰都让我狂喜得颤抖不停，让我变得不舒服、晕眩，还伴随着甜蜜、苦恼和痛苦的愉悦。这种感觉就像千百束光线在我的脑海里盘旋。这种快乐在我的喉咙里悸动，让我想要大声呼喊。我常常感到他轻柔的手指划过我的唇际，我无法控制自己发出叹息声和微微的呻吟声。我的每一根神经似乎都达到了爱的高潮，这种高潮通常只是一瞬间的感觉。我就这样不停地发出哼哼声，自己也不清楚这是极大的快乐还是可怕的痛苦。这两种感觉我都有，我渴望像安弗斯塔[①]一样狂喊，或者与昆德丽一起尖叫。

托德每个晚上都到“菲利普之家”来。他从来不像情人般拥抱我，从来不想要以任何方式脱掉我的衣服，或是抚摸我的乳房、我的身体，虽然他知道我身体的每一个部分都是属于他的。我从

① 安弗斯塔：中世纪传奇中圣杯骑士的首领。

未知道的存在于我体内的一种感情在他的凝视下苏醒了。这种感觉是那么狂热、那么可怕，我常常觉得这种快乐几乎要杀了我，然后又慢慢退却，最后我又感到了那双眼睛美妙的凝视之光。他完全占据了我的灵魂，我似乎没有别的选择，只能回视他的眼睛，渴望就此死去。因为这不是一种世俗的爱情，没有满足或是停息，它总是让我处于一种极度渴求的状态。

我完全失去了食欲，甚至睡眠。只有《帕西法尔》的音乐能让我流泪和哭泣。这让处于无法自拔、强烈又难熬的爱情中的我得到一些宽慰。

海因里希·托德的精神力量非常强大，只要他愿意，他能把我从这种狂喜和心醉的幸福的狂野飞翔中唤醒，让我的注意力转向纯粹的智性，他跟我谈论艺术的那些绚烂时刻，我只能将他比作这个世界上的另一个人——邓南遮。托德在某方面很像邓南遮。他身材矮小，大嘴巴，有一双奇怪的绿眼睛。

每天，他都给我带来一部分圣弗朗西斯的手稿。他给我朗读他写的每一章。他也给我读整部但丁的《神曲》，从头到尾。这些朗读占据了很多时间，直到深夜，甚至黎明。他常常在黎明时分离开“菲利普之家”。他像一个醉汉般蹒跚前行，虽然在朗读的过程中除了纯净水他什么也没有喝。他纯粹是沉浸在自己高超智慧的神性中。一天早晨，他离开“菲利普之家”时，恐怖地抓住我的手臂说：“我看到科西玛夫人从那边走过来了！”

果真如此，科西玛夫人出现在晨光中。她脸色苍白，我以为她在生气。前一天，我们就我在《唐豪瑟》中的美惠三女神狂欢的舞蹈表现方式有过一场争论。但是情况并非如此。那个晚上，科西玛夫人一夜无眠，她翻看了瓦格纳留下的纪念品，在他的一大堆手稿中找到了一小本笔记，里面有一段评论，比已经出版的所有文字资料都更加精确地说明了瓦格纳对于美惠三女神狂欢舞蹈部分的想法。

亲爱的夫人再也不能等了，她在黎明时分就来告诉我，我是正确的。不仅如此，她激动地颤抖着，说："亲爱的孩子，你一定被瓦格纳大师本人赋予了灵感。看他是如何写的，跟你的想法一模一样。从现在开始，我再也不干预你了，你可以自由地表现拜罗伊特的舞蹈。"

我猜想在那个时候科西玛夫人心里一定有一个想法，那就是我也许该嫁给她的儿子西格弗里德·瓦格纳，并和他一起继承大师的传统。虽然西格弗里德一直如兄长般待我，一直是我的朋友，但是他从未有过一丝举动，暗示他想成为我的情人。而我呢，我整个人沉浸在海因里希·托德超乎常人的爱情之中，我当时并没有意识到这种结合的价值。

我的灵魂就像一个战场，在那里，阿波罗、狄俄尼索斯、基督、尼采和瓦格纳争着占有一席之地。在拜罗伊特，我在维纳斯堡和圣杯两者之间挣扎。在瓦格纳音乐的潮水中，我被高高举起，一路拖着，直至被卷走。一天在万弗里德别墅吃午饭时，我平静地宣布："大师犯了一个错误，这个错误的程度就如同他的才气一样。"

科西玛夫人用大吃一惊的眼神盯着我。全场像冻住了一样寂静。

"是的，"我以年轻人特有的肯定口气继续说，"大师犯了一个错误。这部歌剧根本没有意义。"

沉默变得越来越不平静。我进一步解释，歌剧唱的是口语，我们说的语言来自人类的大脑；音乐是抒情的，是狂喜的；想把它们两者结合是不可能的。

我说了如此亵渎的话，午餐当然不能继续了。我无辜地环视四周，看到了一张张惊愕的脸。我的话显然说服不了大家。"是的，"我继续说，"人必须先说话，然后歌唱，然后舞蹈。但是说话用的是脑子，是一个思考着的人。歌唱用的是感情。舞蹈是狄俄尼索斯的狂喜，它能席卷一切。这些是无法用任何方式混在一起的。歌剧不能这样做。"

我很高兴，在我年轻的时候，人们不像现在这样自我，不像现在这样憎恨生活和愉悦。在《帕西法尔》幕间休息的时候，人们平静地喝着啤酒，但这并不妨碍他们智慧与精神方面的生活。我常常看到伟大的汉斯·利希特平静地喝啤酒、吃香肠，这并不影响他身边的人展开一次具有最高智慧和精神意义的谈话。

在那些日子里，任性并不代表着有灵性。人们知道人类的精神是向上发展的，它通过旺盛的精力和活力展现出来。大脑毕竟只是身体多余的精力。身体就像章鱼一般吸收它遇到的所有东西，但是它只把不需要的传递给大脑。

拜罗伊特有许多歌手都身材高大。当他们张开嘴时，他们的声音涌向一个精神和美的世界，那个世界里住着永恒的神。所以我坚持认为，这些人并未注意到他们自己的身体，或许对他们而言，身体只不过是具有旺盛精力和力量的面具，用来表达神圣庄严的音乐。

第十六章

我在伦敦时，曾去大英博物馆阅读过恩斯特·海克尔[①]的英译本作品。他深入浅出、条理清晰地描述了宇宙中的各种不同现象，给我留下了深刻印象。我给他写了一封信，对他的书给我带来的启迪表示感激。这封信中的某些内容引起了他的注意，后来我在柏林演出的时候，他给我回了信。

那时，恩斯特·海克尔正由于他的大胆言论被德国皇帝流放，

---

① 恩斯特·海克尔（1834 — 1919）：德国哲学家和博物学家，达尔文理论的支持者。他绘制了有关所有动物的系谱图，并提出了“个体发育史是系统发育史简单而迅速的重演”的观点。

而且禁止回到柏林。不过，我们一直保持着通信。我来到拜罗伊特后，给他写了一封信，邀请他过来参加这里的庆典。

在一个下着雨的早上，由于当时还没有汽车，我便乘坐一辆双驾敞篷马车去火车站接恩斯特·海克尔。这个伟大的男人从车厢走下来了，虽然年过六十，身形却仍然像运动员般健壮，头发和胡子倒是变白了。他穿着有些怪异的松松垮垮的衣服，提着一只毛毡旅行袋。我们以前从未见过面，但是一下子就认出了对方。他立即走上前，用强壮有力的双臂拥住我，我则将脸埋进他的胡子里。他整个人散发出一股健康、力量和智慧的美好气息。如果说智慧也有气息的话，那么他便给我这样一种感觉。

他跟随我来到“菲利普之家”，里面早已安排了一间布满鲜花的房间。随后，我飞快地赶到万弗里德别墅，把这个好消息告诉科西玛夫人。我对她说，伟大的恩斯特·海克尔来了，他是我的贵宾，专程来听歌剧《帕西法尔》。她的反应很冷淡，这令我十分意外。我那时并没有意识到，她床头上悬挂的耶稣受难像和床头柜上悬挂的念珠并不仅仅是装饰物。她其实是一个虔诚的天主教徒。那个写了《宇宙之谜》的男人，那个继达尔文之后最反对偶像崇拜的男人，那个拥护达尔文理论的男人，是不可能在万弗里德别墅受到热情款待的。我天真直率地大谈特谈海克尔的伟大之处，毫不掩饰我对他的崇拜。我是她的密友，她尽管不太情愿，最终还是无法拒绝我的请求，答应在瓦格纳的专用包厢里为他安排一个座位。

那天下午，在幕间休息的时候，身穿希腊式束腰短裙、光着腿和脚的我，与头发花白、鹤立鸡群的恩斯特·海克尔手牵着手散步。观众们向我们俩投来好奇的目光。

《帕西法尔》的剧情发展期间，海克尔一直表现得很平静。到了第三幕的时候，我终于明白这种神秘的激情吸引不了他。他的大脑装满了科学思想，根本容纳不下神话传说。

由于万弗里德别墅并未邀请恩斯特·海克尔参加晚宴，也没有盛情款待他，我决定为他举办一场宴会。我邀请了很多嘉宾，包括当时正在拜罗伊特访问的保加利亚国王斐迪南，思想非常开明的德国皇帝的妹妹萨克斯·迈宁根公主、罗伊斯的亨利王妃、胡姆普丁克和海因里希·托德等人。

我发表演说赞美海克尔的伟大，然后为他献舞。海克尔评价了我的舞蹈，将它和自然界的普遍真理联系在一起，认为它是一元论的表现形式，来自于一个本原，朝着一个方向演变。接着，著名的男高音歌唱家冯·巴里献唱。我们共进晚餐，海克尔高兴得像个孩子似的。我们一边享受美食，一边品尝佳酿，一边尽情欢唱，直到天明。

尽管如此，海克尔还是像待在“菲利普之家”时那样，清晨便起床了。他常常来我房间，邀我一起爬山。我承认，我并不像他那样热衷于爬山，但是跟他一起爬山的感觉实在是太美妙了。他对沿途上看到的每一块石头、每一棵树以及每一岩层的地质构造都能进行评说。

到达山顶后，他凝神伫立，以由衷赞叹的目光欣赏着大自然的杰作，那模样就像个神祇。他随身携带着画架和颜料盒，对着森林中的树木和山上的岩层画了很多素描。虽然他是一个很不错的画家，但是他的作品显然缺少艺术家的想象力，更像是一个科学家熟练观察的成果。我并不是说恩斯特·海克尔不懂得欣赏艺术，只不过他把艺术看成是自然进化的另一种表现形式。每当我说起我们对帕特农神庙的崇拜时，他感兴趣的是神庙所使用的大理石的品质——它们是从彭提里库斯的哪个岩层、哪一面山开采出来的，而不是我对菲迪亚斯[①]艺术珍品的赞美。

一天晚上，斐迪南国王突然驾临万弗里德别墅。每个人都站了起来，有人小声提醒我起身恭迎，但我是个非常民主的人，并没有像其他人那样站起来，而是优雅地靠在女主人的沙发上。过了没多久，斐迪南国王就跟人打听我是谁，并向我走了过来。这对在场的其他王公贵族们来说，无疑是一桩有违礼法的事。他在我的沙发边上坐了下来， 兴致盎然地说起他对古希腊文明的热爱。我说了创办学校的梦想，并希望借此掀起一股古典文化的复兴运动。他听后，以大家都听得到的声音说："这是很好的想法。

---

① 菲迪亚斯（公元前 5 世纪）：古希腊雕塑家，曾监管帕特农神庙的工作，他的宙斯雕像是世界七大奇观之一。

你来我的国家吧，把你的学校建在我位于黑海边的宫殿里。”

最不可思议的是，我在用餐时问他是否愿意哪天晚上等我演出完毕后，到“菲利普之家”与我共进晚餐，届时将进一步向他解说我的理想。他优雅地接受了我的邀请。他依约来到“菲利普之家”，与我们度过了一个愉快的夜晚。我开始欣赏这位集诗人、艺术家、梦想家和真正高贵的知识分子于一身的优秀男人。

我有一个男管家，留着跟德国皇帝一样的胡子。斐迪南国王的到访，给他留下了深刻的印象。当他用托盘端来香槟和三明治时，斐迪南国王说：“谢谢，我从来不喝香槟。”但是，他瞥见酒瓶上的标签后，马上说：“哦，酩悦香槟啊——对了——法国产的香槟倒可以尝尝。其实，我是因为在这里喝了太多德国香槟了。”

斐迪南国王每次来这里都纯粹是与我坐着谈论艺术，这却在拜罗伊特掀起了轩然大波，或许是因为我们的谈话都是在夜晚进行的吧。事实上，我经常特立独行，让周围的人惊讶不已。

“菲利普之家”有很多沙发、坐垫和玫瑰色的灯，唯独没有椅子。有些人认为这里是“罪恶的殿堂”。尤其是男高音歌唱家冯·巴里经常在灵感的驱动下彻夜高歌，而我也随之彻夜舞蹈之后，村民们便认为这简直是“女巫之屋”，并将我们纯洁的自得其乐说成是“可怕的放浪形骸”。

拜罗伊特有一家名叫“猫头鹰”的艺术家卡巴莱酒馆[①]。光顾那里的人喜欢整晚饮酒高歌，可是谁也不会觉得这有什么不妥当之处，因为他们的行为举止每个人都看得明白，也因为他们的衣着打扮看起来很正常。

我在万弗里德别墅结识了一些年轻的军官，他们邀请我每天上午一起去骑马。我身穿希腊式束腰短裙，脚上踩着一双凉鞋，没戴帽子，任卷发在风中飞扬，看起来就像是布琳希德。“菲利普之家”与节日剧院有一段距离，我便向其中一位军官买了一匹马，如布琳希德似的骑着马参加排练。由于这匹马是军用马，习惯了被马刺踢着前进，很难驾驭。发觉只有我跟它在一起时，它就变得任意妄为了。譬如，它喜欢在沿途的每一家酒馆前停下，因为这些酒馆原本是军官们爱去的地方。它的四条腿仿佛就地生根了，硬是不肯挪动一步，直到它的旧主人的朋友们笑着走出来，它才愿意在他们的陪同下驮着我去目的地。可以想象，当我最终出现在节日剧院的观众们面前时，造成了多大的轰动。

《唐豪瑟》首演时，我身穿透明的舞衣，舞动的身体依稀可见，这在穿着粉红色长袜的芭蕾舞者中引起了一阵骚动。最后，即使是好脾气的科西玛夫人也受不了了，她让她的女儿带着一件又白又长的无袖内衣来我的包厢，恳请我穿在薄透的舞衣里面。

---

① 卡巴莱酒馆：提供临时表演和短小节目的酒馆或夜总会。

但是我很固执，拒绝了。我觉得，要么完全按照我自己的方式穿着和跳舞，要么干脆不跳。

“过不了几年，你将会看到所有的酒神女祭司和花样少女都像我一样穿着打扮。”我的预言后来应验了。

不过在当时，大家对我的美丽大腿有过激烈的讨论，甚至是争论。我的光滑的皮肤裸露在外面，是无伤大雅呢，还是应该用可恶的肉色丝质紧身衣包裹起来？我不止一次地高声呼吁，那些肉色紧身衣是多么鄙俗、多么乏味，而裸露的人体在高尚的目光下是多么美丽、多么纯洁。

我在这里成了所有人眼中的异教徒，与腓力斯人殊死斗争。然而，我这个异教徒似乎要因为圣弗朗西斯的虔诚信仰和宗教狂热而甘拜下风，并按照仪式吹响银色的号角，颂扬举起的圣杯。

在诠释这些神话传奇的表演中，夏天渐渐过去了。告别的日子也近了。托德走了，去做巡回演讲。我则准备前往德国做巡回演出。我离开了拜罗伊特，血液里却渗透着剧毒。我听到了塞壬[①]的歌声。怀念的痛苦、萦回的懊悔、哀痛的牺牲，爱呼唤着死亡的主题——从今以后，这一切永远抹掉了多立克圆柱，以及苏格拉底的理性智慧留在我心里的清晰影像。

---

① 塞壬：希腊神话里的女海妖，用她们美妙的歌声诱惑船只上的海员，从而使船只在岛屿周围触礁沉没。

这次巡回演出的第一站是海德堡。我在这里听了海因里希·托德给学生们做的演讲。在讲艺术问题时，他时而语调柔和，时而激情四溢。讲到一半的时候，他突然提到了我的名字，并告诉这些男孩子们，我这个美国人将一种崭新的艺术形式带到了欧洲。他的赞美让我既兴奋又骄傲，禁不住颤抖起来。那天晚上，我为学生们跳舞。他们在街上排成了长长的队伍，最后我和托德并排站在旅馆的阶梯上，共同分享这荣耀的时刻。海德堡的所有年轻人都崇拜他，正如我崇拜他一样。每一家商店的橱窗里都挂着他的画像，每一家商店也都摆上了我写的小册子《未来之舞》。我们俩的名字往往一块儿出现。

一天，托德夫人接待了我。她是个很和蔼的女人，但是我总觉得她无法达到托德所处的崇高境界。她是一个十分现实的人，不可能成为托德的灵魂伴侣。事实上，托德在晚年的时候离开了她，跟一个花衣吹笛手①——女小提琴演奏家——走了，一起住在格瑞德湖畔的别墅里。托德夫人的眼睛一只是棕色的，另一只是灰色的，让人觉得很别扭。在后来发生的一宗有名的诉讼案中，人们对她的身世议论纷纷，搞不清楚她到底是理查德·瓦格纳的

---

① 花衣吹笛手：中世纪传说中的一个吹笛手，通过吹笛子将老鼠引入河中淹死，从而清除了德国一座小镇上的所有老鼠。可后来他由于没有得到任何报酬，就再次吹起笛子把镇上所有的小孩都拐走了。

女儿还是冯·比洛[①]的女儿。不管怎么说，她对我还是很和善的，即使她心中对我有什么嫉妒的话，也从未表露出来。

任何一个为了托德而心生嫉妒的女人，都注定备受煎熬，因为这里的每一个人都崇拜托德——无论是女人还是男人。他是每场集会的中心人物。那么，嫉妒什么呢？这真是一个好笑的问题。

我虽然和托德共度了许多夜晚，但是我们之间从没有发生过肉体关系。然而，正是他对我的这种态度，让我整个人都变得极为敏感。只要他碰触我一下，或者看我一眼，我就会感受到极致的快乐和强烈的爱意。这种欢愉之于实际的欢愉，类似于梦中的欢愉那样。我觉得目前的情形太不正常了，令我不堪重负，因为到最后我竟食不下咽、浑身乏力，舞也跳得越来越虚无缥缈了。

这次巡回演出除了有一位女仆照料我以外，便没有其他人陪伴了。我的情形越来越糟糕，夜里居然不断听到托德在呼唤我，并坚信翌日会收到他的来信。人们开始担心我的身体状况，对我无缘无故的憔悴模样议论纷纷。我没有食欲，也难以入睡，常常躺在床上彻夜不眠。我那柔软、狂热的双手情不自禁地游走全身。这身体啊，仿佛着了魔似的，即便我千方百计地想要抑制痛苦，或者宣泄痛苦，却总是徒劳无功。我依然不断地看见托德的

① 冯·比洛（1830 — 1894）：德国钢琴家、指挥家。

眼睛，听见他的声音。在这样的夜晚，我常常绝望地起床，乘坐凌晨两点的火车，穿越大半个德国，只为了能与他共处哪怕一个小时；然后又独自一人乘坐返程的火车，步入更深的绝望。在拜罗伊特时，托德唤醒了我内心的精神狂喜。而现在，这种狂喜正逐渐被一种无法控制的欲望吞噬，把我推向了狂烈的状态。

我的经理人带来一份前往俄罗斯表演的合约，终于为这种可怕的状态画上了句号。从柏林出发，只要两天时间就能到圣彼得堡了。但是一入俄罗斯边境，我就感觉自己进入了一个完全不同的世界。皑皑白雪覆盖着苍茫大地，映入眼帘的是一片又一片白茫茫的平原和林海。那雪，真冷啊——无边无际，白得刺眼——让我发热的大脑冷却了下来。

托德！托德！他在遥远的海德堡，给美好的男孩子们讲述米开朗基罗的杰作《夜》和《圣母玛利亚》。我在这里，离他越来越远，进入了一片广阔、寒冷的白色世界，只有零星点缀的小村庄打破这沉寂，霜雪覆盖的窗户里投射出一道道微弱的光线。我依旧可以听到他的声音，只不过变得微弱了。最后，维纳斯山焦灼的亢奋，昆德丽[1]凄惨的呜咽，安福塔斯痛苦的哀号，全都冻结成一片冰川之地。

---

① 昆德丽：瓦格纳歌剧《帕西法尔》中的人物，因羞愧而终日昏睡、潜伏于黑夜的女巫。

那天晚上，我躺在卧车上，梦见自己从窗户跳出去，全身赤裸地落在雪地里，被冰川的手臂搂抱着，我翻滚着冻僵了。弗洛伊德博士[1]会如何解释这个梦境呢？

① 弗洛伊德（1856 — 1939）：奥地利神经学家、精神病医学家、精神分析的创始人。

第十七章

当我们拿起晨报，读到二十人死于火车失事，而这些人在前一天肯定压根没想过自己会死去；或者读到一整个城镇被潮水或洪水吞没，那么我们还会相信“上天保佑”和“命中注定”这回事吗？恐怕不会。既然如此，我们何必如此荒谬且自负地认为上天会保佑、指引我们这些微不足道的生命？

然而，我生命中的某些事情太离奇了，让我有时候不得不相信冥冥中自有安排。比如说，我乘坐的开往圣彼得堡的那班火车本应该下午四点到站，却因为路上遇到大量雪堆，直到第二天凌晨四点才抵达，足足晚了十二个小时。没有人来车站接我。我从火车上下来，当时的气温是零下十度。我从来没有遇到过这么冷的天气。俄罗斯马车夫都穿得严严实实的，不断地用戴着手套的拳头捶打自己的手臂，加速血液循环。

我让女仆看管行李，叫了一辆单驾马车，让车夫送我去欧罗巴酒店。在这黑漆漆的俄罗斯之晨，我坐在马车里，孤零零地前往酒店。路上，我看见了一幅极为恐怖的画面，与爱德加·爱伦·坡[①]的想象世界如出一辙。

我远远地看到一列长长的队伍，黑压压的，哭丧着过来。男人们弯着腰，扛着沉重的棺材，一口又一口的棺材。车夫放慢速度，让马缓缓前行，俯身在胸前画十字。我的目光穿透微弱的晨光，眼睁睁地看着这一切，内心涌起莫大的恐惧。我问车夫，这是怎么回事。我不懂俄语，他费了好大力气才让我明白，他们是前一天在冬宫被射杀的工人。1905 年 1 月 5 日，在这致命的一天，他们手无寸铁地去恳求沙皇帮助他们摆脱困境，施舍一些面包给家中的妻子儿女，结果全都命丧黄泉。我让车夫停下来。我泪流满面，泪水冻结在脸颊上，目送着这一长列哀伤的队伍从我身旁经过。但是，为什么要在清晨埋葬死者呢？因为天亮之后再办丧事，恐怕会引来更多的混乱。这种景象不适宜出现在光天

---

① 爱德加·爱伦·坡（1809 — 1849）：美国作家，以其阴森可怖的诗歌和短篇小说而闻名。

化日之下的城市。我哽咽了。我感慨万千地看着这些哀伤不已的工人扛着他们倒下的殉难者走过。如果火车不是晚点了十二个小时的话，我就看不到这种景象了。

> 哦，漆黑哀伤的夜晚，没有一丝黎明的曙光，
> 哦，可怜的人们步履蹒跚地走在哀悼的队伍里，
> 饱经沧桑的双眼噙满泪水，因辛苦劳作而变得粗糙的双手紧紧握着胸前的可怜的黑披巾。
> 在死者身旁抽泣与呜咽——
> 守在两边的士兵趾高气扬。

如果我没有亲眼目睹这样的场面，我的生活可能就完全是另一番景象了。在这里，在这列似乎永无止境的队伍面前，在这场惨绝人寰的悲剧面前，我发誓要用自己的生命和力量为人民服务，尤其是那些备受压迫的穷苦大众。啊，现在看来，我个人的爱欲和愁苦是如此微不足道。如此没有价值！甚至我的艺术也毫无价值，因为它改变不了他们的处境。送葬的队伍终于过去了。车夫惊讶地转过身，看到我泪水不断。他长长地叹了口气，又在胸前画了个十字，然后赶着马车向酒店奔去。

我走进自己的豪华套房，一下子扑倒在静静的大床上，哭着哭着就睡着了。这天清晨带给我的怜悯和愤慨的情绪，影响了我一生。

欧罗巴酒店的房间非常宽敞，天花板也很高。窗户密封着，从来没有打开过。空气通过墙上高处的通气孔进来。我醒来的时候已经很晚了。经理人过来看我，还带来了鲜花，将我的房间摆放得满满的。

两天后，我出现在贵族沙龙里，面对的是圣彼得堡社交界的名流。他们都是业余艺术爱好者，看惯了装饰奢华、布景考究、场面华丽的芭蕾舞表演，所以看到我这样一位穿着希腊式薄衫的年轻姑娘出现在素朴的蓝幕布前，随着肖邦的音乐翩然起舞时，难免会觉得怪异。我按照自己对肖邦精神的理解，不断舞出自我的灵魂。刚跳完第一段舞，观众们便掌声雷动。在序曲的悲怆音符中，我的灵魂叹息着、痛苦着；在波洛涅兹舞曲的激昂曲调里，我的灵魂期待着、抗议着；想到那天凌晨所见的送葬队伍里的受难者们时，我的灵魂又因为义愤填膺而悲泣；这样的灵魂，竟然在富有、骄奢、势利的观众们中间引起了巨大而热情的反响，真是奇怪啊！

第二天，一位身材娇小、气质迷人的女人来拜访我。她身穿貂皮大衣，戴着钻石耳环和珍珠项链。当她亮出身份时，我大吃一惊，原来她就是伟大的舞者克舍辛斯卡娅[①]。她代表俄罗斯芭蕾舞界欢迎我，还邀请我观看当晚在歌剧院举办的一场演出。在

---

① 克舍辛斯卡娅（1872 — 1971）：俄国著名芭蕾舞者，毕生致力于芭蕾舞艺术的传播和普及。

拜罗伊特的时候，那些芭蕾舞界人士对我怀有敌意，态度总是很恶劣，他们甚至在我的地毯上撒了大头针，把我的双脚扎伤。我已经习惯了这样的冷遇。而现在，俄罗斯芭蕾舞界的态度却截然不同，令我受宠若惊。

当天晚上，一辆铺着高档毛皮的温暖而华丽的马车接我去歌剧院。我被引进了第一排的头等包厢，里面摆满了鲜花和糖果，还有圣彼得堡的三个长相俊俏的年轻小伙子。我依然穿着白色的希腊式束腰短裙，脚上踩着凉鞋。在这场云集着圣彼得堡的大富大贵人士的聚会上，我的存在必定十分不和谐。

我一向反对芭蕾舞，觉得这种艺术既虚伪又荒谬。事实上，我甚至不认为它是一门艺术。但是当克舍辛斯卡娅轻盈地舞动时，我不由得赞叹她那天仙般的舞姿。与其说她是一个凡间的女子，倒不如说她是可爱的飞鸟或者蝴蝶。

幕间休息的时候，我环顾四周。我看到世界上最为美丽的女人们穿着华丽的袒胸露背的礼服，戴着金银珠宝，由身穿别致礼服的男人们陪伴左右。如此奢华的场面，与那天凌晨的送葬队伍形成了巨大的反差，让我百思不得其解。这些满脸笑容的幸运儿与那些愁容满面的可怜人，到底是不是同样的人类?

演出结束后，克舍辛斯卡娅邀请我到她的豪宅共进晚餐。我在那里遇到了米哈伊尔大公。当我说要为普罗大众的孩子们创办一所舞蹈学校的时候，他露出惊讶万分的表情。在他们看来，我肯定是个异想天开的人，但他们还是热忱慷慨地接待了我。

几天后，可人儿巴甫洛娃[①]来拜访我。她也邀请我到包厢观看引人入胜的芭蕾舞《吉赛尔》。虽然这种舞蹈的动作完全违背艺术初衷和人类感情，但是当我看着巴甫洛娃在舞台上身轻如燕地舞动时，还是情不自禁地报以热烈的掌声。

我在巴甫洛娃家里享用晚餐。她的房子比克舍辛斯卡娅的豪宅要小一些，却同样精致漂亮。用餐的时候，我坐在画家巴克斯特[②]和别努阿[③]之间，还第一次遇到了谢尔盖·佳吉列夫[④]。我同佳吉列夫热烈地讨论了我对舞蹈艺术的看法，以及对芭蕾舞的反感。

那天晚上用餐时，画家巴克斯特为我画了一幅素描，这幅素描如今收在他的书里，画面上的我神情严肃，卷发很有风情地垂落在脸的一侧。巴克斯特天赋异禀，能够解读手相。他看到我手上两条交叉的纹路时说："你将名满天下，但是你会失去两个最爱的人。"他的预言，对于当时的我来说简直就是一个谜。

---

① 巴甫洛娃（1882 — 1931）：俄国著名芭蕾舞者，代表作为《天鹅之死》。

② 巴克斯特（1866 — 1924）：俄国画家和舞台设计家。

③ 别努阿（1870 — 1960）：俄国画家。

④ 谢尔盖·佳吉列夫（1872 — 1929）：俄国戏剧活动家、芭蕾舞团经理人。

晚餐后，精力旺盛的巴甫洛娃又跳起舞来，让大家尽兴。虽然我们离开时已经是凌晨五点了，她还是对我说，要是我乐意可以于当天早上八点半来看她工作。于是，三个小时后，我又过来了（我承认我当时真的是很累了）。她穿着薄纱裙子，站在横木旁，做着高难度的体操动作。一位老绅士拉着小提琴，为她打拍子，并叫她再加把劲。这位老绅士就是鼎鼎有名的舞蹈大师贝提巴斯①。

我在那里坐了整整三个小时，看着巴甫洛娃令人惊叹的舞技，内心既紧张又迷惑。她刚柔并济，似乎是钢铁和橡皮做成的人，美丽的脸上显露出殉道者般的刚毅。她没有停下来休息片刻。这种训练的整个趋势，似乎就是要将身体的操练与大脑的思维完全隔离。思维，只能眼睁睁地看着身体在进行高难度的肌肉训练。这与我创办舞蹈学校的理念恰恰相反，我是要身体变得自然，成为传达思维和精神的媒介。

接近十二点的时候，仆人们准备好了午餐。巴甫洛娃脸色苍白地坐在餐桌前，几乎没碰一丁点的食物和酒。我倒是饿了，吃了不少炸肉排。巴甫洛娃送我回酒店，然后又到皇家剧院参加没完没了的排演。疲惫不堪的我一头扎在床上，沉沉地睡去了。谢天谢地，幸好没让我做一个芭蕾舞者！

---

① 贝提巴斯（1818 — 1910）：法国舞蹈家。

第二天早上，我仍然是八点就起床了。对于我来说，这么早就起床真是难得啊！我到皇家芭蕾舞学校参观，在那里看到小学生一排排地站着，接受严格的训练。他们踮起脚尖站立，一站就是几个小时，活像是遭受没有必要的严刑折磨的受难者。宽敞的舞蹈教室空荡荡的，除了墙上一幅沙皇的巨大画像之外，没有任何能够带给人美的享受和心灵启迪的装饰，这样的教室活脱脱是个刑房。我因此更加确信，皇家芭蕾舞学校是一所违背自然和艺术的学校。

在圣彼得堡逗留了一个星期后，我去了莫斯科。这里的观众刚开始时并不像圣彼得堡的观众那样反响强烈。不过，我在此要引用伟大的斯坦尼斯拉夫斯基撰写的书里面的几段相关内容：

> 大约在1908年或1909年，我已经记不得具体日期了，我遇到了当代的两位伟大的天才——伊莎多拉·邓肯和戈登·克雷格[①]。我在偶然的情况下观看了伊莎多拉·邓肯的表演，在此之前从未听说过她，也没有看到她要在莫斯科演出的宣传。现场的观众并不多，但是他们的身份却让我大吃一惊，大部分是以马蒙托夫为代表的艺术家和雕塑家，还有许多来自芭蕾舞界的艺术家，以及一些爱看头场戏者

① 戈登·克雷格（1872 — 1966）：英国舞台设计师、导演、演员和戏剧理论家。

和猎奇者。邓肯刚出现在舞台上的时候，并没有引起我的兴趣。我不习惯看一个近乎全裸的人跳舞，所以很难注意并理解她的舞蹈艺术。观众们对第一个表演节目的反应很平淡，只有稀疏的掌声和轻微的口哨声。但是，连看了几个表演节目之后，尤其是有一个节目很令人折服，我再也无法忍受其他观众的冷淡反应了，带头鼓起掌来。

幕间休息到来的时候，刚刚成为这位伟大艺术家的新信徒的我，马上跑到舞台的脚灯前为她鼓掌。令我惊喜的是，马蒙托夫也站在我的身边，也和我一样热烈地鼓掌。他旁边还站着一位著名的艺术家、一位雕塑家和一位作家。当现场的其他观众们看到鼓掌的人当中有莫斯科鼎鼎大名的艺术家、演员时，他们的表情顿时显得有些错愕了。不屑的嘘声戛然而止，他们跟我们一起鼓掌欢呼，让她出来谢幕了好多次。表演全部结束后，掌声雷动。

从那以后，凡是邓肯的演出，我必然出席。我内心深处的艺术感情与她的艺术感悟如出一辙，促使我总是去观看她的演出。当我熟知了她的艺术方式，以及她的好朋友克雷格的艺术理念之后，我终于明白，在这个世界的不同角落，虽然各种原因限制了我们的认知，但不可否认，不同领域的某些人在艺术上探寻着同一种创作原则，即自然流露。这些人相遇时，必定惊讶于彼此理念的一致性。这正是我要描述的有关那次会面的情形。在我们还没有交谈之前，我们就已经相互理解了。邓肯第一次来莫斯科的时候，我无缘结识她。不过她第二次来莫斯科时，曾到我们的剧院演出，我像接待贵宾一样接待她。这次接待的场面十分壮观，我们全剧院的人都来了。他们全都知道她是个艺术家，全都热爱她的艺术。

邓肯不知道如何逻辑地、系统地阐述她的艺术。她的理念产生于日常生活，而且纯属巧合，毫无踪迹可循。比如，当被问到是谁教她跳舞的时候，她回答说："特耳西科瑞[①]。我能够站立的时候，就已经会跳舞了。人，全人类，整个世界，都应该跳舞。过去如此，以后也永远如此。试图阻止或者不想去理解大自然赋予我们的这种天性，都必然遭到失败。这就是我的看法。[②]"她以独特的夹杂着法语的美式英语结束了谈话。还有一次，她谈到刚刚结束的一场演出。在演出期间，有人进入她的化妆间拜访，妨碍了她的准备工作。她解释说："我这样根本没办法跳舞了。在上台之前，我必须在灵魂深处装备一个马达。马达发动后，我的手、脚和全身便会不受自我意志的控制，自由地舞动。如果我没

① 特耳西科瑞：希腊神话里的歌舞女神，九个缪斯之一。

② 此句原文为法语。

有足够的时间装备好这种马达，我就无法登台演出了。”

那时候，我自己也正在寻找创作的马达，正如每个演员上台前都必须首先学会把这种马达装备在灵魂里。显然，我的很多问题肯定是让邓肯觉得无聊了。我发现，她在演出和彩排的时候，首先会酝酿情绪，然后脸部的表情发生变化，双眼散发出光芒，灵魂随之显现出来。在揣摩我们之间所有关于艺术的即兴讨论以及比较她所做的事情与我正在做的事情之后，我清楚地意识到原来我们是在各自的领域里寻找一份相同的东西。我们谈论艺术的时候，邓肯总是提起戈登·克雷格。她认为克雷格是一位天才，现代戏剧界最了不起的人物。

“他不但属于他的祖国，也属于全世界，”她说，“他应该生活在最能让他施展才华的地方，那里的工作条件和总体氛围最符合他的需求。这个地方，就是你的艺术剧院。”

我知道，她给他写了很多信，谈到我以及我的剧院，并劝他来俄国。至于我自己，也极力建议我们剧院的董事会邀请这位伟大的舞台导演，以便给我们的艺术带来一股崭新的推动力量。我们的剧院似乎终于要冲破没有门窗的墙体了，而他则能够为这团努力添加酵素。我在这里还必须感谢其他共事的同伴们。他们像真正的艺术家那样认真地讨论此事，为了发展我们的艺术而决定投入大笔资金。

我对芭蕾舞厌恶至极，却对斯坦尼斯拉夫斯基的剧院心怀向往。只要不用登台演出，我每天晚上都会去那里，全剧团的人都很热忱地接待我。斯坦尼斯拉夫斯基常常来看我，相信通过与我深谈，可以将我的舞蹈转化为他们剧院里的一种全新的舞蹈流派。不过，我对他说，这必须从小训练。他记住了我的话。我再一次来到莫斯科的时候，真的看见他剧院里的一些年轻漂亮的女孩子在学习舞蹈，但是效果不怎么理想。

斯坦尼斯拉夫斯基整天在剧院里忙着排练，总是在演出活动结束后来拜访我。他在书中这样描述我们之间的谈话：“我的很多问题肯定是让邓肯觉得无聊了。”事实绝非如此：我从没有觉得无聊。相反，我是饶有兴致地跟他谈论我的理念。

实际上，冰天雪地的气候、俄罗斯的食物，尤其是鱼子酱，已经把我因为对托德的精神爱恋所引发的身心憔悴彻底治愈了。现在，我整个生命都散发出一种渴望，要与个性坚毅的人接触。斯坦尼斯拉夫斯基就站在我的面前，我在他身上看到了自己渴望的东西。

一天晚上，我专注地看着他俊美的身躯、宽阔的肩膀、有点发灰的黑发垂在鬓角时，内心升起一股反抗的欲望，我想彻底摆脱埃吉里娅[①]般的角色。就在他准备告别的时候，我将双手搭在他的肩上，然后环住他强壮的脖子，迫使他低下头。我吻住他的双唇，他温柔地回吻我。可是，他脸上满是惊讶，仿佛这是他始料未及的事情。当我想要进一步拥抱住他的时候，他却向后退，惊恐万分地看着我说："我们该拿孩子怎么办？""什么孩子？"我问。"当然是我们的孩子。我们该拿他怎么办？你看，"他以严肃的口吻继续说道，"我绝对不允许我的哪个孩子在我无法监管的情况下成长。可是，按照目前的家庭情况，我很难将他留在身边。"

他把孩子的问题看得如此认真，令我忍俊不禁，终于放声笑了出来。他见我笑了，神情悲凄地穿过酒店的走廊，离我而去。我整晚都在回味这件事，想着想着就笑了。但是，笑归笑，我还

① 埃吉里娅：罗马传说里的美女，曾以预言帮助罗马国王。

是有些恼火的，甚至生他的气。我想我那时终于明白了，为什么许多优雅的男人在与极为知性的女人交往后，会把帽子扣到头上，溜到声名狼藉的地方寻开心。我是个女人，自然不可能做这样的事。我只能在他离去后的夜晚，躺在床上辗转难眠。到了早上，我去俄罗斯浴室，让交替出现的热蒸汽和冷水帮助我恢复精神。

与斯坦尼斯拉夫斯基不同的是，我在克舍辛斯卡娅包厢里遇到的那几个年轻人倒是愿意不惜一切代价地想要同我亲近，跟我欢愉。可是，他们一开口说话，我就觉得厌烦了，甚至连至关重要的欲念都没有了。我想这就是所谓的“理智”。显然，在与查尔斯·哈勒和海因里希·托德这样富有修养、启迪人心的人交往后，我便再也无法忍受那些纨绔子弟了！

多年后，我跟斯坦尼斯拉夫斯基夫人谈起了这件事。她也觉得很有意思，大声说：“哦，不过这就是他。他的生活态度相当严肃。”

“突袭”让我获得了甜蜜的吻，否则的话，我只会面对冷酷、严肃的抵抗，而且这种抵抗还是毋庸置疑的。斯坦尼斯拉夫斯基之后便不敢在排演结束后来我这里了。不过，有一天他带我乘敞篷雪橇车去乡下的一家餐馆，在私密的包厢里同我共进午餐，令我心花怒放。我们一边喝着伏特加和香槟，一边侃侃而谈艺术。

我终于明白，恐怕只有锡西[①]才能攻下斯坦尼斯拉夫斯基固若金汤的道德防线。

我常听人说，年轻的姑娘投身戏剧界会遭遇种种可怕的危险事。但是，你们可以从我迄今为止的演艺生涯中看出，情况并非如此。崇拜者们对我只有敬畏、尊重和仰慕，让我哭笑不得。

*

离开莫斯科后，我去基辅逗留了几天。剧院出售的票价太贵，学生们负担不起，只好堵在剧院前的公共广场上不让我走，希望我为他们专门安排一场演出。我离开剧院后，他们还留在那里，对剧院经理表示不满。我站在雪橇车上对他们说，如果我的艺术能够鼓舞俄罗斯的年轻知识分子的话，那么我将感到无比的自豪和欣慰，因为俄罗斯的学生是世界上最关注理想和艺术的学生。

由于原先签下了几份合约，需要我赶回柏林演出，第一次俄罗斯之行只好提前结束了。离开之前，我又签了一份合约，计划明年春天重返此地。虽然我在俄罗斯停留的时间并不长，却给这里的人们留下了深刻的印象。他们对我的艺术理念争论不休，或

① 锡西：希腊神话里的女妖。

支持，或反对；一个狂热的芭蕾舞爱好者和一个忠诚的邓肯支持者还为此进行了一场决斗。在我去了俄罗斯之后，他们的芭蕾舞界才开始引入了肖邦和舒曼的音乐，穿希腊式的服装。有些芭蕾舞者甚至做得更极端，像我一样不穿舞鞋和袜子。

第十八章

回到柏林后，我决定创办梦寐以求的学校。我不想再拖下去了，而是马上行动起来。我把这个计划跟母亲以及姐姐伊丽莎白说了，她们同我一样兴奋不已。我们立刻出去寻找未来学校的校址，速度之快，完全符合我们一贯的作风。不到一个星期，我们就在格林瓦尔德的特劳登大街找到了一幢新建的别墅，并把它买下来了。

我们接下来做的事情，完全就像是格林童话里发生的故事。我们到维特海默百货商店买了四十张小床，每张小床上都罩着白纱幔，用蓝丝带拉开。我们要把这幢别墅变成名副其实的孩子乐园。在中央大厅，我们摆了一尊英勇的亚马逊女战士[①]雕像的复制品，大概有真人的两倍大。在宽敞的舞蹈教室，我们摆放的是路加·德拉·罗比亚[②]的浅浮雕和多那太罗[③]的“跳舞的孩子们”。在卧室里，我们摆满了蓝色和白色的婴孩雕像，以及装饰着水果花环的蓝白色的圣母圣子像(这也是路加·德拉·罗比亚的杰作)。

我把这些从不同的角度表现理想的孩子风貌的作品摆在学校里。浅浮雕和“跳舞的孩子们”的雕像展现了他们最初的岁月。另外，我还添置了类似的书籍和绘画作品。这些作品里的孩子，是各个时代伟大的画家和雕塑家所梦想的孩子风貌。希腊花瓶上刻画的那些跳舞的孩子们,从塔纳格拉[④]和皮奥夏[⑤]出土的小雕像，多那太罗创作的那群生动活泼的“跳舞的孩子们”，根兹伯罗[⑥]

---

① 亚马逊女战士：希腊神话里的人物，相传居住在黑海边。

② 路加·德拉·罗比亚（1400 — 1482）：意大利雕塑家，代表作有佛罗伦萨大教堂唱诗台浮雕。

③ 多那太罗(1386 — 1466):意大利雕塑家,全名为多那托·迪·尼利罗·迪贝托·巴地，多那太罗是他的外号。他是第一位推崇和借鉴希腊古典艺术风格的大雕塑家，也是他结束了一千多年的中世纪美术史开创了文艺复兴的新纪元。代表作有《格太梅拉达骑马像》等。

④ 塔纳格拉：希腊中东部一古城，位于比奥底亚地区的东部。斯巴达人于公元前 457 年在此地击败雅典军队。

⑤ 皮奥夏：希腊一古老地区，在阿提卡和科林斯海湾以北。该地区的城市形成了皮奥夏联邦城，但通常为底比斯人所统治。

⑥ 根兹伯罗（1727 — 1788）：英国肖像与风景画家。

绘制的那些跳舞的孩子们，都出现在我的学校里。

这些作品里的孩子有一定的共通之处。他们的外形和动作天真烂漫、优雅美丽，就仿佛各个时代的孩子们跨越了漫长的世纪，携手走在了一起。我的学校里的孩子们，与他们朝夕相处、载歌载舞，肯定能够在潜移默化中成长为他们那样的孩子，举手投足之间流露出自然的喜悦和童稚的优美。这是她们向美好迈出的第一步，向崭新的舞蹈艺术迈出的第一步。

我还在学校里摆放了年轻女孩跳舞、奔跑、跳跃的雕像——那些年轻的斯巴达女孩要在体育馆接受严格的训练，以便将来能够培育出英勇的战士；还摆放了很多赤土陶器，上面画着健步如飞、每年都在赛跑上获奖的女孩，她们头巾飞扬、衣衫飘动；还摆放了年轻女孩们在泛雅典娜节上手挽着手跳舞的作品。她们代表了未来的理想状态，我学校里的孩子们在渐渐喜爱上她们的同时，也会一天天地变成她们的模样，一天天地感受到这种神奇的和谐境界。我坚信，只有首先唤醒追求美的意愿，才能最终获得美。

而且，为了让她们达到我所希望的那种和谐，我按阶段制定目标，并要求她们每天进行相应的训练。这些训练的安排都必须合乎她们内心的意愿，让她们欣然甚至渴望去完成。每一项训练都不仅仅是达到最终目标的手段，其本身就蕴藏着一个目标——使每天的生活都充实和快乐。

体操是所有身体训练的基础；给身体提供足够的空气和光线是必要的；引导身体循序渐进地发展是关键点。体操教师的职责是调动全身的生命力，让身体得到最充分的开发。体操之后，才是舞蹈。身体的协调发育、充满活力，为舞蹈精神的注入提供了保证。对于体操运动员来说，身体的训练与塑造就是目的；但是对于舞者来说，这些还只是手段。跳舞的时候，身体必须被遗忘；它只是工具，是被充分协调和运用的工具。在体操中，身体的动作只是动作而已；但是在舞蹈中，身体的动作还表达出丰富的情感和灵魂的深思。

这些日常训练，本质上是要使身体在每一个发展阶段都尽可能地成为完美的工具，一种表达和谐的工具。和谐在万事万物中不断进化、演变，随时准备流入接纳它的身体中。

训练始于简单的体操预备动作，使肌肉变得柔韧有力。只有经过这些体操训练之后，才能进入舞蹈的训练。入门期间，训练者需要学会简单而有节奏地行走或稳步行进，先是按照简单的节奏慢慢地移动，然后按照复杂一些的节奏快速行走或行进；在此之后，要学会跑，先是慢跑，然后是慢跳，所有这些动作都必须呼应音乐的旋律。通过这些练习，训练者可以熟悉音程中的音符，我的学生们还学会了“动程”中的“动符”。这些“动符”，是最为复杂、最为微妙的和谐体系的外在表现。事实上，这些训练只是她们课程的一部分。她们在做运动的时候，在操场上活动的时候，在散步的时候，在林间漫游的时候，都穿着宽松优雅的衣服。她们率真地跳跃着、奔跑着，学习轻松自如地用动作表现自己，就像别人轻松自如地用语言或者歌曲来表现自己那样。

她们的学习和观察并不应该只局限于艺术的范畴，最重要的是，从大自然的运动变化里汲取灵感。云在风中移动，树在摇曳，鸟在飞翔，叶子随着季节更替而变换颜色，所有这一切对她们来说都有特殊的意义。她们要学会观察每种变化的特性。她们要在内心深处培养一种神秘的情感，积极呼应大自然的奥秘。她们的身体训练有素、柔韧有力，每一部位都感应着大自然的旋律，与大自然共同欢歌。

为了给学校招生，我们在几份重要的报纸上刊登招生启事：伊莎多拉·邓肯学校欲招收可塑之才，将孩子们培养成舞蹈艺术的忠实信徒，从而将这种艺术传播给成千上万人民群众的孩子们。可以想象，我们突然创办学校，事先没有充分地规划，也没有足够的资金和合理的经营，绝对是一个莽撞的举动，我的经理人为此都要抓狂了。他一直在为我安排世界巡回演出，我却总是打乱他的计划。上一次，我坚持在希腊停留了一年，他认为那纯粹是浪费时间；这一次，我又要暂停表演事业，招收和训练在他看来毫无发展前景的孩子们。不过，我们已经习惯了在一时冲动之下做出类似的不切实际、不合时宜的事情，这次也不例外。

雷蒙德从科帕诺斯捎来的消息，越来越让人揪心。凿井需要付出的代价日益昂贵。时间一天天地流逝，找到水源的希望也在一天天消失。建造阿伽门农神庙的花费变得十分惊人，最终我不得不放弃这个项目。自从希腊革命时的各个派系将此作为堡垒之后，科帕诺斯便一直是山丘上的一座美丽的废墟。而今，它依然矗立在那儿，或许代表了未来的希望。

我决定集中所有财力为世界上的年轻人创办一所学校。我选择德国作为办校地点，因为我觉得这里是哲学和文化的中心。

许多学生前来报名。记得有一天，日场演出结束后，我在回来的路上看到很多家长和他们的孩子们。那位德国马车夫转过身对我说："有一位疯女人住在那里，她在报上刊登了一则广告，说需要孩子们。"①

我就是那位"疯女人"。我当时并不知道如何挑选那些孩子。为了尽快把格林瓦尔德的四十张小床填满，我未经选拔就把孩子们招收进来了，有时候仅仅是因为她们拥有一脸甜美的微笑或者一双漂亮的眼睛。我并没有考虑她们以后能否成为舞蹈家。

比如，有一天我在汉堡，一个头戴高帽、身穿礼服的男人来酒店找我。在会客室里，他将一团用披巾裹着的包袱放在桌上。我打开时，发现一双孩子的大眼睛专注地望着我。她四岁左右，是我见过的最安静的孩子。她没有发出一丁点的声音，也没有说

① 此句原为德语。

一句话。那个男人神色匆匆，问我是否愿意收下这孩子，几乎不等我答应下来就要走了。我看看孩子的脸，再看看他的脸，发现他们俩长得极为相似。我想，这便是他急于秘密地把孩子打发掉的原因吧。我一贯行事冲动，这次也是如此。我答应将孩子收下，然后这个男人就消失了，此后再也没有出现过。

这样将孩子转到我手里还真是不可思议，仿佛她只是一个玩偶。在汉堡开往柏林的火车上，我发现她正在发高烧——她得了严重的扁桃体炎。到了格林瓦尔德后，她整整在死亡线上挣扎了三个星期，最后在两位护士和一位著名医生的全力帮助下才活了过来。霍法医生是声名在外的外科大夫，非常欣赏我创办学校的理念，因而没有向我收取分毫诊疗费。

霍法医生常常对我说："你办的不是学校，而是一所医院。这些孩子都有这样那样的遗传病。别说教她们跳舞了，你将发现，单单是让她们活下来，你都得煞费苦心了。"霍法医生是最有善心的人了。他是著名的外科医生，请他看病需要支付高昂的诊疗费。然而，他后来用所有的财产在柏林郊外办了一所医院，专门为贫苦孩童治疗，一切开支均由他个人承担。从我创办学校开始，他就义务地充当我们的内外科医生，关注孩子们的健康状况和学校的卫生情况。事实上，要是没有他的持续帮助，我永远不可能把她们培养得如此美丽，让她们成长为健康、匀称的姑娘。他身材魁梧，体格健壮，长相英俊，红润的脸上常常挂着和善的微笑。我和孩子们都很喜欢他。

招收孩子们、管理学校、开设课程以及照顾她们的日常生活，占去了我们所有的时间。尽管我的经理人多次警告我，说伦敦等地已经有人模仿我跳舞了，而且跳得很成功，赚了很多钱，但是我不为所动。没有什么事可以让我离开柏林。每天早上五点到七点，我都在教孩子们跳舞。

孩子们进步很快。我相信她们之所以拥有良好的健康状况，应该归功于霍法医生推荐的素食食谱。他认为，为了孩子们的学习着想，她们应该进食新鲜的蔬菜和大量的水果，但不能吃肉类食品。

*

那时，我在柏林非常受欢迎，几乎是家喻户晓。她们称我为“神圣的伊莎多拉”。甚至有传言说，病人只要来我的剧院看我跳舞，就能恢复健康。每次日场演出，人家都会看到奇怪的画面：病人躺在担架上被抬进来。我没有换别的演出服装，一直是那件白色的希腊式束腰短裙，然后光脚穿一双凉鞋。观众们带着一种宗教式的狂喜来观看我的表演。

一天晚上，我演出归来，学生们突然将我的马放开，拉着我的马车穿过著名的西格斯林荫大道。在林荫大道的中段，学生们请我发表演说。我站在四轮敞篷马车上——那时还没有汽车——对学生们说："最伟大的艺术莫过于雕塑家的艺术。但是为什么你们这些爱好艺术的学生们会允许这种有违艺术真谛的鄙俗雕像出现在城市的中心位置呢？看看这些雕像吧！你们是学艺术的学生，但是如果你们真的是学艺术的话，今夜就拿起石头把它们砸了！艺术？这些雕像也称得上艺术？不！它们只不过是德国皇帝的影子罢了。"

学生们与我看法一致，他们高喊着表示支持。要不是警察来了，他们很有可能就按照我说的去做，一起把柏林城中的这些鄙俗雕像全部毁掉。

第十九章

1905 年的一天晚上，我在柏林跳舞。通常情况下，我跳舞时不会注意观众——在我眼里，观众类似于某位代表了人类的伟大天神——可是这天晚上我却留意到坐在前排的一个人。我并不是刻意去看他，也没有看清具体的模样，我只是意识到他的存在。演出结束后，一个相貌英俊的男人走进我的包厢。他的情绪正处于狂暴的状态。

“你真是了不起！”他喊道，“你真是太棒了！但是，你为什么要窃取我的理念呢？你从哪里弄到了我的舞台布景呢？”

“你在说什么呀？那是我自己的蓝幕布。我五岁的时候就发现了它们，从此以后一直在这种幕布前跳舞！”

“不！它们是我的舞台布景，是我的理念！而你，则是我幻想应该出现在它们当中的那个人。你是实现我所有梦想的那个活生生的人。”

“可是，你是谁呢？”

他的嘴里吐出一串美妙的字眼：“我是爱伦·特里的儿子。”

爱伦·特里，哦，最完美女人的典范！爱伦·特里……

“啊，那你可得来我们家吃饭，”母亲毫不犹豫地说，“既然你对伊莎多拉的艺术这么感兴趣，你还是跟我们一块回家吃饭吧。”

于是，克雷格来我们家吃饭了。

他兴奋极了，几乎想把自己所有的艺术理念、艺术抱负一股脑儿地说出来……

我兴致盎然地聆听着。

母亲和其他人都犯困了，他们一个接着一个地找理由睡觉去了，到最后只剩下我们俩。克雷格继续谈论戏剧艺术，甚至激动得手舞足蹈。

谈着谈着，他突然说：“你为什么还要在这里？你，一个伟大的艺术家，就生活在这个家庭里？哎呀，这真是太荒谬了！是我发现了你、创造了你。你是我的舞台布景。”

克雷格高高瘦瘦，一张脸总是让人想起他那奇妙的母亲，而且面容的精致程度有过之而无不及。尽管他长得高，可是他身上有一股挥之不去的阴柔气质，尤其是两片薄薄的嘴唇，看起来很敏感。他少年时代拍的照片里的金色小卷发——爱伦·特里的金发小男孩——而今颜色已经变深了。他的眼睛近视得厉害，从镜片后面投出坚定、热情的目光。他给人的感觉是纤弱的，一种类似于女人的脆弱。只有一双手显得比较有力量，因为他的指头粗大，大拇指像猿猴般结实。他常常开玩笑说自己的大拇指是杀人者的大拇指——“它们足以掐住你了，亲爱的！”

我就像被施了催眠术般，任由他将披肩搭在我轻薄的束腰短裙上面。他牵起我的手冲下楼梯，跑到街上。他叫住一辆出租车，尽量用标准的德语说：“我和我的夫人要去波茨坦。”[①]

连续几辆出租车都拒绝载我们去波茨坦，不过最终还是找到了一辆。黎明时分，我们到了波茨坦。我们走进一家刚打开门做生意的小旅馆，要了咖啡喝。当太阳高高地爬上天穹的时候，我们坐车返回柏林。

我们回到柏林的时候已经是九点了，然后就商量着：“接下来干什么呢？”我们不能回到我母亲那里，因此决定去找一个叫埃尔希·德·布鲁盖尔的朋友。埃尔希·德·布鲁盖尔是个波西米亚人，非常慈爱宽厚地接待了我们。她给我们准备了一些早

---

① 此句原文为德语。

餐——炒鸡蛋和咖啡。她让我睡在她自己的卧房里。我沉沉地睡去了，直到傍晚才醒过来。

克雷格随后把我带到了他的工作室，在柏林的一幢高楼的顶层。上了蜡的黑色地板上铺满了玫瑰花瓣，那种人工的玫瑰花瓣。

一个才华横溢、英姿勃发的年轻天才就站在我的面前；他的全身燃烧着一股突如其来的爱火。我心甘情愿地飞扑进他的怀抱，将沉寂了两年的真我性情彻底绽放。我找到了一种能够回应我、和我的本质相契合的性情。在他的身上，我遇到了我的肉中肉，我的血中血。他总是这样叫喊："哦，你是我的姐妹。"他这么说，常常让我误以为我们的爱情里有某种邪恶的乱伦成分。

我不知道其他女人是如何回忆自己的爱人的，一般来说，总是停留在对方的头、肩膀和双手等部位吧，然后再想到了他的衣着打扮。然而，我回想起克雷格的时候，脑海里闪现的是那个在工作室里度过的第一晚，他像蝴蝶挣脱了茧壳般褪去了衣服，露出雪白、柔软、光亮的身体，灿烂得让我无法直视。

恩底弥翁[①]修长的白色身体第一次出现在狄安娜发光的双眼前也应该如此吧；海厄辛忒斯[②]、那喀索斯以及机智勇敢的珀耳修

① 恩底弥翁：希腊神话里月神狄安娜所爱的美貌牧童。

② 海厄辛忒斯：希腊神话里太阳神阿波罗所钟爱的一位美少年，后被阿波罗失手杀死，阿波罗使其血化为风信子。

斯[①]也大抵如此吧。克雷格看起来更像是布莱克[②]描绘的天使，而不是凡间的年轻人。正当我的眼睛沉浸在他的俊美里的时候，我的身体被他拉近了，我们交缠着、融化了。就像是火焰遭遇了火焰，我们这两团火焰迅速融合为一团光辉的火焰。我终于找到了我的伴侣、我的爱、我的自己——因为我们并不是分隔的两个人，而是交融的一个人，是柏拉图在《费德鲁斯》中所说的那类神奇的人，是同一灵魂的两半。

这不是一个年轻男人同一个年轻姑娘在做爱，而是一对双生灵魂的相遇。我们的身躯在狂喜中转化、升华，世俗的激情变成了炽烈的白色火焰的神圣拥抱。

欢乐是如此彻底、如此完美，我们欲仙欲死。啊，为什么我燃烧的灵魂不在那个晚上找一个出口飞走，就像布莱克的天使那样，穿过地球上的云层飞向另一个星球?

他的爱年轻、清新、热烈。他不敢放纵自己，也不会放纵自己，宁愿在爱欲泛滥之前抽身而去，把炽烈的青春活力投入到神奇的艺术中。

他的工作室里没有沙发，没有安乐椅，也没有饭吃。那晚，

---

① 珀耳修斯：希腊神话里宙斯和达那厄的儿子，杀死了女妖美杜莎。

② 布莱克（1757 — 1827）：英国诗人、画家。著有诗集《天真之歌》、《耶路撒冷》等。诗作充满幻想和哲理，具有浪漫主义和神秘主义的特点。绘画作品为书籍插图，以浅描淡彩著称。

我们躺在地板上睡觉。他身无分文，我也不敢回家拿钱。待在他工作室的两个星期里，每到吃饭的时间，他就赊账让人把吃的东西送上来，我则躲在阳台上，等人走了才溜出来跟他一块儿吃东西。

可怜的母亲跑遍了所有的警察局、大使馆，对人说有个可恶的骗子把她的女儿拐跑了。我的突然失踪也让我的经理人着急得快要发疯了。大量观众被挡在剧院外面，没有人知道具体发生了什么事。不过，报纸上刊登了一则圆滑的告示，显然奏效了。上面写着：伊莎多拉·邓肯小姐得了严重的扁桃体炎。

两个星期过去后，克雷格随我回到了家。老实说，虽然我疯狂地爱着克雷格，但是要我一直睡在坚硬的地板上，整天吃熟食店里的东西，或者只能等到天黑后才能出去找东西吃，我可受不了。

母亲一见到戈登·克雷格就大喊："可恶的骗子，快滚出去！"

她对他嫉恨得要命。

戈登· 克雷格是我们这个时代最优秀的天才之一。他就像雪莱[①]，是光和火组成的生命体。他是现代戏剧整个发展流向的启迪者。虽然他从不积极地参与具体的舞台生活，仅仅是远远地

---

① 雪莱（1792 — 1822）：英国浪漫派诗人，是英国文学史上最有才华的抒情诗人之一，同时也是一个伟大的理想主义者。

站在那里做梦，但是他的梦却激发了现代舞台所有美好的东西。如果没有他，我们就永远不会有莱茵哈特、雅克·科波[1]和斯坦尼斯拉夫斯基。如果没有他，我们还将面对陈旧的现实主义舞台布景：每一片树叶都在枝头闪着微光，每一间房子都有或开启或关闭的门。

克雷格是一个极好的伴侣。他是我见过的能够从早到晚都保持旺盛精力的少数人之一。即使是在喝一天中的第一杯咖啡的时候，他也能够思如泉涌。跟他走在寻常的街头，感觉就像是跟一位大祭司行走在古埃及的底比斯城。

不知道是不是高度近视的缘故，他会突然停下脚步，拿出铅笔和纸，看着面前的一座现代德国建筑的典型代表——重实用性的新公寓楼，跟我解释它有多么美丽。然后，他就自顾自兴奋地把它画下来。画出的东西，我倒是觉得更像古埃及的丹德拉神庙。

他在路上看到一棵树、一只鸟或者一个孩子时，总是流露出兴奋不已的神情。与他在一起的时光绝不会呆板无聊。他要么处于极度的欢乐状态，要么处于极度的痛苦状态，两种状态之间的转换瞬息万变；在嫉妒的痛苦状态下，整个天空似乎倏地黑沉沉，空气里弥漫着一股突如其来的忧惧。呼吸慢慢地抽离身体，除了

---

① 雅克·科波（1879 — 1949）：法国导演，演员，戏剧革新家。

痛苦的黑暗，再也没有别的东西了。

不幸的是，随着时间的推移，这种黑暗状态的出现频率越来越高了。为什么呢？唉，主要是因为每次他说“我的工作，我的工作”，我都尽量小心翼翼地回答“哦，是的，你的工作。它们太美了。你是一个天才——但是你知道，我还有自己的学校”，然后，他会一拳打在桌子上，不容置疑地说：“我知道，但是我的工作最重要。”我回答说：“当然，你的工作非常重要。你的工作是舞台布景，但我们应该从活生生的人开始，因为人的灵魂能够照亮一切。所以，首先是我的学校，培养在至高的完美中光芒四射的移动的人，其次才是你的工作，设计与这样的人相契合的完美的舞台布景。”

这些讨论常常以可怕、沉闷的默默不语结束。随后，我身体里的女性特质惊觉过来，说：“哦，亲爱的，我冒犯你了吧？”他回答说：“冒犯？哦，没有！所有女人都是该死的讨厌鬼，你也是该死的讨厌鬼，总是来干涉我的工作。我的工作！我的工作！”

语毕，他“砰”的一声摔门走人了。只有当这“砰”的摔门声响起的时候，我才意识到可怕的灾祸来临了。我会等他回来；在他没有回来之前，我就彻夜悲伤地号啕大哭。悲剧便是如此。这样的场面时有发生，生活变得极为不和谐，很难过下去了。

是命运的安排，让我激发了这位天才的伟大的爱；也是命运的安排，让我在追求自己的事业和选择他的爱之间摇摆不定、尽力协调。可是啊，协调这两者完全是一件不可能的事情！经过最初几个星期的疯狂、激情的爱抚之后，戈登·克雷格的天才和我的艺术灵感之间彻底拉开了战争，而且是一场前所未有、旷日持久的惨烈战争。

“你为什么不能停下来？”他经常这样说，“你为什么还要站在舞台上挥动手臂？你就不能待在家里给我削铅笔吗？”

尽管这样，戈登·克雷格还是欣赏我的艺术，而且比其他任何人都要欣赏我的艺术。因为艺术家的清高和妒忌，他始终不愿意承认女人也能够在艺术上有所作为。

*

我的姐姐伊丽莎白为格林瓦尔德学校成立了一个校委会，成员都是柏林当地的名媛贵妇。当她们听说了克雷格之后，给我写了一封很长的信，冠冕堂皇地指责我，并声称她们作为有教养的资产阶级上流社会人员，不能再担当一个由道德观念薄弱的人领导的学校的保护人。

门德尔松夫人，那位声名显赫的银行家的太太，被这群名媛贵妇们推选出来把信交给我。她带着这封措辞严厉的长信来了，眼神恍惚地看着我，突然大哭起来，然后把信往地上一甩，将我一把抱住，哽咽着说："我没有在这封拙劣的信上签名。至于其他几位女士，已经劝不动她们了。她们不愿意继续做你的学校的保护人。她们只信任你的姐姐伊丽莎白了。"

伊丽莎白也有自己的想法，但是她没有说出来。我看出来了，这些女士的信条就是只要不说出来，事情发展成什么样都没关系。她们的行为令我愤慨不已，因此我在爱乐音乐厅举行了一场特殊的演讲，主题是舞蹈作为一门解放的艺术。在演讲快结束的时候，我谈到了女人拥有按照自己的意愿去爱、去生养孩子的权利。

当然，人们会问："那孩子们怎么办呢？"对此，我可以列举一长串非婚生的杰出人士的名单。他们是私生子，却依然获得了名誉和财富。不过，暂且不论非婚生的孩子能否功成名就，我认为，如果一个女人知道一个男人动不动就吵架发脾气甚至连孩子都丢下不管，那她还如何与他结成婚约？既然已经看清楚他是这样一个男人，为什么还要嫁给他？我觉得，爱的首要原则是真诚和互信。不管怎么样，我都认为一个能够自食其力的女人，耗费体力和健康，有时甚至冒着生命危险生下孩子，到头来那个男人却声称依法拥有孩子的抚养权，硬生生地带走了孩子，而她却只能一年探望孩子三次，那么，这个女人又何必结婚生子呢？

有一位聪明的美国作家曾被情人问道："如果我们不结婚，将来孩子会怎么看我们？"他回答说："如果我们的孩子是这种孩子的话，那我们也不必在意他怎么想了。”

如果聪慧的女人知道了婚姻的种种制约后还坚持要踏进婚姻的牢笼的话，那么一切苦果都是咎由自取。

这场演讲引起了轩然大波，反对的声音此起彼伏。一半的观众能够理解我的看法，另一半的观众却嘘声四起，不管手里拿着什么东西，都一股脑儿地往台上扔过来。最后，那一半不满意的观众都走了，只剩下理解我的观众。我们就女人的权利和所受的不公正待遇展开了一场有趣的辩论，比如今的女性主义运动还要超前。

我继续住在维多利亚大街的公寓里，伊丽莎白搬到学校去住了，母亲则在两个地方来回跑。母亲经历过太多的贫困和苦难，一直以惊人的勇气面对所有烦恼；而现在，她却开始觉得生活乏味了。也许是因为她身上的爱尔兰民族特性吧，她能够坦然面对不幸，却在富足面前无所适从。她的情绪变得焦躁不安，常常看什么都不顺眼。自从我们在世界各地奔走以来，她第一次说起自己想念美国了，还说美国的一切东西都好，譬如说饮食。

我们带她去柏林最好的餐馆，想让她高兴起来。我们问她：“妈妈，想吃点什么？”她回答说：“给我来份虾吧。”如果当时不是产虾的季节，她便会数落这个国家的种种不是，说连虾都没有的国家真是不幸，然后拒绝吃任何东西。如果刚好碰上产虾的季节，她还是会抱怨说旧金山的虾要比这里的虾鲜美多了。

我想母亲性格上的这种转变，可能是因为这么多年来她坚守的美德——为孩子奉献一切。可是到了如今，我们每个人都找到了自己喜爱的事业，并忙于其中，不能时时刻刻陪伴在她的身边。她觉得，她把美好的青春年华都浪费在我们身上了，而自己却实际上一无所得。我认为很多其他的母亲也会有类似的想法，尤其是在美国。她的情绪越来越反复无常，并不断地嚷着要回故乡去。此后不久，她真的回去了。

*

我的心思总是停留在格林瓦尔德的那幢别墅，以及别墅里的四十张小床。命运真是深不可测！如果我早几个月认识克雷格的话，就不会有现在的别墅和学校了。我在他身上找到了完整，也就不会觉得有创办学校的必要了。但是现在，既然儿时的梦想已经落实了，我绝不会轻易地放弃这个信念。

不久以后，我发现——并且完全确定——我怀孕了。我梦见爱伦·特里穿着一件闪闪发光的礼服出现在我的面前。那件礼服，类似于她在扮演伊莫金[①]时穿的戏服。她手牵着一位跟她长得一模一样的金发小女孩，用甜美的声音呼唤着我：“伊莎多

① 伊莫金：莎士比亚作品《辛白林》中的女主人公。

拉，亲爱的。亲爱的……亲爱的……”

从那时候开始，我知道一个可爱的孩子正从黑暗、虚无的世界诞生，朝我走了过来。这个孩子将会给我带来快乐，也会带来悲哀。快乐和悲哀！生与死！这就是生命之舞的节奏！

*

我全身心地感受着这一神圣的讯息。我继续在公众面前跳舞，继续给学生们授课，继续爱恋我的恩底弥翁。

可怜的克雷格烦躁不安，既没耐心又不快乐，咬秃了自己的手指甲，并常常喊着：“我的工作。我的工作。我的工作。”

原始的自然规律总要来干扰艺术。不过，幸好我在梦里见到了爱伦，而且这样的美梦还做了两次，算是一点慰藉了。

*

春天来了。我签了一份合约，要去丹麦、瑞典和德国等地演出。哥本哈根这座城市最令我惊讶的地方在于，这里的年轻姑娘们脸上总是显露出充满智慧和欢乐的神情。她们把学生帽罩在黑色的卷发上，像男孩子们那样独立、自由地在街上大步行走。我震惊了。我从未见过如此美好的姑娘。有人跟我说，丹麦是世界上第一个妇女拥有投票权的国家。

因为学校的开销太大，我不得不进行这次巡回演出。我把全部积蓄都花光了，没有剩下一丁点钱。

在斯德哥尔摩，观众们相当热情。每次演出结束后，体操学校的姑娘们都坚持送我回酒店，在我的马车旁跳着、跑着，以此表达她们见到我的喜悦心情。我参观了她们的体操学校，但这次参观并没有改变我原先的看法。我总觉得，瑞典的体操是针对静止不动的身体的，并没有认识到人体是有生命、有活力的。此外，瑞典的体操把训练出肌肉作为目的，而没有看到肌肉只不过是机械的躯壳，一种持续生长的源泉。瑞典的体操是一套以错误的方式训练身体的文化，它不关心想象力，仅仅把身体视作物体而不是活跃的能量体。

我参观了这所学校，并且竭尽全力将自己的观点说给学生们听。但不出我所料，她们并没有听进去多少。

我在斯德哥尔摩期间，寄了一封邀请函给斯特林堡[①]。他是我极其崇拜的人，我希望他能来观看我表演。他回信说，他厌恶世人，从不出门。我说我会在剧院给他留一个位子，但即便如此他也不肯来。

---

① 斯特林堡（1849 — 1912）：瑞典小说家、剧作家、诗人。生前一直被视为怪人和疯子，与世长辞后，他的作品和功绩才渐渐受到重视。

斯德哥尔摩的演出圆满结束了。我们经水路回到了德国。在船上，我病得厉害，意识到自己最好还是停止巡回演出，休养一段时间。我很想一个人待着，远离世人对我的关注。

6 月，我去学校稍作视察之后，便萌生了去海边的强烈欲望。我先是去了海牙，然后从那里出发，到了北海边上一个叫做诺德维克的小村子。我在这里租了一幢白色的小别墅，就在沙丘上，名叫“玛丽亚别墅”。

我缺乏经验，以为生孩子完全是一个自然的过程。我住在这座别墅里，距离其他城镇至少有一百多英里。我联系到了一位乡村医生，天真地以为有了他就足够了。现在回头想想，估计他只懂得应付那些乡村妇女吧。

从诺德维克到最近的凯德威克村大约有三英里的路程。我住在这里，一切都得自己来。每天，我从诺德维克走到凯德威克，然后再走回来。我一直对大海怀有深情；就这样独自住在诺德维克的白色小别墅里，远离了人群，四周是绵延数英里的沙丘，它们覆盖着这片美丽的乡野之地。我在“玛丽亚别墅”度过了 6 月、7 月和 8 月。

在此期间，我与姐姐伊丽莎白通信频繁。我不在格林瓦尔德学校的这段日子里，事务都由她代为管理。7 月的时候，我在日记里写下了学校的教学方案，设计了五百种训练项目，让学生从最简单的动作过渡到最复杂的动作。这就是一系列正规舞蹈训练的纲要。

我的外甥女坦普尔也在格林瓦尔德学校上课。她过来陪伴了我三个星期，常去海边跳舞。

克雷格焦躁不安。他来了，又走了。不过，我不再是孤单一人了。孩子的动静越来越明显了，总是以此宣告自己的存在。看着我那美丽白皙的身体变得柔软、虚弱、肿胀和变形，真是不可思议。这是大自然的神奇报复，神经越紧张、大脑越敏感的人，便会越多地承受这一系列变化带来的折磨。无眠的夜晚，痛苦的时光，不过也有喜悦。每天，我怀着无穷无尽、无拘无束的快乐心情行走在诺德维克和凯德威克之间的沙地上，一边是浩瀚的大海，翻滚的浪涛一波又一波地涌过来，另一边是延绵不绝的沙丘，紧挨着渺无人烟的海滩。那一带的海岸几乎总是在刮风，有时是和风徐徐，有时则狂风大作，害得我只能迎着风艰难地前行。偶尔还会有暴风雨，“玛丽亚别墅”就像是汪洋中的一叶扁舟，整晚遭受风吹雨打，不得安宁。

我有些害怕与人交往了。人们只会说些庸常无聊的事情。他们对孕妇的神圣和伟大视而不见。有一次，我看见一个孕妇独自走在街上，过往的行人非但不尊重她，反而嘲弄地看着她，仿佛这个孕育着即将降世的生命的女人是天大的笑话一样。

我对来访的人一概不见，除了一个忠诚的好朋友。他每次都骑自行车从海牙过来看我，带给我一些书和杂志，跟我聊最新的艺术、音乐和文学，逗我开心。那时候，他与一位著名的女诗人结婚了，常常谈起她，语气间充满了柔情蜜意和尊崇敬佩。他是一个有条不紊的人，总是在特定的日子来看我，即使那天正好赶上狂风暴雨也无法改变他的时间表。除了他，我大部分时间都是一个人面对着大海、沙丘和肚子里的孩子。小家伙似乎已经急不可耐地要来到这个世界了。

我走在海边，有时候会觉得自己全身充满了力量和勇气，心想肚子里的孩子将完全属于我，属于我一个人；但是遇上天色阴沉，冰冷的北海狂涛汹涌的时候，我会突然情绪低落起来，觉得自己就像是一只落入危险陷阱中的可怜动物，奋力挣扎，一心想要逃出去、逃得远远的。可是，逃到哪里去呢？或许是纵身跳入浪涛涌动的大海吧。我与这些情绪抗争着，勇敢地克服它们，并且没有让任何人知道我的这种状态。情绪来得快，来得突然，我很难避开。我觉得很多人离我越来越远了。母亲仿佛远在数千英里之外。克雷格也很疏远，总是沉浸在他的艺术世界里。我渐渐地很少去思量自己的艺术了，注意力完全被这项落在我身上的可怕的、艰巨的任务所占据，它让人发狂，让人快乐，让人痛苦，真是神秘莫测。

时间拖着脚步向前行走，既冗长又难熬。日复一日，周复一周，月复一月，真当是缓慢啊！希望与绝望交替出现，我常常想起年少时的长途旅行，青年时的异国漂泊，以及在艺术领域的新发现，这些就像是一场遥远而朦胧的序幕，逐渐拉开，一直到十月怀胎、静待孩子出生。这是随便哪个农妇都能做到的事情！这是我所有抱负的最终指向！

为什么母亲没有陪伴在我的身边呢？这是因为她有荒谬的偏见，认为我应该结婚了再生孩子。可是，她自己结婚了，发现日子过不下去了，然后离婚了。为什么她还要我踏进这个令她千疮百孔的牢笼里去呢？我的理智让我坚决地反抗婚姻，而且是反抗到底。我以前持这种观点，现在也依然认为婚姻是一种荒诞的、钳制人的制度，逼得人——尤其是艺术家——不可避免地走向离婚的法庭，以荒唐、粗鄙的诉讼结束。如果有人不相信我说的话，大可去统计一下有多少艺术家离过婚，美国报纸近十年来又刊登了多少类似的丑事。即便他们如此，我想亲爱的大众还是热爱艺术家的，并且依赖他们创作的艺术。

8 月，一位看护过来照顾我。她叫玛丽·基斯特，后来成为我非常亲密的伙伴。我从未见过有人能像她那样富有耐心、待人亲切、心地善良。她给了我莫大的安慰。我承认，各种各样的恐惧开始紧紧地揪住我的心。我告诉自己，每一个女人都是要生孩子的，但是我还是害怕。我的祖母生了八个孩子。我的母亲生了四个孩子。这是每个女人的生命环节之一。可是，我仍然感到害怕。到底害怕什么呢？当然不是死亡，也不是疼痛——只是一种说不清、道不明的恐惧。

8 月渐渐过去了。9 月来了。我变得大腹便便了。“玛丽亚别墅”坐落在沙丘上，差不多要爬一百级台阶才能到门口。我经常想到自己的舞蹈， 有时候会为自己的艺术感到强烈的愧疚。但是没过一会儿，小家伙就会在肚子里用力地踢我几下，或者翻个跟斗。我便笑了起来。艺术是什么？它不就是反映出生命的喜悦和奇迹的一面模糊的镜子吗？

我的身体越来越不可思议地膨胀着。原本坚挺的小乳房变得丰满、柔软，也开始松垂下来。灵活的双脚变得迟钝了，脚踝肿

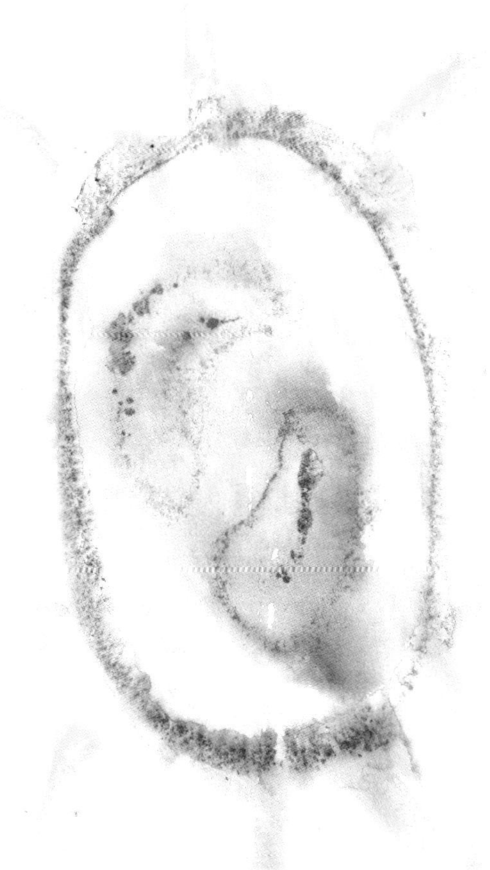

了，臀部胀痛了。我年轻可爱的那伊阿得[①]般的身段哪里去了？我的雄心壮志哪里去了？我的名誉哪里去了？我常常不由自主地感到悲哀和挫败。我有些吃不消这场与生命巨人对垒的游戏了。可是转念一想到即将出生的孩子，所有的痛苦都烟消云散了。

多少个夜晚，我无助地任由残酷的时间折磨着自己；朝左侧躺着的话，心脏会受到压迫；朝右侧躺着的话，也舒服不到哪里去；最后只好平躺着。这个孩子精力旺盛，不断骚扰我。我用双手按住鼓起来的肚子，借此传递信息给孩子。这些辗转难眠的夜啊，既残酷又温馨。我就这样度过了一个个夜晚。为了享受为人母的荣耀，我们需要付出多大的代价啊！

一天，我收获了一个天大的惊喜。我在巴黎结识的一位好友——她的名字叫凯瑟琳——从巴黎过来看我，并打算陪伴我一段时间。她是一个相当有魅力的女人，浑身散发着活力、朝气和勇气。后来，她嫁给了探险家斯科特上尉。

某天下午，我们正坐着喝茶，我突然感到“砰”的一声，仿佛有人朝我背后正中央的位置打了下来；接着是可怕的疼痛，好像有人用手钻刺我的脊椎骨，想要用力穿透我的脊椎似的。从那个时刻开始，我的受难开始了。我觉得自己变成了一个可怜的受害者，落入了强大而残暴的刽子手的手里。一阵又一阵的痛苦接

---

① 那伊阿得：希腊神话里的水仙女。

踵而来。西班牙宗教裁判所对待异教徒够残酷了吧！可是，对于生过孩子的女人来说，那又算得了什么呢！相比之下，宗教裁判所的迫害只能算是小巫见大巫了。这个无影无形的魔鬼冷酷无情地抓住我，不会放手，没有怜悯，时不时地兽性大发，撕扯我的骨头、我的肌肉。他们说这些痛苦很快就会过去了，而且很快就会遗忘了。我现在唯一的回应是，只要闭上眼睛，我就能听到我当时发出的尖叫声和呻吟声，它们似乎脱离了我的身体，团团将我包围住。

一个女人至今仍然要忍受这种极不人道的折磨，真是闻所未闻的野蛮行径。我们应该想办法改善。我们应该竭力制止。现代科技如此发达， 无痛分娩竟然还没有落实，这是多么荒谬的事情！这就像医生为病人切除阑尾却不打麻药般不可原谅！广大女性的耐心是多么不合理！她们的智慧是多么匮乏！为什么她们还要忍受这种屠杀自我的暴行？

这种难以描述的痛苦持续了两天两夜。到了第三天上午，这个荒唐的医生居然拿出了一把硕大的钳子，在没有任何麻醉措施的情况下，对我实施了类似于屠杀的事情。我想，除了被牢牢地绑在火车底部的痛苦之外，再也没有什么能够与我遭受的痛苦相比了。别跟我说女性主义运动，也别跟我提女性争取选举权运动，除非这种在我看来纯粹无意义的痛苦宣告结束。我坚持认为，分娩手术应该同其他手术一样无痛，而不是让人这么难以忍受。

究竟是何等愚昧的迷信妨碍了无痛分娩手术的实现？为什么人们对此的态度如此漫不经心、视而不见？当然，有人会说并不是所有女人都遭受了这么剧烈的折磨。是的，印第安人不会，农妇们不会，非洲黑人们不会。然而，女人的开化程度越高，遭受的痛苦——这种无意义的痛苦——就越可怕。为了开化的女人们，我们应该找到一种文明的办法来结束这种痛苦。

我没有因为分娩而丧命。是的，我活下来了——及时从子宫里取出来的可怜的小家伙也活下来了。或许人们会说，当我看到孩子出生的时候，就得到了莫大的安慰。这是事实，我的确感受到了极致的快乐，但即便到了现在，每当我想起自己遭受的折磨，想到许多女性受害者仍在承受这样的折磨，而科学界的那些既自私又盲目的男性们却没有着手去解决他们原本可以解决的分娩之痛，我就气愤得浑身发抖。

啊，还是看看我的小家伙吧！她真是令人惊喜：长得就像丘比特，蓝色的眼睛，长长的棕发，后来这头发掉了，重新长出了金色的卷发。最为神奇的是，她那小嘴找到了我的乳头，用没有牙齿的牙龈含住，吸吮涌出的乳汁。哪一位母亲形容过宝宝咬住奶头，乳汁从乳房里涌出的感觉呢？宝宝那张残忍的、咬人的嘴，就像情人的嘴；而情人的嘴，反过来又让人想起宝宝的嘴。

哦，女人们，既然有这种奇迹存在，又何必去学做律师、画家或雕塑家呢？我现在理解了这份伟大的母爱，它超越了男欢女爱。我被拉扯着、撕裂了、流着血，觉得茫然无助，小家伙则边吸着乳汁边号啕大哭。生命，生命，生命！给我生命！哦，我的艺术哪里去了？我的艺术或者别的艺术哪里去了？我才不在乎艺术呢！我觉得自己就是神，比任何艺术家都要出色。

宝宝出生后的最初几个星期，我总是双手抱着宝宝，长时间地躺着，看她睡觉的模样；有时候她会睁开眼睛望着我，我顿时觉得自己十分接近了狂喜，或者说神秘，或者说生命的真谛。这个新生命里的灵魂，以如此悠长的目光——永恒的目光——回应我的凝视，眼神里还带着一种爱。爱，也许这就是一切的答案。什么样的字眼能够形容我的喜悦呢？什么样的字眼能够形容这样的神奇呢？我不是一位作家，完全找不到贴切的字眼。

我带着宝宝以及我亲密的朋友玛丽·基斯特回到了格林瓦尔德。孩子们看到宝宝都乐坏了。我对伊丽莎白说："她是我们最年幼的学生。"每个人都问道："她叫什么名字呢？"克雷格想到了一个很美的爱尔兰名字——迪尔德丽。迪尔德丽——爱尔兰的挚爱。于是，我们就叫她迪尔德丽。

我的体力一点点恢复了。我常常站在英姿飒爽的亚马逊女战士——我们的祈愿雕像前，满怀感同身受的理解，因为我和她一样，再也不能像从前那样无限荣耀地冲锋陷阵了。

第二十章

我们旁边有一幢奢华的别墅，住着朱丽叶·门德尔松和她那富有的银行家丈夫。朱丽叶对我的学校兴致盎然，尽管她的中产阶级朋友们表现得兴味索然。一天，朱丽叶邀请我们所有人到我最钟爱的偶像——埃莉诺拉·杜丝面前表演。

我将戈登·克雷格引见给杜丝。克雷格的戏剧观点很快就迷住了杜丝。几次相谈甚欢之后，杜丝邀请我们去佛罗伦萨，并且希望克雷格帮忙安排一场演出。商谈的结果是，克雷格将为杜丝在佛罗伦萨上演的易卜生作品《罗斯莫庄》设计舞台布景。我们——杜丝、克雷格、玛丽·基斯特、孩子和我，一起乘坐豪华列车前往佛罗伦萨。

旅途中，我需要照料自己的孩子。当我察觉自己的乳汁有些变味了之后，便不得不用事先准备好的装在瓶子里的备用食物来喂她。不管怎么说，我正洋溢在幸福的高峰体验中。在这个世界上，我最喜爱的两个人相聚了：克雷格将有自己的工作，杜丝将会有一套与她的天才相媲美的布景。

到了佛罗伦萨后，杜丝住进了格兰德酒店的皇家套房，我们则在附近的小旅馆里安顿了下来。

我们进行了第一次讨论。在这场讨论中，我扮演了翻译者的角色，因为克雷格在法语和意大利语方面根本一窍不通，杜丝对英语也是完全不懂。我在两位天才人物之间周旋，而他们两个人的风格，从一开始就那么水火不相容。我尽量取悦他们，希望他们每一个人都感到愉快。为了实现这一点，我在翻译的时候，对双方的话语进行了一定的调整，甚至偏离了原义。但愿这些谎言能够得到宽宥，毕竟我是出于善意。如果我将克雷格的想法一字不漏地告诉杜丝，或者将杜丝的要求原原本本地告诉克雷格，那么他们就不可能有接下来的伟大合作，而这，恰恰是我最不愿意看到的结果。

在《罗斯莫庄》的第一幕中，我觉得易卜生所描绘的起居室，是“古色古香，舒适惬意”。然而，克雷格却钟情于古埃及庙宇的内部风格，那高高的天花板冲上云霄，四周的墙壁遥遥相望。只有一处是跟古埃及庙宇搭不上边的，那就是房间尽头的一扇正方形的大窗。根据易卜生的描述，这扇窗外有一条林荫大道，两旁的黛色古树一直延伸向庭院。克雷格将窗子的规格设定为十米宽、十二米高，窗外是一片由黄色、红色和绿色组成的绮丽风光，类似于摩洛哥的地方风情。显然，这与旧式庭院相差了十万八千里。

克雷格的设计方案，令杜丝无法接受。她不安地说："我觉得那应该是一扇小窗。它不可能有那么大。"

克雷格用英语咆哮道："告诉她，我不允许有任何该死的女人插手我的工作！"

我小心翼翼地对杜丝说："他说，你的意见很好，他会尽全力满足你。"

然后，我转向克雷格，将杜丝的质疑婉转地表达出来："埃莉诺拉·杜丝说，你是一个伟大的天才，她不会对你的构想提出任何异议。你只要还原它们本来的面目就可以了。"

这样的讨论往往会持续几个小时。有许多次，正好赶上我喂孩子的当口。不过，我一直都乐于奉陪，将八面玲珑的译者角色充分演绎出来。每当错过了喂奶时间，而我又在两位艺术家面前无中生有地进行翻译，我便会深陷于苦恼之中。那段日子，我有些疲惫，健康状况不尽如人意。这些让人费神的谈话，对正处在康复期的我来说，并无益处。但是，只要想到那伟大的艺术事件将要产生，想到克雷格为埃莉诺拉·杜丝的《罗斯莫庄》设计的舞台布景将要面世，我就会觉得，再多的牺牲和付出都是值得的。

克雷格一头扎进了剧场，开始工作。他摆出了许多个巨大的油漆桶，拿起一把大刷子，亲自绘制布景。他找不到能听得懂他说话的意大利工匠，只好自己动手。他找不到合适的画布，只好用重新缝制的帆布代替。接连数日，合唱队的意大利老女人们坐在舞台前，一针一线地将帆布缝合起来。年轻的意大利油漆匠们忙前忙后，试图完成克雷格交代的任务；克雷格则甩着长发，冲着他们大喊大叫，或者把刷子浸到油漆桶里，站到梯子上，摆出危险的姿势。他几乎没日没夜地待在剧场里。他不愿意出来，即便是吃饭。要不是我提着篮子给他送饭的话，他恐怕是压根不吃任何东西了。

他下达过一个指令："不要让杜丝靠近剧场。不能让她过来。如果她来了的话，我就去搭火车，离开这里。"

可是呢，杜丝对于进展情况充满了好奇。我便需要在没有冒犯到她的前提下，尽量稳住她。我常常拉着她去花园里散步，走很久的路。栩栩如生的雕像和娇艳欲滴的花朵能够让她平静下来。

我永远也不会忘记杜丝在花园里散步的情形。她看起来超凡脱俗，仿佛是从彼特拉克或者但丁的文字里走出来的圣女，因时运不济降落到庸常的人间。无论她走到哪里，周围的人都会自动让路，并且投以钦慕而好奇的目光。杜丝不太喜欢被人行注目礼，为了避开这些，她习惯走偏僻的旁道或小径。她对穷苦大众没有同情心，这一点跟我很不同。在她看来，他们都是“乌合之众”，甚至在谈话中直接用了这样的词。

杜丝之所以如此，在很大程度上源于她过于敏感的心性，而不是其他任何缘由。她认为，穷苦大众对她很挑剔。一旦她走到人群里，与人实际接触起来，没有人可以像她那样仁爱、和善。

我时常回想起我们在花园里散步的情形：高高的白杨树，埃莉诺拉·杜丝优美的头颅。只要周围没人了，她就会摘下帽子，露出一缕缕开始变灰的乌黑秀发，在微风中摇曳生姿。她那饱满而充满智慧的前额，和她那不可思议的双眸，真是令人难忘啊！她的眼神总是那么忧郁，可是一旦脸庞被热情点燃，那种天使般的笑颜，没有任何人脸或者艺术作品可以与之媲美。

《罗斯莫庄》的舞台布景工作有条不紊地进行着。每当我去剧场给克雷格送午餐或者晚餐的时候，我都发现他在愤怒和极喜之间摇摆。这一刻，他自信满满地认为他将创作出艺术领域最为伟大的作品；下一刻，他痛苦地抱怨这个国家的匮乏——没有好的油漆匠、没有好的工匠，凡事都得亲力亲为。

是时候让埃莉诺拉·杜丝验收最终的舞台布景了——在此之前，我竭尽所能转移她的注意力，打消她来剧场的念头。而当这一天终于来到的时候，我在预约好的时间里打电话给她，接她去剧场。她的情绪正处于极度的兴奋和紧张中，我担心她随时会失控，就像暴风骤雨突然转变为恐怖的大风暴般。我们在她下榻的酒店大厅里碰面。她的全身包裹着一件棕色的皮草大衣，头上斜扣着一顶类似于俄罗斯哥萨克人风格的棕色皮草帽子。虽然忠诚的朋友们时不时地介绍时髦的裁缝师给杜丝，她还是没办法穿得时尚起来，或者至少看起来雅致些。她的衣服总是一边高一边低，她的帽子总是歪歪扭扭。无论这些服饰多么昂贵，她穿起来就是那么怪异，不像是她在穿它们，更像是它们在穿她。

在去剧场的路上，我是如此激动，以至于都说不出话来了。我继续施展自己的“外交手腕”，没有让她直接从后台入口进去，而是故意打开剧场的前门，引她进入一间包厢。在这个漫长的过程中，我经受了难以形容的折磨，因为她不断地追问：“我的窗是想象中的那样吗？布景到底在哪里？”

我紧紧地握住她的手，持续地拍着，安抚道：“只要稍等片刻——你就能看到了。耐心点。”然而，此时此刻，我不得不强压住内心的恐惧。她想象中的那扇小窗，实际上已经变成了一扇大窗，那尺寸要多大就有多大。

我们时不时地可以听到克雷格气急败坏的声音。他一会儿试着用意大利语说，一会儿直接用英语说：“该死！该死！你们为什么不放在这边？为什么不按照我说的做？”接着，一片沉寂。

最后，经过了似乎是好几个小时的等待，就在我觉得杜丝越来越不耐烦了的时候，大幕徐徐拉开了。

哦，我该如何形容眼前的一切带给我们的惊讶和狂喜呢？我不是提过古埃及庙宇吗？可以说，我还没见过哪一座古埃及庙宇如此之美，也没有哪一座哥特式大教堂、雅典宫殿能有如此之美。我平生还是第一次见到这般美妙的景象。我们的心灵，穿过广袤的蓝色、无比的和谐、上升的线条、极致的高度，奔向那扇笼罩在光亮中的大窗。窗外，没有林荫道路，只有无边无际的宇宙。蓝色区域里，承载着人类的理念、沉思和世俗痛苦。大窗之外，装满了狂喜、欢乐和想象力的神奇。这是罗斯莫庄的客厅吗？我不知道易卜生看到这样的布景会作何感想。或许他会像我们一样——目瞪口呆。

埃莉诺拉攥着我的手。我感觉到她伸出双臂，紧紧地拥住了我。两行热泪沿着她美丽的脸庞流淌下来。我们相拥着坐了好一会儿，沉默不语——埃莉诺拉这样，是因为崇拜艺术，彻底沉浸在艺术带来的喜悦中；而我则是因为经历了那么漫长的忧心忡忡之后，终于看到了她的喜悦，感到如释重负了。她握住我的手，拉着我走出包厢，大步流星地穿过昏暗的长廊，走向舞台。她站在舞台上，用极具个性魅力的嗓音喊着：“戈登·克雷格！过来！”

克雷格从舞台侧面走出来，像个害羞的孩子。杜丝张开双臂，抱住了他，然后从嘴唇里吐出一连串意大利语的赞誉之词。

她的语速很快，我根本来不及翻译给克雷格听。她的唇齿间奔涌着赞誉之词，就像流水从泉眼里汩汩而出。

克雷格并不像我们这般因为情绪激动而流泪，而是陷入了长久的沉默之中。对于他来说，默默不语，就是强烈情感的表达方式。

随后，杜丝把所有工作人员叫到面前。他们一直在舞台后面等着，显得有些无所事事。她用自己的智慧和满腔的激情，发表了一段令人印象深刻的讲话：

“是命运之神安排我和这位伟大的天才——戈登·克雷格相遇。现在，我决定在未来的演艺生涯里（自始至终，永永远远），不遗余力地向世界展现他的伟大作品。”

她调整了一下表达方式，对戏剧的现代发展趋势，所有现代的舞台布景以及有关演员的生活与工作的现代观念都进行了批判。

在讲话的过程中，杜丝一直握着克雷格的手，时不时地转过头望向他。她滔滔不绝地讲述他的天才，以及戏剧的伟大复苏正在萌芽。“只有戈登·克雷格，”她反复强调，“才能让我们这些可怜的演员从那些怪异、阴森的当代剧场中解放出来！”

听到这些话，我难以抑制内心的喜悦。我还那么年轻，涉世未深，轻易地相信人们一时冲动讲出来的话都是确凿可信的。唉，我开始浮想联翩，仿佛看见埃莉诺拉·杜丝用她的无与伦比的天赋为我的克雷格的伟大艺术铺平道路；我仿佛看见克雷格将拥有一个欢欣鼓舞的未来，剧场艺术也将走向光辉灿烂。然而，我却没有看到人类的激情，尤其是女人的激情，是如此脆弱。埃莉诺拉即便才华横溢，终究不过是一个女人——这一点随后可以证实。

《罗斯莫庄》上演的第一个夜晚，佛罗伦萨人满怀期待地涌进剧场。当幕布缓缓升起的时候，观众们全被迷住了。我们对这样的结局一点都不感到意外。时至今日，这场《罗斯莫庄》的演出仍然为艺术鉴赏家们津津乐道。

杜丝，凭借其非凡的艺术天赋，穿了一件白色的长袍，两只宽大的袖子垂在身侧。她出现的时候，与其说像吕蓓卡·韦斯特，倒不如说像是一位德尔斐女巫。她演技精湛，准确无误地诠释出每一句伟大的台词、把握住每一束投向她的灯光。她改变了自身所有的姿势和动作。当她在舞台上移动的时候，就仿佛是某个女先知在发布重大的消息。

但是其他演员，比如双手插进裤袋的罗斯莫，看起来似乎是不小心走上舞台的置景工。这太令人伤心了。只有那位饰演布伦德尔的演员，在诠释其中一段台词的时候，才巧妙地融入到周围的舞台布景中。那段台词是这样的："当薄雾般的金梦飘然而至，将我笼罩着的时候；当重大的、醉人的新思想在我的脑海里诞生，振翅携我高飞的时候——我将这些美妙的时刻幻化为诗行、幻象和图景。"

演出结束后，我们情绪激昂地回到住处。克雷格的喜悦溢于言表。他看到了充满希望的未来，一系列伟大的作品将呈现给埃莉诺拉·杜丝。他现在掏心掏肺地赞美她，正如之前彻头彻尾地贬损她。唉，这就是人类的脆弱和善变。事实上，杜丝仅仅在这天晚上将自己的才华展现于克雷格的舞台设计前。她日前所属的剧团定期换演剧目，每天晚上都会上演不同的戏剧。

一天上午，在所有这些激动人心的事情宣告结束之后，我给银行打了个电话，得知账户上的钱已经完全用光了。孩子的出生，格林瓦尔德学校的开支，来佛罗伦萨的费用，这一切耗尽了我所有的积蓄。我必须想办法填补我的小金库，恰在此时，圣彼得堡的一位剧团经理人向我发出了邀请，问我是否可以重新站到舞台上演出，并给了我一份到俄罗斯巡回演出的合约。

于是，我离开了佛罗伦萨。我将孩子托付给玛丽·基斯特照料，将克雷格交给埃莉诺拉关照，然后搭乘高速火车，取道瑞士和柏林前往圣彼得堡。可以想象，这对我来说，完全是一场悲哀的旅程。第一次跟孩子分开让我感到痛苦，与克雷格和杜丝分开也让我感到痛苦。此外，我的健康状况仍然不稳定，而且由于孩子之前还没有完全断奶，我现在不得不用一个小器械把乳汁挤出来。这样的经历太惨痛了，我为此常常以泪洗面。

火车向着遥远的北方疾驰，我再一次踏上这片覆盖着积雪和森林的平原。此时此刻，它显得比任何时候都要荒凉。我之前将所有的心思都放在杜丝和克雷格身上，压根儿没想过自己的艺术，所以完全没有做好巡演的准备。不过，善良的俄罗斯观众们还是一如既往地以他们的热情接纳了我，宽容地对待演出中或多或少会存在的缺陷。我记得，演出的时候，奶水常常不受控制地流出来，顺着外袍往下淌，令我尴尬不已。对于一个女人来说，经营一份事业是多么艰难啊！

这次的俄罗斯之行，并没有给我留下深刻的印象。显而易见，佛罗伦萨的一切牵动着我的心。因此，我尽可能地缩短巡演的行程。为了更靠近我的学校和朝思暮想的人们，我接受了一份到荷兰巡演的合约，在阿姆斯特丹的舞台上露面的第一晚，我得了一种奇怪的病。我觉得可能是跟奶水有关，即人们通常所说的乳腺炎①。演出结束后，我扑倒在舞台上，不得不由人抬着回酒店。我在放满冰袋的昏暗的房间里躺了一天又一天、一星期又一星期。他们说我患的是神经炎②，一种尚无法医治的疾病。几个星期下来，我什么都吃不下，只能由人喂进一点牛奶和鸦片的混合物。我陷入一阵又一阵的精神狂乱中，最后昏睡了过去。

克雷格风尘仆仆地从佛罗伦萨赶过来，不辞辛劳地照看着我。他陪伴了我三四个星期，对我关怀备至，直到有一天，埃莉诺拉发来了电报："我将在尼斯演出《罗斯莫庄》。舞台布景不

---

① 乳腺炎：通常在分泌乳汁初期出现的低热，与产后感染有关。

② 神经炎：神经或神经组的一种炎症，其表现为疼痛、失去反应、受伤的肌肉萎缩等。

好。赶紧回来。”

那时，我的状况已经略微好转，克雷格便离开我赶到尼斯去了。但是，我回头看看这份电报，内心滋生出一种不好的预感：我不在他们身边做翻译，适度地平息他们的分歧，一定会出事。

一天早上，当克雷格出现在尼斯历史悠久的卡西诺剧场的时候，他惊惧地发现，工作人员在没有知会埃莉诺拉的情况下，擅自将他设计的布景分成了两半。看到自己的艺术作品，自己的经典之作，自己在佛罗伦萨辛辛苦苦养育的孩子，就这样被肢解、被屠杀，克雷格自然大发雷霆。他的暴躁脾气，常常令自己陷入尴尬的境地。这一次的情况更为糟糕，他对着站在舞台上的埃莉诺拉本人大吼大叫：“你都干了什么？”他咆哮道，“你毁了我的作品。你毁了我的艺术！你，让我失望透了。”

他继续口无遮拦地数落埃莉诺拉。埃莉诺拉从没有被人如此无礼地对待过，自然没办法一直好脾气下去。她后来对我说：“我从未见过这样的男人。我从没有被人这么数落过。他站起来有八英尺多高，双臂抱胸，摆出不列颠人的狂躁姿态，乱说一通。从没有人这么对我。我当然受不了。我指向门说：‘出去。我再也不想见到你。’”

就这样，她打消了将自己全部的艺术生涯献给戈登·克雷格的天赋的念头。

*

我抵达尼斯的时候，身体十分虚弱，只能由人抬下火车。那正是狂欢节的第一个夜晚，在去酒店的路上，我的敞篷马车遭到一群戴着形形色色小丑面具的人的围困。他们朝着我做鬼脸，在我看来，就像临终前跳的死亡之舞。

埃莉诺拉住在我的酒店附近，她也病倒了。她给我捎来许多温馨的口信，还让自己的医生埃米尔·博松先生给我看病。他不但全力以赴地护理我，而且还从那时起，成为我终生最好的朋友之一。我的康复期很漫长，被无穷无尽的痛苦包围着。

我的母亲过来陪我，我的好友玛丽·基斯特也带着孩子赶过来了。孩子正在茁壮成长，一天比一天更漂亮。我们搬去了博隆山丘，一边可以俯瞰宽广的汪洋，另一边可以仰望高峻的山峰，那里曾是查拉图斯特拉[①]带着他的蛇和鹰冥想的地方。我常常待在向阳的露台上，渐渐恢复了生气。然而，我的生活比以往任何时候都要艰难，沉重的经济负担正摆在我的面前。为了解决这一问题，我必须尽快返回荷兰，继续我的巡回演出，尽管我的身体仍然很虚弱，心情也很沮丧。

---

① 查拉图斯特拉：波斯预言家，查拉图斯特拉教创始人，对于其身世人们知之甚少。

我爱慕克雷格——我以艺术家灵魂的全部热情来爱他，可是同时，我也意识到我们之间的分离在所难免。我的神经高度紧绷，到了疯狂的境地，有他我活不成，没有他我也活不了。与他共同生活，我便需要放弃我的艺术、我的个性，唉，甚至还有我的生命、我的理智。与他分道扬镳，我便会陷入漫无边际的消沉中，被嫉妒反复吞噬。哦，我现在似乎就有理由去嫉妒了。夜深人静之时，我常常出现幻觉，似乎看到英俊的克雷格躺在其他女人的怀抱里安眠；每每至此，我便辗转难眠。我想到了克雷格对含情脉脉地注视着他的女人解说他的艺术，想到了克雷格被她们撩拨得心神荡漾，带着爱伦·特里般迷人的微笑望向她们、恋上她们、抚慰她们，并且对自己说："这个女人真讨人喜欢。伊莎多拉可不行。"

这些可怕的幻想将我推向愤怒和绝望的深渊。我没有办法工作，没有办法跳舞。我甚至完全不在乎观众们是否喜欢我的艺术了。

我内心很清楚，这样的状态必须结束。要么克雷格放弃他的艺术，要么是我。我知道，我不可能放弃自己的艺术，否则的话，我会形容憔悴、含恨而终。我必须找到一个解决的办法，甚至想到了收效比较快的顺势疗法[①]。内心的期待总是会被听到，

① 顺势疗法：一种疾病治疗体系，以小剂量运用一种药物为基础。

然后转化为现实。我的解决之道就这样出现了。

一天下午，他走进来：英俊、温雅、年轻，金发碧眼，穿戴考究。他说："朋友们都叫我皮姆。"

我说："皮姆，这名字真动听。你是一位艺术家吗？"

"哦，不是！"他否认道，那样子就仿佛是我给他冠以什么罪名似的。

"那么，你拥有什么？一个好主意？"

"哦，亲爱的，没有。我什么主意都没有。"他回答说。

"但是，有生活的憧憬？"

"没有。"

"那么，你做什么？"

"什么也没做。"

"但是，你总应该做点什么吧。"

"唔，"他沉思片刻后说，"我收藏了很多18世纪的鼻烟壶，它们都很漂亮。"

这就是我的解决之道。我签了一份到俄罗斯巡回演出的合约——这将是一个漫长而艰辛的旅程，不但要去北俄罗斯，还要去南俄罗斯和高加索地区。我最怕独自一人踏上长途旅行。

"皮姆，你能跟我一起去俄罗斯吗？"

"哦，当然，"他很快就回答了，"只不过我母亲可能会反对，但是我可以说服她。还有一个人，"——皮姆脸红了——

“她很爱我——也许不会同意我去。”

“我们可以悄悄地离开。”于是，我们商定，在阿姆斯特丹的最后一场演出结束后，坐上一辆在后台入口处等候的汽车，到乡下去。我们还安排了我的女仆乘坐特快列车去取行李，在距离阿姆斯特丹最近的火车站与我们碰面，把行李交给我们。

那是一个寒冷而多雾的夜晚，厚重的浓雾笼罩在田野之上。司机不愿意把车开得太快，因为紧挨着路边就是一条运河。

“太危险了。”他发出警告。我们的车就这样慢慢地前行。

然而，比起被人追踪来说，这点危险又算得了什么呢！皮姆朝后张望，突然惊叫道：

“我的上帝啊，她追过来了！”

当时的情况不需要细说了。

“她很有可能随身携带着手枪。”皮姆说。

“开快点，再快一点！”我冲司机喊道。然而，他只是朝外指了指，浓雾中有一条光亮，那正是潺潺流动的运河水。整个过程十分惊心动魄。最终司机成功甩掉了尾随的汽车，把我们送到车站，停在一家旅馆门前。

时值凌晨两点。年迈的夜班守门人将提灯凑到我们俩近前。

“一个房间。”我们异口同声地说。

“一个房间——不，不。你们结婚了吗？”

“是，是的。”我们回答。

“哦，不，不。”他咕哝着说，“你们没有结婚，我知道。你们别想骗过我。”无论我们怎么抗议，他硬是将我们安排在两个房间，而且分布在长长的走廊的两个尽头。安顿好我们后，他坐在两个房间之间的走廊上，把提灯抱在膝头，故意守了一整晚。每当皮姆或者我从房门探出脑袋，他就举起提灯说：

“不，不行。你们没有结婚——不可能让你们这么做——不，不可能。”①

经过一夜的躲躲藏藏，我们都有些疲惫了。到了早上，我们乘坐特快列车前往彼得堡。我从未有过如此快乐的旅行。

到了彼得堡后，我困惑地发现，行李搬运工从火车上搬下了十八件行李箱，全都标着皮姆的姓名的首字母。

“这些是什么？”我气吁吁地问。

“哦，是我的行李，”皮姆回答说，“这个箱子装着我的领带；这两个箱子装着我的内衣；这些装着我的西装，而这些装着我的靴子。还有这箱，装着备用的皮草马甲——很适合俄罗斯这个地方。”

我们住在了欧罗巴酒店。酒店里的楼梯很开阔，皮姆每过一个小时就会从楼梯上飞奔下来，换上一整套颜色不同的西装，配上款式不同的领带，令在场的旁人感叹不已。他一向穿戴优雅，

---

① 此处对话原文为德语。

或者更确切地说，他是海牙时尚界的风向标。著名的荷兰画家范·弗莱给他画过一幅肖像，画面背景是成片的郁金香——金色的郁金香、紫色的郁金香、玫瑰色的郁金香——的确，他整个人看起来就像是一片春日的郁金香，既清新又动人。他的一头金发，是一丛金色的郁金香；他的红唇，是玫瑰色的郁金香；他拥抱我时，我觉得自己仿佛飘荡在春日的荷兰，成千上万朵郁金香正芳香馥郁。

皮姆是个漂亮的小伙子——金发、蓝眼睛，思想单纯。他的爱，让我想到了奥斯卡·王尔德的名言——“与其长悲，不如瞬喜。”皮姆带给我的就是瞬间的喜悦。以前，爱情在带给我浪漫和理想的同时，也带给我痛苦。皮姆带给我喜悦——纯粹的沁人心脾的喜悦——而且正是我最需要这样的喜悦的时候。如果没有他的陪伴，我很有可能会沦为绝望的神经衰弱者。皮姆的出现，让我感受到崭新的生命力、崭新的活力。也许，这是我迄今为止第一次领略到纯真无瑕、随性不羁的青年之乐。他笑对一切，手舞足蹈，无拘无束。我遗忘了自己的苦恼，享受当下的每时每刻，无忧无虑，心情愉悦。正因为如此，我的表演也呈现出全新的活力和快乐。

这期间，我创作了《瞬间的音乐会》。这支舞受到了俄罗斯人的热烈欢迎，我每天晚上都要重复表演五六次。可以说，《瞬间的音乐会》是皮姆的舞蹈——“瞬间的快乐”——音乐的瞬间。

第二十一章

如果我仅仅把舞蹈看作是独舞的话，我的事业将会变得很简单。我已经成名，受到每一个国家的追捧，只需要沿着这条康庄大道走下去就好。可是啊，唉！我的脑子里全是办学校的念头——我要培养一大批舞蹈者，一起演绎贝多芬的《第九交响曲》。每到夜晚，我只要闭上眼睛，那些舞者就会成群结队地在我的脑海里翩然起舞，呼唤我赋予她们生命。“我们在这里。你只要轻轻碰触我们，就能带给我们生命！”（《第九交响曲·欢乐颂》）

我常常幻想自己拥有普罗米修斯般的创造力，只要一声令下，一个个从未见过的舞者就会从地底下钻出来，从天堂里跳下来。啊，华美、迷人的梦想将我的人生从一场悲剧引向另一场悲剧！你为何主宰了我？你就像坦塔罗斯[1]眼前的光，只会带来黑暗和绝望。但是，不！这光依然在黑暗中闪烁，最后必定会将我引向终将转化为现实的辉煌美景。一线微弱的光，在我磕磕碰碰的脚步前颤动，我依然相信，依然跟随着你——寻找超凡的生灵，在和谐之爱中为等候已久的世界跳起“美的盛宴”。

带着这样的梦想，我回到格林瓦尔德学校，给一小群已经在学习跳舞的孩子们授课。她们的舞蹈多么迷人啊，这更加坚定了我组建一个完美的舞者交响乐团的念头。伟大的交响乐是听觉艺术，而我的舞者交响乐团则是视觉艺术。

我一会儿让她们模仿庞贝式[2]檐壁上优雅的爱神们，一会儿让她们模仿多那太罗雕像上年轻的美惠三女神，一会儿又让她们模仿泰坦尼娅[3]身后飞翔的仙女们，她们在舞群中不停地转圈和变换，分分合合，迂回纠缠。

她们每一天都在成长，变得更为健壮和柔软。灵感之光和音

---

① 坦塔罗斯：宙斯之子，因泄露天机被罚永世站在上有果树的水中，口渴想喝水时水即减退，腹饥想吃果子时树枝即升高。后以其喻指受折磨的人。

② 庞贝式：庞贝原是古罗马帝国最为繁华的城市，因火山爆发而被湮没，直到 18 世纪中期才重见天日，其建筑风格引领一代风尚，被称为“庞贝式”。

③ 泰坦尼娅：中世纪传说中仙女的王后，仙王奥伯龙的妻子。

乐之美笼罩在她们年轻的形体上，闪耀在她们含苞的容颜里。这些舞蹈着的孩子们是多么美妙动人啊，任何艺术家和诗人见了都会由衷地赞叹。

然而，学校的开支日益超出我承受的限度了。我萌生了一个想法，把孩子们带到各个国家去，看看哪个政府能够认识到给予孩子这种教育的美好之处，给我机会，让我得以在更大规模上实践我的计划。

每次演出结束时，我都会向公众们呼吁，恳请他们帮忙想想办法，让我把从自身生活中发现的宝贵经验奉献给他人。在我看来，这些经验或许会解放和照亮千千万万人的生命。

我越来越清楚地意识到，德国无法为我的学校继续运营提供必需的支持。皇后陛下秉承清教徒式的思想观念，非常保守。她在参观一位雕刻家的工作室时，居然要求自己的得力助手先去把所有裸体的雕像用布盖起来。普鲁士政府的统治沉闷压抑，我不再将梦想寄托在德国这样的国家了。我于是想到了俄罗斯，那里的公众对我的表演给予热情的回应，还让我赚了大钱。我充满了期待，觉得可以在圣彼得堡建立起我的学校。1907 年 1 月，我再一次踏上俄罗斯的土地，随行人员还有伊丽莎白和二十个小孩子。这趟旅行并没有达成所愿。虽然公众对我复兴真正的舞蹈艺术的呼吁表现出极大的兴趣，但是皇家芭蕾舞团的地位在俄罗斯已经根深蒂固了，根本不可能做出任何改变。

我带着孩子们参观了芭蕾舞学校训练小孩子的情形。那里的孩子看着我的孩子们，就像笼子里的金丝雀望向空中盘旋着的燕子。在俄罗斯，建立一家人类自由运动的学校的时机尚未到来。芭蕾仍然是沙皇礼教的内在表现形式。哎呀！要想在俄罗斯建立我的学校，一所人类更流畅、更自由地表达自我的学校，只能仰赖斯坦尼斯拉夫斯基的帮助了。尽管他竭尽所能，终究还是没有办法将我们安置在他那了不起的艺术剧院里。要知道，我本来是多么希望进入他的剧院。

既然在德国和俄罗斯都无法办成我的学校，我就决定去英国试试了。1908 年夏天，我带着孩子们去了伦敦。在著名的剧团经理人约瑟夫·舒曼和查尔斯·福罗曼的安排下，我们在约克公爵剧院演出了几个星期。伦敦观众们将我的表演和我的学校看作是有趣的娱乐消遣，从中我感受不到任何组建学校的实质性帮助。

我第一次在新艺廊跳舞，还是七年前的事情。现在，我很高兴与从前的好友查尔斯·哈勒和诗人道格拉斯·恩斯利再续旧情。高尚而美丽的爱伦·特里经常来剧院看我们表演。她喜爱孩子们。有一次，她带着她们去参观动物园，小家伙们乐坏了。平易近人的亚历山德拉王后两次亲临现场，坐在包厢里观看我们的演出。很多英国名媛贵妇也来捧场，连后来成为里彭伯爵夫人的格雷小姐也常常到后台来向我致意，她态度很亲切，一点架子都没有。

曼彻斯特公爵夫人表示，我可能会在伦敦找到建校赞助人，将美好的想法落实。为此，她邀请我们所有人到她位于泰晤士河畔的乡间别墅，再一次为爱德华国王和亚历山德拉王后跳舞。我一度相信自己能够在英国建校了，然而最后又是希望幻灭！那幢建筑、那块土地、那笔足以让我大规模地实现梦想的资金，它们都在哪儿呢？

跟往常一样，用在孩子们身上的开销很大。我的银行账户上又是分文不剩，所以，我只得带着他们返回格林瓦尔德。与此同时，我跟查尔斯·福罗曼签了一份合约，到美国巡回演出。

要跟我的学校、伊丽莎白和克雷格告别，我的内心充满了不舍；更要命的是，我还得跟我的孩子迪尔德丽分开，她差不多一周岁了，金发碧眼，面颊红润。

7月的一天，我独自一人搭乘一艘开往纽约的巨轮。距我当初坐着运牛船离开纽约已经八年了。我如今在欧洲算是小有名气了，创造了一门舞蹈艺术，开办了一间舞蹈学校，也生养了一个孩子。我过得还行，只是在经济方面，并没有比从前改善多少。

查尔斯·福罗曼是一位很棒的经理人，但是他没有意识到，我的舞蹈艺术与通俗的戏剧表演有着本质的不同。实际上，我的艺术只能吸引某些特定的观众。他安排我在炎热的8月登上百老汇的舞台，搭配一支水平差强人意的小乐团，演绎格鲁克的《伊菲革涅亚》和贝多芬的《第七交响曲》。结果可想而知，完全失败了。在温度高达华氏九十度以上的闷热夜晚，走进剧场的观众很少。他们不能理解我的艺术，大部分人甚至还不喜欢。评论家的关注不多，少数几篇文章也写得让人高兴不起来。总而言之，我只有一种感觉——回到祖国简直是大错特错。

一天晚上，我正心灰意冷地坐在化妆间里，突然听到一个细腻而诚挚的声音跟我打招呼。我看见门口站着一个男人，个子不高，但体形很好，顶着一头浓密的棕色卷发，挂着一张迷人的笑脸。他不由自主地将手伸向我，说我的舞蹈艺术对他产生了很大的影响力。他对我的喜爱和赞美，让我觉得来纽约后发生的一切不如意之事都烟消云散了。

这个男人的名字是乔治·格雷·巴纳德[①]，美国著名的雕塑家。从那天开始，他每晚都来观看我的演出，经常还带着他的艺术家、诗人以及其他朋友们，包括和蔼的戏剧制作人戴维·比拉斯科[②]，画家罗伯特·亨利[③]和乔治·贝洛斯[④]，还有帕西·麦克凯[⑤]和马克斯·伊斯曼[⑥]——实际上，格林威治村[⑦]所有年轻的革新派

---

① 乔治·格雷·巴纳德（1863—1938）：美国雕塑家，其作品具有鲜明的个性和活力。最著名的作品是《林肯像》。

② 戴维·比拉斯科（1853—1931）：美国剧作家与戏剧制作人。

③ 罗伯特·亨利（1865—1929）：美国画家，美国现实主义创作运动的发起人和主要代表人物。

④ 乔治·贝洛斯（1882—1925）：美国艺术家，以其充满活力的运动情景绘画而著称。

⑤ 帕西·麦克凯（1875—1956）：美国剧作家。

⑥马克斯·伊斯曼（1883—1969）：美国作家和编辑，以其社会和文学评论著名。

⑦ 格林威治村：美国纽约市的一个主要的居民区，在下曼哈顿，始建于殖民时期，1910 年后作为艺术家和作家的聚居地而受到关注。

人士都来了。我还记得那三位同住在华盛顿广场南边一幢高楼上的亲密无间的诗人也来了，他们是伊·埃·罗宾逊[①]、里奇利·托伦斯[②]和威廉·沃恩·穆迪[③]。

这些诗人和艺术家的友善的问候和热情的言语，极大地鼓舞了我，让我遗忘了纽约观众的缺席和冷漠。

那时，乔治·格雷·巴纳德酝酿着一个想法，要给我塑造一座舞蹈的雕像，命名为“舞动的美国”。沃尔特·惠特曼曾说：“我听见美国在歌唱。”在10月的一个晴朗的日子里，在纽约秋天独有的那种天气里，我和巴纳德走出他位于华盛顿高地上的工作室，站在山丘上，俯瞰大地。我张开双臂说道：“我看见美国在跳舞。”这就是巴纳德构思这座雕像的灵感所在。

我每个早上都会带着午餐去他的工作室。我们促膝长谈，聊着为美国注入艺术气息的新构思。

我记得，他的工作室里有一座年轻女孩的迷人半身像。他告诉我，女孩的名字叫伊夫林·奈斯比特，给他做模特的时候，还没遇到哈利·克·梭，十分单纯。她的美貌迷住了所有艺术家。

这些在工作室里进行的谈话，这些由美激发出来的共同狂热，自然对我们产生了影响。从我的角度而言，我心甘情愿把自

---

① 伊·埃·罗宾逊（1869 — 1935）：美国诗人，曾三次获普利策诗歌奖。

② 里奇利·托伦斯（1875 — 1950）：美国诗人、剧作家。

③ 威廉·沃恩·穆迪（1869 — 1910）：美国诗人、剧作家。

己的身体和灵魂奉献出来， 激发他创作《舞动的美国》这座伟大雕像的灵感。不过，巴纳德是那种谨守美德操行的人。我年轻的、浪漫的幻想，根本无法动摇他的宗教虔诚。他似乎比那些大理石雕像更冷酷、更严肃。我是短暂的，而他是永恒的。那么，我渴望他以天才之手将我塑造、让我不朽，又有什么好奇怪的呢！我身体里的每一个元素都愿意成为被他那双雕刻家之手抚弄的塑泥。

啊，乔治·格雷·巴纳德，我们都会老去，我们都将离世，但是我们共处的这些美好时光将会永存不朽。我是舞蹈家，你是魔术师，你原本可以在我的舞蹈里捕捉到流动的瞬间——你有神奇的力量，能将一闪而过的雷电定格在永恒的艺术作品里。啊，哪里是我的杰作——我的《舞动的美国》？我抬起头颅，目光与“人类的悲悯”的凝视相接，这是巴纳德献给美国的亚伯拉罕·林肯的大雕像——浓密的眉毛、满脸的皱纹、悲悯的道德情操和巨大的献身精神令他流淌出滚滚热泪，滑过凹凸不平的皮肤。渺小而卑微的我，在这个拥有非凡的信念和美德的典范面前翩然起舞。

但我绝对不是莎乐美[①]，我不想要任何人的首级。我不是嗜血者，而是灵感激发者。如果你不愿意给我“你的双唇，约翰尼斯”，还有你的爱，那么我会以“年轻的美国”充满智慧的优雅

① 莎乐美：《圣经》中，希律王喜爱其舞蹈而允其要求，把施洗者约翰斩首并将首级赐给她。

来祝福你，愿你在追求德行的道路上一帆风顺。祝你顺利，但并不是与你永别，因为你的友谊是我生命中最美好、最神圣的一部分。因此，西方的方式或许比东方的方式来得更为合理。“我要你的双唇——约翰尼斯——你的双唇”，而不是摆在大盘上的首级；只有嗜血者才会这么做，灵感激发者绝不会如此。“接受我吧！”——“唉，你不愿意？那么再见吧，但是请记住我，也许你会在回忆我的过程中创造出伟大的作品。”

《舞动的美国》的雕像，有一个美好的开端，可惜啊，没有完成。开工后不久，巴纳德的妻子突然身体抱恙，雕塑工作只好就此搁浅。我原本希望自己能够激发他创造出代表作品，但最终起到这个作用的却是亚伯拉罕·林肯。如今，他创作的林肯雕像矗立在辛辛纳迪里特公园肃穆的花园中。

查尔斯·福罗曼发现留在百老汇演出是糟糕透顶的决定后，便试着让我去一些小城镇做巡回演出，但是演出安排仍然有问题，甚至比纽约的演出更为失败。最后我失去了耐心，找到查尔斯·福罗曼本人。他看起来一副失魂落魄的样子，惦念着自己赔进了大笔金钱。“美国人不懂得欣赏你的艺术，”他说，“你的艺术超出了他们的理解水平，他们永远无法理解你。你最好还是回欧洲吧。”

我与福罗曼签的合约中，规定巡回演出为期六个月，不论成败，他都需要支付我演出酬劳。然而，我觉得自尊心受到了伤害，也不满于他半途而废，于是当着他的面将合约撕毁了。我说：“不管怎么样，你都不必对我背负责任了。”

乔治·巴纳德一再告诉我，他以我为荣，以我是美国同胞为荣，如果美国人无法欣赏我的艺术的话，他会深感悲哀。在他的劝说下，我决定继续留在纽约。我在艺术人楼租了一间工作室，用我的蓝幕布和地毯装饰房间，创作新的作品，每天晚上都为诗人和艺术家们跳舞。

1908 年 11 月 15 日，星期日版的《太阳报》刊登了一篇文章，描述了我在某个晚上跳舞的情形：

> 她（伊莎多拉·邓肯）的下身包裹着一条美丽的中国绣花布。她的黑色短发松散地盘在颈背上，前面的头发像圣母那样简单地分开，贴在脸颊的两侧……挺直的鼻子，蓝灰色的眼睛。很多关于她的文章都指出，她亭亭玉立，体态优美——这是艺术带给人的视觉冲击，实际上她只有五点六英尺高，一百二十五磅重。
>
> 琥珀色的边灯点亮了，天花板中央的那盏圆形灯散发出柔和的黄色光线，营造出极好的色彩效果。邓肯小姐为不协调的钢琴音乐致歉。
>
> “这种舞蹈不应该配上音乐，”她说，“除非是潘神从河畔砍下芦苇制成芦笛，或者是竖笛、牧笛之类的乐器，然后吹奏出的那种音乐。其他艺术形式——绘画、雕塑、

音乐、诗歌——已经将舞蹈艺术远远地抛在后面了。舞蹈是一门落后的艺术，想要将这门艺术与音乐这样遥遥领先的艺术结合在一起，是一件困难的事情，往往无法协调。我毕生的奋斗目标，就是振兴这门暂时落后的艺术。”

她开始讲话的时候，站在后排的诗人们旁边；等到她说完话的时候，已经站到了房间的另一头。你不知道她如何走到了那里。这令人想起她的朋友爱伦·特里的作风来，她也是那种来去自如、不受空间限制的人。

她不再是一个愁容满面、身心疲惫的女人了，而是一个异教徒的精灵，从一块大理石的裂缝中舞动出来，仿佛是世界上最轻而易举的事情。她也许是加拉提亚[①]，因为加拉提亚刚刚得到生命的时候，就是舞动着的。她是披着秀发的达芙妮[②]，在德尔斐的森林[③]中试图逃离阿波罗的拥抱。邓肯的秀发垂落下来，正好让你想到了这则传说。

这些年来，难怪她已经厌倦了站在那块古希腊大理石雕上，娱乐那些拿着长柄望远镜的英国人，以及承受他们不太认可的注视。伴随着她的舞步，一系列塔纳格拉的小

① 加拉提亚：希腊神话中的一位少女，起初是皮格马利翁雕刻的塑像，后来在雕刻家的请求下，阿佛洛狄忒给予了她生命。

②达芙妮：希腊神话里的女神，为躲避阿波罗的追逐而变成了月桂树。

③ 德尔斐的森林：希腊神话里的地名，阿波罗神殿所在地。

雕像，一整排帕特农神庙的檐壁雕饰，古瓮和石碑上凝聚的痛苦，酒神女祭司的放任不羁，全都浮现在你眼前。你似乎只是看着她，却看到了人类在纯真时代的全部天性。

邓肯小姐表示，她一生的努力都是回归过去，发掘迷失在历史长河中的纯朴率真。

“在我们习惯称为异教的远古时代里，每一种情感都有相应的肢体动作，”她说，“灵魂、身体和思想相互协调，配合完美。看看那些希腊男女的雕像吧，他们仿佛是受了雕塑家的引诱才被捕捉和禁锢住，而不是机械地从大理石里砍凿出来——你几乎可以从他们张开的嘴里猜到他们将要诉说的内容，即使闭着嘴巴也无妨，因为你同样有所感悟。”

她稍作停顿，随即又变成了一个舞动的精灵，一个琥珀色小雕像，或端起酒杯给你，或在雅典娜的神殿前撒玫瑰花瓣，或在爱琴海的波涛里畅游；诗人们站在一旁观看，先知们略有深意地轻抚胡须，其中一人轻声吟诵着约翰·济慈[①]的《希腊古瓮颂》中的诗句：

这些人是谁呵，都去赶祭祀？

---

① 约翰·济慈（1795 — 1821）：英国浪漫主义诗人。代表作有《夜莺颂》等。

……

美即是真，真即是美——这就包括

你们所知道，以及该知道的一切。

一位艺术杂志的编辑（玛丽·范顿·罗伯茨）兴奋地说，在她看来，邓肯小姐说过的话最能总结她自己的工作：

“伊莎多拉·邓肯跳舞的时候，引领着观众们的灵魂穿越那片遥远而深邃的时间隧道，回到世界的凌晨时刻。在那里，伟大的心灵可以在美丽的身体里自由地呈现，动作的节律与声音的节拍完美地契合，人体的运动与风、海

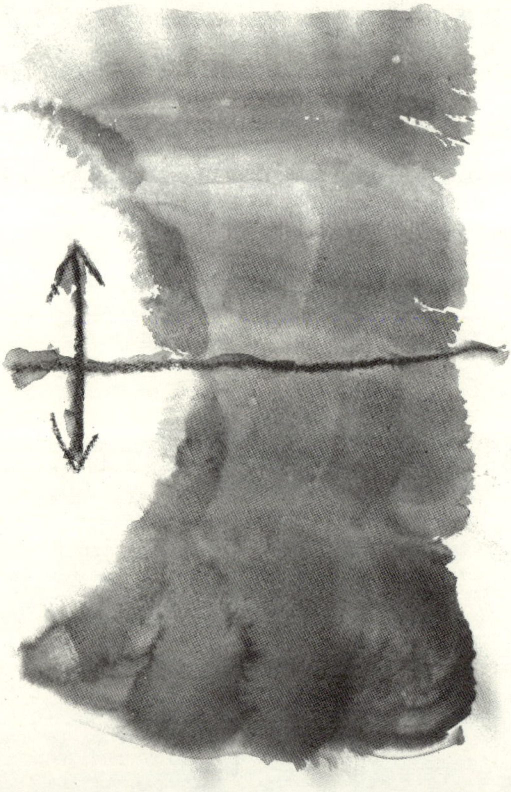

> 的流动相配合，女人手臂的姿态如同绽放的玫瑰花瓣，她的双足踏上泥土，宛若一片树叶飘落在大地之上。在那里，所有因宗教、爱情和爱国激发的狂热，所有牺牲和激情的感受，都会以塞西拉琴、竖琴或者铃鼓的拍子表现出来。在那里，男人们和女人们带着宗教狂喜，在自家的火炉前或者在神祇的雕像前跳舞；他们体悟到生命的喜悦，到森林中或者大海边跳舞。人类灵魂的强有力的搏动，由精神向身体传导，与宇宙的韵律合而为一。”

乔治·格雷·巴纳德劝我留在美国，我很庆幸自己听从了他的建议。一天，一个男人出现在我的工作室，正是后来帮助我获得美国观众喜爱的人。他叫瓦尔特·达姆罗施，曾在标准剧院看过我诠释贝多芬的《第七交响曲》。当时给我配乐的小乐团实在是水平欠佳；他敏锐地意识到这一点，并且认为如果借助他优秀的乐团和出色的指挥，我的舞蹈将会有完全不同的面貌。

我小时候学过钢琴，也接触过交响乐作曲的技巧，这些东西一直保留在我的潜意识里。每当我静静地躺下，闭上双眼，我就仿佛听到了整个交响乐团的演奏，如此清晰，宛若它们就在我的面前；我似乎还看见，每一件乐器前都有一个神祇般的人物在酣畅淋漓地弹奏。这支乐团的影子，时常在我内心的幻景里萦绕。

达姆罗施建议我 12 月份在大都会剧院举办系列演出，我欣然同意了。

演出的结果正如他所预料的那样。第一场演出的时候，查尔斯·福罗曼本来想订个包厢，却惊讶地发现全部座位都已经预订出去了。这次经验表明，无论多么伟大的艺术家，如果没有搭配合适的场景，再好的艺术也会被埋没。埃莉诺拉·杜丝第一次来美国巡演的时候，也发生过类似的事情。当时，由于组织工作没有得到妥善安排，她几乎是面对着空荡荡的剧场表演，因而萌生了不好的想法，觉得美国人永远也不会欣赏她。后来，当她于 1924 年重返美国的时候，从纽约到旧金山都受到人们的热烈欢迎，因为这一次她得到了独具艺术慧眼的莫里斯·盖斯特的欣赏和协助。

一支由伟大的瓦尔特·达姆罗施担任指挥的八十人交响乐团伴随着我巡回演出，这令我感到非常荣幸。这次巡演空前成功，所有乐团成员对我和指挥者都由衷地拥戴。的确，我觉得我和瓦尔特·达姆罗施心有灵犀，每当我站到舞台中央，身体里的每一根神经都仿佛跟乐团以及指挥者联结在一起了。

我该如何形容自己跟这个乐团合作时的喜悦心情呢？乐团就在我的面前——瓦尔特·达姆罗施举起指挥棒——我看着它，当它开始舞动的时候，所有乐器齐声奏出的交响乐旋律便在我的内心沸腾起来。强大的乐声回响在我的全身，我变成了一种媒介，以与之匹配的方式浓缩地表现由齐格弗里德[①]唤醒的布琳希德的欢乐，或者是试图通过死亡寻找出路的伊索尔特[②]的灵魂。宽广、浩大，我的舞蹈动作就像风中之帆那样饱满，带着我向前——继续向前、向上，我觉得有一股强大的力量在我体内，音乐响起，这股力量随之四处流动，想要找到一个出口释放情感。有时候，这股力量变得十分狂热；有时候，它会发狂，激烈地摇晃着我，直到我的心几乎因为它的撕扯而爆裂，我甚至以为自己就这样离开人世了。另一些时候，这股力量变得愁云密布，我会感到一种痛苦突然向我袭来，我将双臂伸向天穹，乞求上苍怜惜，却一无所获。我常常暗自思量，大家把我称为舞者，简直是一大错误——我其实是传导交响乐团的音乐情感的磁心。我的灵魂散射出灼热的光线，把我跟颤动着、摇摆着的乐团联结在一起。

乐团里有一位笛手，把《俄耳甫斯》中的独奏曲《快乐的灵魂》演奏得如梦如幻。他的演绎，小提琴的倾诉，整个乐团在伟大的指挥家的指引下所奏出的乐声，常常令我处于狂喜之中，我时而停下舞步，就那么伫立在舞台上，任由泪水夺眶而出。

巴伐利亚的路易斯习惯了独坐， 聆听拜罗伊特交响乐团演

---

① 齐格弗里德：《尼伯龙根之歌》以及其他中世纪日耳曼民族史诗中的英雄武士，其故事从本质上来说同北欧神话中的原型西格德。

② 伊索尔特：亚瑟王传说中的一位爱尔兰公主，她嫁给了康沃尔国王，却和他的侄子骑士特里斯坦发生了恋情。

奏。可是啊，如果他随着达姆罗施的乐团起舞的话，他肯定能获得更大的快乐。

我和达姆罗施之间有很好的默契，他每做出一个手势，我都能立即有所回应。当他指挥渐强乐段的时候，我体内的生命力也随着舞蹈动作逐渐攀升、四溢——每一个音符都化为与之匹配的律动，我的身心与他配合得天衣无缝。

有时候，我从舞台上往下看，只见达姆罗施的大脑门都要贴上乐谱了。那个当口，我觉得自己的舞蹈就像是雅典娜的诞生，全副武装地从宙斯的脑袋里蹦出来。

这次的美国巡演，很有可能是我人生中最为快乐的时期。只是，我不可避免地想念家人了。在演出《第七交响曲》的时候，我又出现了幻觉，似乎看到我的学生们业已长大成人，可以与我同台演出，一起诠释这段乐章。从这个角度而言，这一次的经历还不是完全的快乐，只不过我从中看到了未来的希望，看到了潜在的更大的快乐。或许，生命中并不存在所谓的“完整的快乐”，仅仅是希望而已。伊索尔特所唱的情歌，最后一个音符似乎是完整的，同时却也意味着死亡的到来。

我的演出在华盛顿遭遇了一场大风暴。一些牧师以激烈的言词反对我的舞蹈。

后来，突然之间，一件令大家始料未及的事情发生了。那天，有一个人出现在舞台侧面的包厢里，他正是罗斯福总统本人。他似乎看得津津有味，每段表演结束后都会带头鼓掌。随后，他在写给朋友的信中如此说道：

> 那些牧师们怎么会觉得伊莎多拉的舞蹈有害呢？对我而言，她就像纯真的孩子，在晨曦微露的花园里舞动，采撷她梦幻中的娇美花朵。

罗斯福的这番话在各大报纸刊登后，令牧师们困窘不已，也为我的巡演带来了极大的便利。实际上，这次巡回演出的整个过程都很开心，也很顺利。再也没有比瓦尔特·达姆罗施更友好的指挥家了，也没有比他更迷人的伙伴了。他是一个真正伟大的艺术家。闲暇时刻，他会享用丰盛的晚餐，然后坐在钢琴前弹奏好几个小时。他精力旺盛，总是那么和善、那么随性、那么愉快。

回到纽约后，我很高兴地接到银行的通知，我的账户上有了一笔可观的收入。要不是归心似箭，迫切地想要见到我的孩子和学校，我可能永远不会离开美国。但是，那天早上，我终究还是在码头上与这一群朋友告别了——玛丽·罗伯茨和比利·罗伯茨，诗人们和艺术家们，踏上回欧洲的旅程。

第二十二章

伊丽莎白带着我的孩子和二十名学生在巴黎迎接我。想象一下我的喜悦吧——我已经六个月没有见到我的宝贝了！她看到我的时候，露出怪异的表情，接着就放声大哭。我自然也跟着哭了起来——再一次揽她入怀的感觉真是太奇妙、太美好了。还有其他孩子们——我的学生们。她们全都长高了。重逢是一件多么棒的事啊，我们就这样跳着、唱着，开心了一整个下午。

伟大的艺术家吕聂·坡[①]负责安排我在巴黎的演出活动。他

① 吕聂·坡（1869 — 1940）：法国演员。

曾把埃莉诺拉·杜丝、苏珊·德普雷和易卜生介绍到巴黎。他意识到我的艺术必须搭配特定的场景，因此为我联系了欢乐歌剧院，请来了由科隆[①]担任指挥的科隆交响乐团。这样的组合使我的演出轰动了巴黎全城。亨利·拉夫丹[②]、皮埃尔·米勒[③]和亨利·德·雷尼埃[④]等诗人写到我的时候，充满了热情洋溢的赞美之词。

巴黎向我展露了笑颜。

艺术界和知识界的精英们涌向我的每一场演出。我似乎距离我的梦想只有咫尺之遥，我梦寐以求的学校看起来已是触手可及。

我在丹东大街五号租了两套大公寓。我住在一楼，学校里的孩子们和管理员们住在二楼。

一天，就在日场演出开始之前，我遭遇了一件可怕的事情。我的孩子突然毫无征兆地噎住，大咳起来。我担心她得了可怕的小儿哮喘症，于是坐上出租车，跑遍巴黎的大街小巷，希望找到一个内行的医生。最后，我找到了一个著名的儿科专家，他好心地跟我前往家中，很快就诊断出那只是咳嗽而已，并无大碍。我

---

① 科隆（1838 — 1910）：法国指挥家、小提琴家。

② 亨利·拉夫丹（1859 — 1940）：法国剧作家、诗人。

③ 皮埃尔·米勒（1864 — 1941）：法国作家。

④ 亨利·德·雷尼埃（1864 — 1936）：法国后期象征主义诗人。

终于如释重负了。

我回到剧场时，已经迟到了半个小时。科隆在我未到期间，一直指挥着乐团演奏。整个下午我都心有余悸，在跳舞的过程中不由自主地颤抖。我对自己的宝贝有着本能的爱，如果她出什么意外的话，我也不愿意苟活人间了。

母爱是一种多么强烈、多么自私、多么炽热的情感啊！这种爱虽然值得称颂，但绝对比不上那种对所有孩子的关爱。

迪尔德丽现在已经活蹦乱跳了。她特别可爱，完全是一个小一号的爱伦·特里。我之所以这么认为，当然是因为我想念着爱伦，崇拜着爱伦。我常常想，等到人类文明足够发达的时候，所有母亲临产前都应该前往一个安全的地方居住，四周布满雕像、绘画和音乐。

这个季节最盛大的活动是布里松舞会，巴黎所有的艺术家和文学家都受到了邀请。每个人都扮成不同作品里的角色前去参加舞会。我打扮成欧里庇得斯笔下的酒神女祭司，而穆内·苏利穿着希腊式的长袍，大概是狄俄尼索斯的化身吧。我整个晚上都与他共舞——或者说我围着他跳，因为伟大的穆内厌恶现代舞步。因为这件事，后来流言蜚语四起，说我们的行为举止很不检点。可是哦，我们真的很无辜，我只不过是给了这个伟大的艺术家几个小时的娱乐而已，而他当然值得我这么做。我的美国式天真，居然一夜之间震惊了整个巴黎，真是令我百思不得其解！

通灵术的最新发现证明，脑电波可以经由与它们相契合的空气通道发散出去，抵达目的地。有时候，脑电波的主人压根没有意识到这个传送过程。

我在一条注定要山穷水尽的道路上行走。单凭个人之力，我根本承担不了一个日益壮大的学校的所有开销。我用自己挣来的钱收养、照顾和教育了四十个孩子，一半在德国，一半在巴黎。此外，我也在帮助其他人。一天，我以开玩笑的口吻对姐姐伊丽莎白说："不能再这样下去了！我的银行账户已经严重透支。如果还想将学校开办下去，我们就必须找一个百万富翁。"

这个想法一经说出，立刻迷住了我。

"我必须找一个百万富翁！"那天，我把这句话重复了不下百次，第一次是开玩笑，到了最后，按照库埃[①]的说法，就变成了一种渴望。

一个上午，我在欢乐歌剧院的演出尤为顺利。演出结束后，我穿着晨衣坐在化妆镜前。我记得，那天为了准备下午的演出，我的头发缠着卷纸，罩着一顶蕾丝小帽。我的女仆走过来，递给我一张名片，上面写着一个众人皆知的名字，我的大脑立刻活跃起来："我的百万富翁来啦！"

---

① 库埃（1857 — 1926）：法国心理学家、药剂师，创建了催眠学院，被尊称为"自我暗示之父"。

“请他进来！”

他进来了，身材高大，一头卷曲的金发，留着胡子。我的第一反应是：罗英格林[①]。我的骑士是谁呢？[②]他的嗓音很有磁性，带有一丝怯意。“他不过是一把胡子掩饰下的大男孩而已。”我暗忖。

他说：“你不认识我，但是我常常为你那美妙的舞蹈艺术喝彩。”

我的内心突然涌起一股奇特的感觉。我见过这个男人。在哪里呢？似乎在梦里，或者更确切地说，在波利涅王子的葬礼上。我，一个年轻的姑娘，伤心地哭着，初次参加法式葬礼，有点茫然；死者的亲属在教堂侧面的过道上站了长长一列。有人推了我一把，让我往前走。他们低声说道：“应该握手！”[③]亲爱的朋友离开了人世，我的悲痛不言而喻。我走上前，伸出手，与亲属们一一握手。我的目光突然与其中一个人撞上了，就是如今站在我面前的这个高大的男人。

我们的第一次相遇竟然是在教堂的棺木前，这绝不是一件值得庆幸的事！尽管如此，我从我们再一次相遇的那一刻起就意识到，他就是我的百万富翁。我的脑电波发散了出去，找到了这个

① 罗英格林：德国神话中的圣杯骑士。

② 此句原文为德语。

③ 此句原文为法语。

人。无论结局如何，这都是命中注定。

“我欣赏你的艺术，欣赏你为实现自己的办学理念而付出的努力和勇气。我来帮助你。我能做点什么呢？你是否愿意带着这些跳舞的孩子们去里维埃拉海边的小别墅，在那里创作新的作品？你无需担心费用。我会承担一切。你已经做了很多事情；你肯定是累坏了。现在由我来帮助你吧。”

一周之内，我就带着所有孩子坐到头等车厢里，朝着大海和阳光奔去。罗英格林在车站迎接我们。他穿着一身白衣，神采飞扬。他把我们带到海边的一幢漂亮别墅，在露台上，他把自己的那艘挂着白帆的游艇指给我们看。

“我叫她艾丽西娅小姐，”他说，“不过从现在开始，我们该叫她艾丽丝[①]了。”

孩子们穿着淡蓝色的束腰短裙，手捧着鲜花和水果，在橘子树下翩然起舞。罗英格林十分亲切、慷慨，希望每一个孩子都过得快活。我一直对他怀有感激之情，在看到他对孩子们所做的一切之后，我的内心又升腾起一种信任。随着越来越多地接触到他的魅力，我对他的感觉也在不断深化，很快就演变成更为强烈的情感了。然而，我在那时还只是将他视为我的骑士，一个几乎是以精神方式去远观、去崇拜的对象。

---

① 艾丽丝：希腊神话中的彩虹女神，她是诸神的信使。

我和孩子们住在博利厄的一幢别墅里，罗英格林则住在尼斯的一家时髦酒店里。他时常邀请我共餐。我记得自己穿着简朴的希腊式束腰短裙前去赴约，却尴尬地发现他那里有一个女人，身穿款式新颖、色彩鲜艳的礼服，戴满了钻石和珍珠。我当下就意识到，她是我的对手。她让我心生恐惧，这种感觉后来得到了证实。

罗英格林一向热情好客。一天晚上，他在卡西诺举办了盛大的狂欢舞会，邀请了很多朋友。他给每一位来客准备了一套用柔顺的绸缎制作的小丑服。这是我平生第一次穿小丑服，也是我第一次参加大型的化装舞会。这是一场充满欢声笑语的盛宴。对我来说，只有一件事像阴云般笼罩在我的心头，那就是钻石女郎也得到了一套小丑服——她来到了舞会现场。当我的目光触及到她，心里顿时翻江倒海般地难受。但是后来，我居然跟她疯狂地跳起舞来——爱恨交缠——直到管家上前拍拍我们的肩膀，告诉我们应该适可而止，我们才停下来。

正当大家都沉浸在欢声笑语中的时候，突然有人打电话给我。博利厄别墅里的人通知我，学校里的一个名叫埃里卡的孩子忽然得了小儿哮喘症——情况很危急——可能活不成了。我赶忙放下电话，奔向正在招待客人用餐的罗英格林，叫他立刻来听电话。我们必须打电话叫医生。就在那里，在电话亭旁边，我们一起为那个心爱的孩子担惊受怕，我们之间的防线陡然崩塌，我们的双唇第一次亲密地贴合上了。但是时间不等人， 我们并没有沉溺其中。罗英格林的汽车停在门口，我们就那样穿着小丑服坐上了汽车，直接去找医生，然后带他赶往博利厄。小埃里卡呼吸困难，脸色发黑。医生忙活起来了，我们这两个惊慌失措的“小丑”则守候在床边，等待诊断结果。两个小时以后，晨曦已经刺穿了玻璃窗，医生宣布孩子得救了。我们的泪水沿着脸颊流淌，弄花了妆容。罗英格林伸出双臂抱住我：“坚强点，亲爱的！我们回去招待客人吧。”坐在回去的汽车上，他全程搂着我，喃喃地说着：“最亲爱的，哪怕只有这一晚、这一次经历，我也会爱你直到永远。”

在卡西诺，时间过得飞快，大部分人都没有注意到我们的中途离场。

然而，有一个人算计着我们离开后的每一分、每一秒。可怜的钻石女郎用充满嫉恨的眼神望向我们离开的背影；我们一回来，她就抓起桌上的一把刀子，刺向罗英格林。幸好罗英格林及时识破了她的意图，握住她的手腕，将她反转过来，高高地举过头顶。他以这样的姿势将她带进女盥洗室，就仿佛整个事件只是一场玩笑，一场预先安排好的狂欢活动。罗英格林在那里把她交给了侍者，轻描淡写地说，她的状态有点疯狂，需要来一杯水回过神！交代完毕后，他从容不迫地回到舞厅，好心情没有受到丝毫影响。的确，在此之后，舞会的欢乐气氛不断上涌，到了凌晨五点，大家都兴奋到了极点。我当时正跟马克斯·迪尔利跳着阿帕切探戈，宣泄当晚所有的疯狂与矛盾情绪。

晚会在日出时散场，钻石女郎独自返回酒店，罗英格林留在了我的身边。他对孩子们的仁慈慷慨，以及他在小埃里卡患病时所表现出的由衷的焦虑和痛苦——这一切已经赢得了我的爱。

第二天早上，他提议我们乘坐新命名的游艇远行。我们带上了我的小宝贝，把学校托付给其他老师们，驶向意大利。

*

所有的财富都伴随着诅咒，有钱人不可能一天二十四小时都快乐。

如果我知道眼前的这个男人是一个被宠坏了的孩子，我的每一句话和每一个行为都应该小心翼翼地取悦他，那么我们的关系也许会顺顺利利。但是，我当时太年轻、太天真了，我不可能懂得这些。我毫无顾忌地说着话，跟他谈我的人生观，谈柏拉图的《理想国》，谈马克思，谈世界变革，压根没意识到这些话会带来怎样的后果。这个宣称爱慕我的勇气和心胸的男人越来越惊慌地发现，他将一个激进的革命者带上了游艇。他渐渐明白，我的理想与他的平和格格不入。某个晚上，他问我最喜欢哪首诗歌。如此简单的问题，却将我们的矛盾彻底激化。我当时兴高采烈地拿出最喜欢的枕边书，为他朗诵沃尔特·惠特曼的名篇《大路之歌》。我正在兴头上，完全没有意识到这种行为的后果。当我终于抬头望向他的时候，惊讶地发现他那张俊美的脸庞因愤怒而扭曲。

“一派胡言！”他大声嚷道，“那个写诗的家伙根本养活不了自己！”

“你难道看不出他描绘了自由美国的绚烂图景吗？”我哽咽着说。

“该死的图景！”

刹那间，我意识到美国对他来说，只不过是几十间可以为他创造财富的工厂。可是啊，女人就是这般反复无常，在一次又一次类似的争吵之后，我总是重新投入他的怀抱，陶醉于他狂烈的爱抚，遗忘了发生过的一切。我甚至劝慰自己，他很快就会睁开眼睛看清楚世界，然后全力协助我创办伟大的学校，培养人民大众的孩子。

与此同时，气派的游艇继续在地中海的碧涛中扬帆航行。

这一切历历在目，仿佛就发生在昨天：午餐时分，游艇宽阔的甲板上立着餐桌，上面摆着银制餐具和水晶器皿，身穿白色袍子的迪尔德丽活蹦乱跳。我自然是沉浸在爱河中，身心愉快。然而，烧炉工人正在轮机舱里辛苦劳作，五十名水手在游艇上随时待命，一个船长和一个大副也在忙前忙后——仅仅为了满足我们两个人的欢愉，就要耗费如此庞大的人力和物力，这让人很不安。这样的日子在一天天地流逝，每过完一天，也就意味着旅程剩下的日子在减少，我下意识地又感到不舍了。有时候，我会不合时宜地将眼前奢侈安逸的生活、应接不暇的宴饮以及自我放纵的享乐，与年轻时的艰苦奋斗进行比较。一想到我的身心渐渐从黎明时的晨晖转变为正午时的强光，我就心有所动。我的罗英格林，我的圣杯骑士，你应该过来，和我一起分享这伟大的思想！

我们在庞贝逗留了一天。罗英格林冒出一个很浪漫的想法，要我在月光下的柏埃斯图姆神庙里跳舞。他不费吹灰之力就联系到了一支那不勒斯的小乐队，安排他们到神庙等候我们。不巧的是，一场夏季风暴突然来袭，下起了瓢泼大雨，连续两天游艇都无法离开港口。当我们终于来到柏埃斯图姆神庙的时候，只见乐队成员们浑身湿透地坐在神庙的台阶上，场面非常凄凉。唉，他们足足等了二十四小时啊！

罗英格林订了几十瓶酒，又叫了一只烤全羊，我们像阿拉伯人那样用手撕下肉块，直接塞进嘴里吃。乐队成员们因为长久的等待而又饥又累，这会儿大口地吃、放情地喝，根本没办法演奏了。紧接着，毛毛细雨弥漫开来，我们于是登上游艇，驶向那不勒斯。乐队做出了大胆的决定，试图在甲板上为我们演奏，但是海浪将游艇冲撞得摇摇晃晃，他们一个接一个地脸色发青，不得不退回船舱里去……

在月光下的柏埃斯图姆神庙里跳舞的浪漫想法就这样夭折了！

罗英格林希望继续在地中海航行，我却因为与俄罗斯的经理人签有合约而准备打道回府。他苦苦哀求我留下，而我几乎很难硬下心肠来拒绝他。不过，最终我还是决定尊重合约。罗英格林把我送回了巴黎。他本想跟我一起去俄罗斯，但又担心护照问题，便打消了念头。他在我的车厢塞满了鲜花，与我依依惜别。

当我们与爱人分别的时候，我们一方面承受着撕心裂肺的痛苦，另一方面又感到某种程度的解脱，真是怪异。

这一次的俄罗斯巡演和往常一样成功，但是中间发生了一件事，差点酿成一场悲剧，不过幸好结果还是令人愉悦的。一天下午，克雷格前来看望我。有那么一会儿功夫，我几乎认定什么都不重要了——学校不重要，罗英格林不重要，一切都不重要——除了与他重逢带来的欢乐。可是，我性格中最为突出的特点就是忠诚。

克雷格心情很好，当时正在斯坦尼斯拉夫斯基艺术剧院制作《哈姆雷特》的布景。剧团里所有女演员都迷恋他，男演员则为他的俊美、友善和惊人的活力而倾倒。他可以就戏剧艺术这个话题跟他们谈上几个小时，他们则聚精会神地聆听他的幻想和梦想。

我看到他的时候，曾经令我神魂颠倒的那种迷人魅力再一次将我俘获。如果不是因为我随身带着一位美丽的秘书，事情或许就不会是后来那副模样了。在即将前往基辅的最后一个晚上，我邀请斯坦尼斯拉夫斯基、克雷格和我的秘书共进晚餐。用餐中途，克雷格问我是否打算回到他的身边。见我不置可否，他又像从前那样大发脾气，同时把我的秘书从座位上举了起来，将她抱到另一个房间，反锁上门。斯坦尼斯拉夫斯基震惊不已，费尽心机地劝他开门。我们的劝说一点儿都没奏效。时间很紧迫，我们只得扔下他们赶往火车站。可惜的是，火车早在十分钟前就开走了。

我随斯坦尼斯拉夫斯基回到他的公寓。我们有一搭没一搭地谈论现代艺术，尽量避免谈及克雷格。显然，克雷格的所作所为已经令斯坦尼斯拉夫斯基极为惊讶和难过了。

第二天，我乘火车前往基辅。几天后，脸色苍白、神情恍惚的秘书也来了。我问她是否愿意跟克雷格待在俄罗斯，她断然否定了。于是，我们返回了巴黎，见到了罗英格林。

他在孚日广场有一套阴沉古怪的公寓。他把我带到了那里——在一张路易十四时代的床上，他深情的爱抚几乎令我窒息，我第一次体会到神经和感官能够被调动到如此极致的境界。我的生命似乎进入到了一个全新的快活领域，那是我从未有过的体验。

他就像宙斯，具有千变万化的能力。他的爱，一会儿是一头公牛，带着我穿过惊涛骇浪；一会儿成了一只天鹅，用白色的羽翼温柔地将我触摸；一会儿化为一场金雨，在那朵金云中将我引诱和宠幸。

渐渐地，我知道了巴黎城里所有名副其实的好餐馆。罗英格林在这些餐馆里极受礼遇，仿佛国王驾到般。主厨和其他厨子们争相讨好他——这也难怪，他出手大方，很有贵族气派。我第一次了解到母鸡和普通鸡的区别，食米鸟、块菌和蘑菇的不同价值。实际上，我的舌头和上颚部位沉睡已久的神经苏醒了，能够品尝各种各样的葡萄酒，知道区分哪个年份、哪个地方酿制的葡萄酒最为香醇、最为可口。此外，很多过去忽略的东西也向我打开了大门。

我头一次光顾时髦的裁缝店，沉浸在面料、色彩和款式带来的致命诱惑中——当然，还有琳琅满目的帽子。一直以来，我都是身穿白色的束腰短裙，冬天是羊毛面料，夏天是亚麻面料；而现在，我抵挡不住诱惑，开始订做、穿起华美礼服了。我这么做，有一个理由。我光顾的这位裁缝绝非泛泛之辈，而是一位天才——保罗·普瓦雷。他为女人置办行头，就像是在创作艺术品。无论如何，这对我来说都是一次神圣艺术向世俗艺术的转变。

所有这些享受都有其潜在的反作用。有一段时间，我们谈到了一种古怪的疾病——神经衰弱。

我记得，在一个美好的早上，我和罗英格林漫步在布洛涅树林。我看到他的脸上露出恍惚、悲哀的神色（我见了就害怕），于是就问他怎么了。他回答说：

“我总是想起母亲躺在棺木里的那张脸；无论走到哪里，我都会看到她那张死去的脸。活着有什么意义呢？一切都会结束，如尘归大地。”

我明白了，财富和奢侈并不能带来满足！富人们想要正儿八经地干一番事业，就得战胜更多的诱惑，因为港口的游艇无时无刻不在召唤着他们到蔚蓝色的海洋里畅行。

第二十三章

那年夏天，我们从布列塔尼半岛出发，任由游艇载着我们在宽广的海域飘荡。很多情况下，我因为实在受不了游艇的颠簸，就上了岸，坐汽车沿海岸一路跟随着游艇。罗英格林显然也不太适应，脸色变得极为难看，但他就是不肯下船。富人们就是喜欢这一套！

9月，我带着孩子和保姆去了威尼斯。我跟她们单独相处了几个星期。一天，我走进圣马可大教堂，独自坐在那里，抬头望向金蓝两色交织的穹顶。突然间，我似乎看见了一张小男孩的脸庞，蓝色的大眼睛，金色的秀发，俨然是一个小天使。

我来到利多海滨浴场，静静地坐下。几天里，小迪尔德丽在沙滩上玩得起劲，我则陷入了沉思。在圣马可大教堂看见的幻象，让我喜也让我忧。我爱过，但我现在对人类所谓的爱有了一定的认识，它其实是反复无常和任意妄为的；如果选择了它，我便不得不在艺术上作出牺牲——我的艺术、我的工作，很有可能遭到致命的打击——想到这儿，我突然强烈地怀念起我的艺术、我的工作、我的学校。与我的艺术梦想相比，人类生活变得无限沉重。

我相信，每个人的人生都有一条精神的线，尽管曲折，却始终向上延展。所有能够依循并巩固这条曲线的东西，都是我们的真正所需，其余的不过是灵魂在前进过程中抖落的碎屑。对于我来说，这样的精神之线就是艺术。我的人生有两大动力——爱情和艺术。爱情常常毁了艺术，而艺术的深切召唤又往往将爱情引向悲剧的深渊。这两者不可调和，只有无休无止的矛盾。

带着如此优柔寡断的抑郁心情，我来到了米兰，与一位事先约在那里的医生朋友碰面，告诉了他我的烦恼。

“为什么，这真荒唐！”他喊道，“你是一个得天独厚的艺术家，千万不要拿自己的艺术道路冒险。你不能这么做。拜托你听听我的建议，别跟人类过不去，他们需要你的艺术。”

我犹豫不决地听着他诉说， 内心仍然处于悬而未决的挣扎状态——时而反对自己的身体再次经历恐怖的变形，因为身体是我的艺术媒介；时而痛苦地听到召唤、看到希望、产生联想，那张天使面孔啊，是我儿子的脸。

我让医生朋友给我一个小时的考虑时间。我还记得那酒店里的卧房——相当暗沉的房间——我突然看见对面墙上挂着一幅画。画面上有一个陌生的女人，身穿 18 世纪的礼服，美丽却冷酷的双眸直勾勾地盯住我的眼睛。我回望她，她的眼睛看起来是在嘲笑我。“无论你做出什么样的决定，”她似乎在说，“结果都一样。看看我的美貌吧，许多年前曾那么光彩夺目。死亡吞噬了一切——所有的东西——为什么你还要历经磨难地把生命带到这个世界，而他又注定要被死亡吞噬？”

她的双眸越来越冷酷狰狞，我的痛苦急剧加深。我伸出双手蒙住眼睛，不敢迎接她的目光。我努力地去思考、做决定。泪水模糊了我的视线。我哀求那双眼睛，它们却无动于衷，依然毫不留情地嘲笑我。生或死，可怜的生命啊，你正处于一张无情的罗网中。

最后，我站起身，对那双眼睛说：“不，你困扰不了我。我相信生命，相信爱情，相信自然法则的神圣。”

那双尖锐的眼睛突然闪出一道光芒，仿佛是一阵阴森恐怖的冷笑。这是我的幻觉，还是确有其事？

医生朋友回来后，我说出了内心的想法。既然我已经做出了决定，那么便不会有所更改。

我回到威尼斯，把迪尔德丽抱在怀里，轻声告诉她：“你要有一个小弟弟了。”

“噢，”迪尔德丽笑了，高兴地拍着手。“太好了，太好啦！”

“是啊，是啊，这真是太好了。”

我给罗英格林发了一封电报，他十万火急地赶来威尼斯。他看起来欣喜若狂——洋溢着欢乐、爱和温情。那一瞬间，该死的神经衰弱症彻底从他身上消失了。

我跟瓦尔特·达姆罗施签了第二份合约，所以 10 月份要去美国。

罗英格林从未去过美国。他有美国血统，因而对这次的美国之行充满了期待。我们住在船上最大的舱房里，每天晚上都有一份新菜单，过得像王公贵族般。与百万富翁同行，的确会有很多方便之处。我们在公共活动区有一个非常奢华的房间，每个经过的人都会朝我们鞠躬致敬。

我相信美国有一条法律或者习俗规定，两个情人不能一起出游。可怜的高尔基和他那十七岁的小情人被四处追赶，过得狼狈不堪。不过，当一个人十分富有的时候，这种不合时宜的小事便很容易摆平。

这次的美国之行很愉快，很成功，也很顺利，钱财滚滚而来。到了 1 月份的某天，一位神情慌张的女士走进我的包厢，惊呼道：“亲爱的邓肯小姐，坐在前排的人可以清楚地看到你的肚子。你不能这样继续跳下去了。”

我回答说："哦，亲爱的 X 太太，这恰恰是我的舞蹈想要表现的内容——爱——女人——成长——春天。波提切利的绘画作品，就是关于丰饶的地球——怀孕的美惠三女神在跳舞——圣母——西风之神也怀孕了。一切都生机勃勃，都在孕育新生命。这就是我的舞蹈的意义——"

X 太太听了这番话，仍然困惑不已。不过，我们最终还是决定取消巡回演出，返回欧洲。我的肚子确实是越来越明显了。

奥古斯丁和他的小女儿要跟我们一起回欧洲，这令我兴奋不已。他已经与妻子离异，这次旅行应该会减轻他的痛楚。

*

"你想不想整个冬天都坐着邮船沿着尼罗河旅行——离开这片灰暗阴沉的天空，到那阳光灿烂的地方，去参观底比斯、丹德拉以及所有你想去地方？邮船随时可以将我们带到亚历山大港，邮船上已配备了三十名当地水手和一名顶级厨师，许多奢华的舱房——卧房里有浴室——"

"哦，可是我的学校，我的工作——"

"你的姐姐伊丽莎白会把学校打理得很好。至于你，尚且年轻，还有大把的时间工作。"

于是，我们整个冬天的日子都航行在尼罗河上。要不是可恶的神经衰弱症作祟，时不时伸出一只黑手遮住太阳，我们的旅行将会是一场幸福的美梦。它几乎算是一场美梦了。

邮船沿着尼罗河缓缓前行，灵魂则穿越历史的迷雾，回溯到一千年——两千年——五千年前，站到永恒之门前。

我正孕育着新生命，沉浸在旅行带给我的安逸与美妙之中。悠久的神庙传颂着古埃及帝王的丰功伟绩，广袤的黄沙连接着法老陵墓的深邃奥秘。我体内的小生命似乎也隐隐感觉到这是一次通往黑暗与死亡腹地的旅行。一个月色皎洁的夜晚，身处丹德拉神庙的我，仿佛看到了哈索尔女神（埃及的阿佛洛狄忒）那饱经风霜的脸上的眼睛，无比坚定地穿透庙堂的墙壁，直直地望向我那未出生的孩子。

死亡谷充满了神奇色彩。对我来说，那位未能成长为伟大的法老或帝王的小王子的陵墓，尤为奇妙。年纪轻轻就夭折了——虽然历经无数世代的变迁，却仍是一个死去的孩子——他在那里已经躺了六千多年。如果他还活着，那他就是六千多岁的人了！

这次埃及之行给我留下了什么样的印象呢？紫色的日出，深红的日落，金色的沙漠，还有古老的神庙。天气晴朗的日子里，我们徜徉在神庙的庭院里，遥想法老们的生活——当然，也会畅想我们即将出生的孩子。农妇们沿着尼罗河沿岸行走，美丽的头上顶着水瓮，健壮的身体在黑袍下扭动。迪尔德丽小小的身躯在甲板上舞动；她在底比斯古老的街道上走动；她仰起稚嫩的脸庞，望向经岁月洗礼的古代神祇的雕像。

她看见狮身人面像的斯芬克斯时说："哦，妈妈，这个娃娃不是很漂亮，但是真让人难忘啊！"

彼时，她正在学说三个音节的单词。

站在永恒之庙前的小孩子——躺在法老之墓中的小王子——帝王谷，以及穿越沙漠的商队——风儿卷起沙漠的浪涛——去往何处?

埃及的日出大约在凌晨四点，而且光线非常强烈。日出之后，人们基本上就无法入睡了，因为从尼罗河汲水的水车开始运作了，发出连续不断的吱吱声。接着，劳动者纷纷在岸边活动开来：提水、耕地、赶骆驼，这种生活状态一直持续到日落，远远望去，就像一幅动态的壁画。

大邮船缓缓地前行，水手们唱起了号子，古铜色的躯体随着船桨的起落而起落。我们慵懒地观看着这一切、欣赏着这一切。

夜晚十分美妙。我们的船上有一架史坦威钢琴。每天晚上，一位来自英国的才华横溢的年轻艺术家都会为我们弹奏巴赫和贝多芬的音乐。他的演奏庄严恢弘，与埃及空旷的大地和林立的庙宇完美地契合在一起。

几个星期后，我们抵达瓦蒂哈尔法，深入努比亚。尼罗河流经此地的时候，水面变得非常窄，我们几乎触手可及对岸。男人们上岸前往喀土穆了，我和迪尔德丽留在了船上，在这个无忧无虑的国家里度过了我平生最为宁静的两个星期。我们的邮船似乎随着岁月的节律摇摆。对于有经济能力的人来说，乘坐配备精良的邮船沿着尼罗河旅行，简直是这个世界上最好的休闲方式。

在我们的心目中，埃及是一个梦幻国度——可它却是贫苦农人的辛劳国度。即便如此，我仍然觉得这是劳动能够成为美的唯一国度。农人们主要以扁豆熬制的汤和未经发酵的面包为生，他们体格健美而柔韧，无论是在田地里屈身劳作，还是在尼罗河弯腰提水，都仿佛是古铜色肤质的模特摆出了姿势，令雕塑家们灵感喷涌。

*

我们回到了法国，在维夫朗什靠岸。罗英格林在博利厄租了一幢豪华的别墅，以备社交旺季使用。别墅的庭院缓缓地斜向大海。罗英格林一向行事冲动，这次也不例外。他在菲拉海角买下一块地，打算在那里建一座壮观的意大利式城堡。

我们乘坐汽车去游览了阿维农的塔楼和卡尔卡松尼的城墙，作为未来城堡的一个参照。然而，如今矗立在菲拉海角的城堡，正像罗英格林的很多其他设想那样，只是一个半成品。

这段时期，罗英格林处于一种反常的躁动不安中。他不是跑到菲拉海角买地，就是周一坐着特快列车前往巴黎，然后周三就赶回来。我安静地待在紧挨着蔚蓝色大海的花园，思考生命与艺术的奇特差异。我常常心生疑惑，不知道一个女人是否能够成为真正的艺术家，因为艺术是一位严苛的工头，要求手下的工人倾尽所有，而一个恋爱的女人却会把一切奉献给生命。不管怎么说，现在的我，已经是第二次彻底离开自己的艺术了。

5 月的第一个早上，海水碧波荡漾，阳光灿烂如火，鲜花尽情绽放，大自然充满了勃勃生机。我的儿子，诞生了。

跟诺德维克那个愚蠢的乡村医生不同的是，聪明的鲍森医生懂得如何用适当剂量的吗啡来减轻孕妇的痛苦，所以我的第二次生产经历完全不同于第一次。

迪尔德丽来到我的房间，迷人的小脸上洋溢着早熟的母性。

“哦，多么可爱的小男孩啊，妈妈。你不用担心他，我会经常抱着他、护着他。”

她死的时候，苍白而僵硬的小胳膊正牢牢地抱着他。我情不自禁地想起她曾经说过的那番话。人们为什么会膜拜上帝呢？如果上帝真的存在，为什么会对这样的悲剧毫无察觉呢？

生产完毕后，我怀抱着孩子躺在海边的别墅里——上次是在一幢大风呼啸的白色小别墅里，这次是在一幢富丽堂皇的奢华大别墅里；上次是在暗沉的北海边，浪涛汹涌，这次是在蔚蓝的地中海沿岸，风平浪静。

第二十四章

回到巴黎后，罗英格林问我想不想办个庆祝会招待我的朋友们。他让我安排事宜，给我们绝对的自由，这当然是一件令人兴奋的事情。我觉得富人们从来都不知道如何消遣，他们要是开宴会，形式上就跟贫穷的门房请客吃饭差不多。我常常想，一个人如果有足够的财富，肯定能安排一场精彩的庆祝会。我后来就做到了。

受邀的客人们于下午四点来到凡尔赛。在凡尔赛公园里，一顶顶大帐篷早已支起，下面摆放了形形色色的点心，譬如鱼子酱、香槟酒、茶水和糕点。吃过点心后，客人们来到一片空旷的场地，那里也矗立着一顶顶帐篷，科隆交响乐团在皮埃内[①]的指挥下奏起了理查德·瓦格纳的作品。我仍然记得，在那个迷人的夏日午后，阳光穿透绿树的缝隙，投下斑驳的阴影，《齐格弗里德牧歌》听起来是那么美妙动人；而在太阳西沉之际，《齐格弗里德的葬礼进行曲》又是那么恢弘肃穆。

音乐会结束后，丰盛的晚宴开始了，客人们可以尽情享用。晚宴的菜色琳琅满目，一直进行到午夜。随后，地面上亮起了各种灯饰，维也纳乐团献上了乐曲，客人们跳起了舞，一起欢愉到凌晨。

我认为，如果一个富人想要宴请朋友们，就应该做得有声有色。这次由我筹办的庆祝会，巴黎艺术界和精英阶层的所有人都来了，他们由衷地喜欢我的安排。

然而，令人困惑不已的是，罗英格林居然没有出现在庆祝会上。要知道，我所做的一切都是为了取悦他，而且还花掉了他五万法郎（战前的法郎！）。

大概在庆祝会开始前一小时，我收到了一封电报，说他突然中风了，病重得无法前来，我得独自一人招待客人们。

也难怪我认为自己有共产主义的倾向了。我时常觉得，一个富人寻求幸福，就像地狱里的西西弗斯[②]试图将石头推上山顶一

---

① 皮埃内（1863 — 1937）：法国作曲家、管风琴家、指挥家。

② 西西弗斯：希腊神话里的科林斯国王，被罚将一块巨石推上海帶斯的一座小山，而每当接近山顶时，石头又会滚下来。

样，结局只会是一场空。

就在那年夏天，罗英格林冒出了一个念头，希望我们俩结婚。我则清楚地告诉他，我反对婚姻。

“一个艺术家结婚，是多么愚蠢的事情！”我说，“我需要到世界各地巡回演出，你怎么可能将生命中的那么多时光耗费在包厢里观看我演出？”

“结婚后，你就不用巡回演出了。”他回答说。

“那么，我们做什么呢？”

“我们可以住在伦敦的房子里，或者住到乡下的别墅里。”

“然后呢，我们做什么？”

“然后啊，我们可以乘坐游艇。”

“再然后呢，我们做什么？”

罗英格林建议，我们可以尝试着一起生活三个月。

“如果这都不赞成，我真的要惊讶了。”

于是，那年夏天，我们一起去了德文郡。罗英格林在当地有一座漂亮的城堡，依照凡尔赛宫苑和小特里阿依别馆建造，有许多卧房和浴室，也有很多套房，任由我挑选房间住。此外，车库里还有十四辆汽车，港口处停泊着一艘游艇。唯一美中不足的是，天公不作美，总是阴雨绵绵。英国人似乎从来不介意这样的天气。他们早早地起来，享用早餐，包括鸡蛋、培根、火腿、腰子和麦片粥；然后穿上马金托什雨衣，在湿雨的乡下散步，一直到午餐时分才回来；午餐有许多道菜，最后一道是德文郡奶油。

从午餐结束到下午五点这段时间，一般人认为他们忙着写信，但我觉得，他们其实是在睡觉。到了五点，他们走下楼，开始喝茶。下午茶包括各式糕点、面包、黄油、茶水和果酱。之后，他们装模作样地玩起桥牌，一直到该做当天最为重要的事情——梳妆打扮，准备出席晚餐。饭桌上，他们一个个穿着晚礼服，女人们袒胸露背，男人们则衬衣笔挺，就这样享用二十道菜。晚餐结束后，他们开始闲聊，要么是无伤大雅的政治话题，要么对哲学问题浅尝辄止一番。随后，睡觉的时间到了。

你可以想象，我会不会适应这样的生活。浑浑噩噩过了两个星期后，我彻底消沉了。

罗英格林的城堡里有一间漂亮的舞厅，墙上装饰着戈布兰双面挂毯和一幅大卫画的拿破仑加冕图。我记得大卫画过两幅这样的画，一幅收藏在卢浮宫，另一幅就在他位于德文郡的城堡的舞厅里。

罗英格林注意到我日渐消沉了。他说："你何不跳舞——到舞厅里跳？"

我想到了戈布兰双面挂毯和大卫的作品。

"在那些东西面前，在打过蜡上过漆的地板上，我怎么跳呢？我连最简单的舞步都跳不出来。"

"如果这些是困扰你的东西，"他说，"那就派人把你的幕布和地毯取来。”

我于是叫人这么做了。我用幕布遮住挂毯，将地毯铺在地板上。

“可是，我需要一位钢琴家。”

“那就派人请一位钢琴家过来。”罗英格林说。

我于是发了一封电报给科隆，说：“在英国度夏。必须工作。派一位钢琴家来。”

科隆交响乐团里有一位首席小提琴演奏家，长相怪异，一颗硕大的脑袋在丑陋的身躯上左摇右晃。这位首席小提琴演奏家还会弹钢琴，科隆曾把他介绍给我。可是啊，我对他实在是没有好感，只要我看他一眼或者跟他握手，我的内心就会涌起本能的厌恶。我哀求过科隆，拜托他再也不要带那个人来见我。科隆却说他爱慕我。我于是解释，我没办法控制自己对他的厌恶情绪，或者说，我根本无法面对他。一天晚上，科隆病了，不能到欢乐歌剧院为我指挥交响乐团，便让那个人来代替他。我大为恼火地说：“如果他来指挥，我就跳不成舞了。”

那个人走进化妆间来见我，眼里噙着泪水，说：“伊莎多拉，我爱慕你，请容许我为你指挥一次吧。”

我冷漠地看着他：“不！我必须跟你说清楚，我无法忍受你的外表。”

他听了这话，放声大哭。

观众们在等候，吕聂·坡只好游说皮埃内为我指挥。

在一个阴雨绵绵的日子里，我收到了科隆的电报："钢琴家已遣。于某日某时抵达。"

我到车站迎接，惊讶地发现那个X男人正从火车上走下来。

"科隆怎么会派你过来呢？他明明知道我厌恶你、憎恶你。"

"女士，请原谅，尊敬的指挥大人派我过来……"他结结巴巴地说。

当罗英格林得知派来的钢琴家是谁后，说："至少我没有嫉妒的必要了。"

罗英格林一直认为自己患的是中风，而且仍然遭受中风的后遗症的折磨。他的城堡里有一名医生和一位训练有素的护士。他们对我的行为举止做了很多限制。我被安排到别墅另一端的房间，跟罗英格林的房间相隔甚远。我不能因为任何事而烦扰他。他每天都长时间地待在自己的房间里，饮食是米饭、通心粉和水。医生每个小时都会为他量一次血压。有时候，医生让他进入一个从巴黎运过来的类似笼子的装置里坐下，几千伏的电流连接到他身上。他的表情极为痛苦，忍不住说："但愿这对我有好处。"

所有这一切，无疑是雪上加霜，让我的心情更为烦躁，再加上阴雨不断，似乎注定要发生种种不寻常之事。

为了消解烦闷的心情，打发无聊的时间，我开始跟X合作，尽管我讨厌他。每当他为我弹奏的时候，我都会在他周围摆上屏风。我说："你实在是令我太恶心了，我没办法看着你。"

城堡里还暂住着罗英格林的一位老朋友，A 伯爵夫人。

"你怎么可以如此对待这位可怜的钢琴家？"她对我说。一天午饭后，我们照例乘坐封闭式的汽车出去兜风，她坚持要我带上 X。

我尽管不甘不愿，还是邀请了 X。那辆汽车没有折叠式加座，我们只得挤在一排座位上，我坐在中间，伯爵夫人坐在我的右手边，X 坐在我的左手边。天气跟往常一样，下着雨。汽车驶入乡下后不久，我越来越无法忍受跟 X 坐在一起，便敲了敲玻璃窗，示意司机调转车头，往回开。司机点了点头，为了取悦我，故

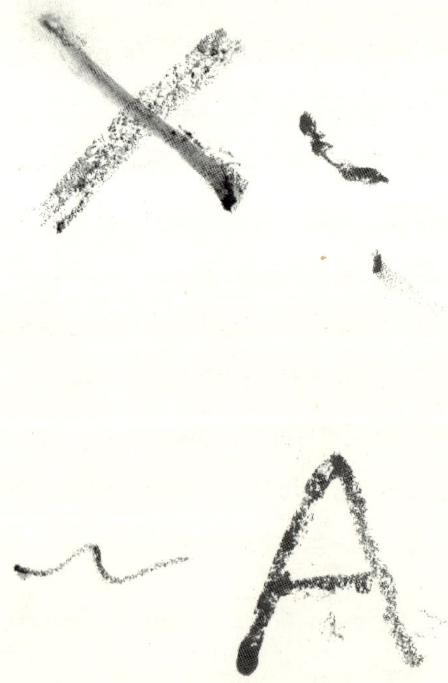

意来了个急转弯。乡间的道路留有很多车辙，车子在转弯的时候，把我抛进了 X 的怀抱。他伸出双臂，抱住了我。我坐直了身子，看向他，突然觉得自己像一堆点着了的干草般燃烧了起来。我从未有过如此强烈的感受。就在看向他的那个瞬间，我惊讶得目瞪口呆。我之前怎么没发觉呢？他的面孔美极了，他的眼睛里藏着一团天才的火焰。我终于发现，他是一个了不起的男人。

回来的路上，我一直盯着他，忘情地盯着他。我们一起穿过城堡的大厅，他牵起我的手，目光迎向我的双眼，温柔地将我带到舞厅的屏风后面。从如此强烈的厌恶中滋生出如此强烈的爱情，这究竟是怎么回事呢？

那个时候，罗英格林唯一感兴趣的就是而今被装在一个个瓶子里出售的著名发明物。人们认为，这种东西能够刺激吞噬细胞的生长。罗英格林吩咐大管家每天把这东西供给客人们饮用，以表敬意。我后来发现正常的剂量只不过是一茶匙，但是罗英格林坚持要大家用酒杯“豪饮”。

自从汽车事件发生后，我们俩总是千方百计地想要独处——在仓库里，在花园里，甚至沿着泥泞的乡间小路漫步——这种来势汹涌的激情，最终以极其惨烈的方式收场。一天，X 不得不离开城堡，再也不回来了。我们之所以做出这样的牺牲，为的就是挽救一个被认为快要死的人的性命。

很久以后，当我听到《耶稣的镜子》这支优美的曲子的时候，我意识到自己当初没有看走眼，X 的确是一个天才——而天才，总是对我有致命的诱惑力。

这段插曲表明，我的确不适合家庭生活。这年秋天，我乘船去美国，履行第三份合约。这个决定，或许是明智的，也或许是忧伤的。我第一百次地告诉自己，从今往后一定要把自己的整个生命奉献给艺术。艺术虽然是一位严苛的工头，却比人类更懂得感恩。

在这次巡回演出期间，我明确地向美国人呼吁，希望他们帮助我建立学校。三年大富大贵的经历使我相信，那种生活是无望的、空虚的、自私的，我们不可能从中体会到真正的快乐，因为快乐只能从人类的普遍情感里滋生。那年冬天，我对坐在大都会剧院包厢里的观众们慷慨陈词， 随后的报纸将它作为一桩丑闻头条刊出：“伊莎多拉辱骂富人。”我说过的话如下：

> 有人认为我对美国说了一些刻薄话。也许我是说过——但这并不意味着我不热爱美国。也许这恰好印证了我是多么热爱美国。曾经有一个男人疯狂地爱上了一个女人，可是这个女人对他无话可说，态度也不友好。男人于是每天写信骂她。女人问男人：“你为什么要写这么粗俗的内容给我？”男人回答说：“那是因为我爱你爱得发狂。”
>
> 心理学家能够很好地解析这个故事。我和美国之间的

关系，或许就是这样一种情形。我当然热爱美国。这所学校、这些孩子以及我们所有人，难道不都是沃尔特·惠特曼的精神后代吗？还有这种舞蹈，这种被人称为“希腊”的舞蹈，它来自美国，它是未来美国的舞蹈。所有这些动作——它们从哪里来？它们来自美国的大自然，来自内华达山脉，来自加利福尼亚沿岸的太平洋，来自绵延的落基山脉，来自约塞米蒂大峡谷，来自尼亚加拉大瀑布。

贝多芬和舒伯特终其一生都是人民的孩子。他们是穷人，他们的伟大作品来自于人民，也属于人民。人民需要伟大的戏剧、音乐和舞蹈。

我们到纽约的贫民区免费表演。有人跟我说：“如果你在贫民区诠释舒伯特的交响曲，没有人会愿意看的。”

我们办了一场免费演出（剧场没有售票处——真是与众不同），人们聚精会神地坐在剧场里，泪水从脸颊上滑落下来，这说明他们是多么入迷啊！丰富的生命、诗歌和艺术正在贫民区的人们中间酝酿、膨胀。为他们建造一座圆形露天大剧场吧！在这座真正具有民主意味的剧场里，每个人都是平等的，不会再有什么包厢或者楼座。看看上面的楼座——难道你们认为让人像苍蝇一样触到了天花板，然后欣赏艺术和音乐是对的吗？

建一座简单、美丽的剧院吧，无需镀金，无需粉饰。优秀的艺术来源于人类精神，并不需要任何外在的装点。在我们的学校，既没有戏服，也没有饰物——只有从受到启示的人类灵魂里流淌出来的美，身体就是这种美的象征。如果我的艺术带给你任何启迪，我希望这就是启迪之所在。美，需要去寻找；美，在孩子们身上显现。我们可以在她们闪着光芒的双眼里、在她们伸出小手做出美好的动作中，看到这种美。她们手拉着手穿过舞台，出现在你们面前，比坐在包厢里的任何一个女人的项上珍珠都要美。她们就是我的珍珠、我的钻石，我别无他求。给予孩子们美、自由和力量吧！让艺术到真正需要它的人民中间去吧！伟大的音乐不应该只给少数有文化的人带去快乐，而应该无偿地献给人民。它之于人民，宛若空气和面包之于人民，因为它是全人类的精神美酒。

在美国巡回演出期间，我有幸结识了一位天才艺术家——大卫·比斯法姆[①]。他会出席我的每一场演出，我也会出席他的每一次表演，然后我们一起来到我那位于广场旁的套房里共进晚餐，他会为我演唱《通往曼德勒的道路》或者《丹尼·笛福》，我们开怀大笑，相互拥抱，度过了美好时光。

也许这一章应该被冠上“为异教徒之爱辩护”的标题。我早已发现，爱既是一种欢愉，也是一种悲剧。我以异教徒的天真奔赴这种爱。人们向往美，向往这种无需恐惧和责任却能同时振奋

---

① 大卫·比斯法姆（1857-1921）：美国歌唱家。

精神、启迪灵魂的爱。演出结束后，我穿着束腰短裙，戴着玫瑰花环，多么美丽动人啊！为什么这种动人之处不能让别人欣赏呢？一杯热牛奶加一本康德的《纯粹理性批判》的时代已经远去了。我觉得，一边喝着香槟酒，一边听着迷人的家伙们颂扬我的美丽，似乎更真实一些。曼妙的异教徒身躯、热切的双唇、交缠的臂膀、枕着某位爱人的肩头香甜地入梦——在我看来，这些都是纯洁、怡人的欢乐。有些人或许会反感我这么说，但是我不明白，如果我们的身体注定要经受很多痛苦——磨牙、拔牙、补牙，而且每个人，不论多么德高望重，都要患病、感冒之类的，那么我们为什么不把握机会，用即有的身体获得最大的快乐？一个整日劳心的男人，有时候会被一堆沉重的问题压得喘不过气，身心疲惫，焦虑不安——为什么他不可以依偎在美丽的臂弯里，缓解自身的痛苦，获得美的感受，沉浸于销魂的忘却中？我希望那些接受过我的抚慰的男人们，也像我一样留下了美好的回忆。时间有限，我不可能在这本自传里逐个地将他们描述；篇幅也非常有限，薄薄的一本自传记录不下那些发生在森林和田野里的美好时光，或者聆听莫扎特和贝多芬的交响乐时的美妙心情，或者与伊塞亚[①]、瓦尔特·隆梅尔[②]、汉纳·斯基恩等艺术家共处时的完美体验。

---

① 伊塞亚（1858 — 1931）：比利时小提琴家。

② 瓦尔特·隆梅尔（1887 — 1953）：德国钢琴家。

“是的，”我总是如此呐喊，“让我成为一个异教徒，一个异教徒！”然而，我顶多是一个异教清教徒，或者说，一个清教异教徒。

我永远忘不了回到巴黎时的情形。之前，我将孩子们留在凡尔赛，交由一位女家庭教师照顾。回来那天，我推开门，小男孩立即朝我跑了过来。他有一张可爱的脸庞，一头卷曲的金发。啊，当初我离开时，他还是一个躺在摇篮里的小宝宝。

1908 年，我在纽利买下了热尔韦工作室，里面有一间类似于礼拜堂的音乐厅。我和孩子们搬进去住了。在工作室里，我常常整天地工作，有时候甚至整夜地工作。忠实的朋友汉纳·斯基恩陪伴在我的身边，他是一位才华横溢、精力旺盛的钢琴家。我们常常一大早就开始工作。房间里悬挂着我的蓝色幕布，亮着弧光灯，阳光透不进来，我们根本察觉不到时间的流逝。我往往会问：“你饿了吗？到底几点了？”然后我们会一起看向钟，惊讶地发现已经是凌晨四点了。我们全神贯注于工作，进入了印度人所谓的“静态狂喜的状态”。

花园里有座房子，孩子们、女家庭教师和保姆住在那里，不会受到我们的音乐的干扰。花园很漂亮，每到春天和夏天的时候，我们就会敞开工作室的大门，到那里尽情跳舞。

工作室不但用来干活，还用来娱乐。罗英格林喜欢在这里宴请宾客、大搞活动。宽敞的工作室瞬间转变为热带花园或者西班牙宫殿，巴黎所有的艺术家和名流都云集了过来。

一天晚上，我跟塞西尔·索列尔[①]、加布里埃尔·邓南遮即兴表演了一出哑剧。邓南遮充分展现了他的表演天赋。

*

多年来，我因为崇拜杜丝而对邓南遮存有偏见。我觉得，邓南遮没有善待杜丝，所以一直拒绝见他。一个朋友曾对我说："我可以带邓南遮来见你吗？"我回答说："不，不要这么做，我肯定不会给他好脸色。"可是，不管我愿意不愿意，这位朋友还是带着邓南遮来了。

我从未见过他，所以当这个浑身上下散发着光芒和磁力的非凡人物出现在我面前的时候，我惊呼道："欢迎你，你真是太迷人了！"[②]

那是1912年，在巴黎。邓南遮自从见到我后，就决定要征服我。但是，这并没有让我受宠若惊，因为邓南遮想要与世界上所有出名的女人发生关系，让她们围着他转，就像印度人喜欢将战利品拴在自己腰上那样。我崇拜杜丝，所以我抗拒他。我想，

---

① 塞西尔·索列尔（1873－1966）：法国女演员。

② 此句原文为法语。

我或许是这个世界上唯一能够抵御邓南遮的诱惑的女人了。这真是一项壮举。

当邓南遮想要征服一个女人的时候，他会每天早上派人送去一首短诗和一朵匹配的鲜花。那段日子里，每天上午八点，我都收到了这样的鲜花。但是，我坚守住自己的防线！

一天晚上（当时我在拜伦酒店附近的街上租了一处工作室），邓南遮以一种诡异的嗓音对我说："午夜时分，我来找你。"

于是，我和一位朋友大费周章地布置起工作室。我们摆满了白色的花朵，包括白色的百合以及各种葬礼上的花朵。我们还点起了不计其数的蜡烛。邓南遮看到这个类似于哥特式礼拜堂的工作室时，不免心生疑惑。他走了进来，我们迎了上去，将他领到堆着很多软垫的长沙发椅上。起先，我在他面前翩翩起舞。接着，我将花瓣撒向他，并在他周围摆上了蜡烛。伴随着肖邦的《葬礼进行曲》，我轻柔地踩着节拍，舞动着身体，一支接一支地熄灭蜡烛，只留下在他头顶和脚下的蜡烛。他静静地躺着，仿佛被催眠了似的。我继续轻柔地舞动着，熄灭了他脚下的蜡烛。当我神情肃穆地移向他头顶的那支蜡烛的时候，他突然使出了浑身的力气，一跃而起，惊叫着冲出工作室。我和钢琴家朋友情不自禁地爆笑起来，倒在彼此的怀里。

我第二次抗拒邓南遮的诱惑是在凡尔赛，这已经是两年后的事情了。彼时，我邀请他到特里阿侬酒店吃饭。他搭我的汽车去。

“你想不想在午餐前到森林里散步？”

“哦，当然，真是个好主意。”

我们驱车前往马尔利森林，然后步行进入森林。邓南遮显得很兴奋。

我们闲逛了一会。后来，我说：“我们该回去吃饭了。”

然而，我们找不到汽车了，只得走路回特里阿侬酒店吃饭。我们走啊走，走啊走，可是怎么也找不到出口！最后，邓南遮孩子气地哭喊起来：“我要午饭！我要午饭！我有一颗脑袋，我的脑袋要吃饭。我饿了就走不动了！”

我想方设法安抚他，继续赶路。我们费了好大的劲才找到出口，回到酒店。邓南遮饱餐了一顿。

我第三次抗拒邓南遮的诱惑是在多年后的战争时期。我去了罗马，住在雷贾纳酒店。巧的是，邓南遮就住在我隔壁的房间。每天晚上，他都会到卡萨蒂侯爵夫人家吃饭。一天，侯爵夫人邀请我共进晚餐。我前往她的宅邸，走进会客厅。会客厅是希腊式的装修风格，我坐在那里等候侯爵夫人的到来。突然，我听到一连串常人难以想象的最粗暴最低俗的声音向我传来。我回头一看，居然是一只绿鹦鹉。我注意到，它没被拴住。我于是起身，飞快地躲进隔壁的会客厅。我依然安静地坐着，等候侯爵夫人，结果又听到了一阵怪声——呼哧呼哧——原来是一条喇叭狗。它也没被拴住，我便再一次冲进隔壁的会客厅。这间会客厅铺着北极熊毛皮地毯，墙上也悬挂着熊的毛皮。我坐下来，等候侯爵夫人，耳畔忽然响起“嘶嘶”的声音。我低头一看，赫然发现一条眼镜蛇在笼子里直起了身子，朝我吐信。我只得躲进隔壁的会客厅，一间挂满了虎皮的房间。这里有一只大猩猩，龇牙咧嘴地盯着我。我只好奔进了隔壁的餐厅，在那里遇见了侯爵夫人的秘书。最后，侯爵夫人终于下楼用餐了。她穿着一件透明的金色睡衣。

我说：“我想，你喜欢动物。”

“哦，是的，我喜欢它们——尤其是猴子。”她回答道，眼睛瞅向了秘书。

不过，在如此非同寻常的“开胃酒”之后，我们的晚餐竟然在规规矩矩、一丝不苟的气氛下进行，真是奇怪啊！

晚餐结束后，我们来到那间有大猩猩的会客厅，侯爵夫人让人叫来了算命师。算命师戴着一顶又高又尖的帽子、穿着一件女巫般的斗篷进来，用扑克牌给我们算命。

不久，邓南遮进来了。(天哪，这家伙穿着什么衣服啊？……)

邓南遮是一个很迷信的人，把每一位算命师都当回事。这位算命师讲到邓南遮的时候，说了一段让人瞠目结舌的话：“你将腾空而起，做出惊世骇俗之事。你将沉重摔落，立于死亡之门前。但是你将穿越死亡，与死亡擦肩而过，走向锦绣人生。”

她对我是这么说的：“你将唤醒人类信仰一个新的宗教，在世界各地建立新的庙宇。你有非凡的庇佑，无论什么厄运降临到你身上，都会有伟大的天使来保护你。你将长命百岁。你将永垂不朽。”

在此之后，我们回到了酒店。邓南遮对我说：“每晚十二点我都将去你的房间。我征服了世界上所有的女人，但是我还没有征服伊莎多拉。”

于是，每晚十二点他都来到了我的房间。

我对自己说：“我就是要与众不同。我将成为世界上唯一能够抗拒邓南遮的诱惑的女人。

他告诉我很多美妙的东西，包括他的人生、他的青春和他的艺术。

“伊莎多拉，我受不了了！接受我吧，接受我吧！”[①]

他的天才让我神魂颠倒。面对他的乞求，我不知所措，只得温柔地把他请出我的房间，送回他自己的房间。这种情况大概持续了三个星期，最后我实在难以承受了，便冲向火车站，搭上头班车走了。

他常常这样问我：“为什么你不能爱我呢？”

我回答说：“因为我是伊莎多拉。”[②]

邓南遮在特里阿依酒店养了一条金鱼。他很喜爱这条金鱼，把它放在一个漂亮的水晶缸里，常常给它喂食，跟它说话。金鱼则会摆动它的鳍，开合它的嘴巴，仿佛是在回应。

我住在特里阿依酒店的时候，有一次问餐厅领班：“邓南遮的金鱼哪里去了？”

“哦，女士，说起来真让人难过啊！邓南遮去了意大利，让我们照顾它。‘这条金鱼，’他说，‘跟我心心相印，是我所有幸福的象征！’他走后，不断发来电报，内容不外乎是‘我亲爱的阿道夫斯怎么样了’。一天，阿道夫斯在鱼缸里游得有些慢了，渐渐地不再开合嘴巴呼唤邓南遮了。我捞起它，扔出了窗

---

① 此句原文为法语。

② 此处对话原文为法语。

外。不久，邓南遮发来了一封电报：‘感应到阿道夫斯状况不佳。’我回复说：‘阿道夫斯已死。昨晚死去。’邓南遮于是来电说：‘把它埋在花园里，立一个墓。’我找来一条沙丁鱼，用锡纸包住，埋在花园里，竖了一个十字架，上书：阿道夫斯墓！

“邓南遮回来后，问：‘我的阿道夫斯的坟墓在哪里？’

“我带他去了花园里的那个坟墓。他买来很多鲜花，站在墓前哭了很久。”

这并不算是悲剧。有一场聚会真正以悲剧收场。我曾将工作室布置成热带花园的样子，一张张供两人坐的桌子藏在稀有植物的叶子后面。彼时，我对巴黎五花八门的偷情事件略有所闻，便安排一对对想要共处的情侣坐在一块，这让一些太太伤了心、流了泪。而这一次，客人们全都穿上了波斯服，伴随着吉卜赛乐队的演奏跳舞。客人中有两位我的老友，亨利·巴塔耶和他的著名翻译贝尔特·巴迪。

正如我先前所说，我的工作室像一座礼拜堂，四周挂满了高约十五米的蓝幕布。高高的露台上有一个小房间，经过波烈的艺术改造之后，变成了名副其实的锡西之屋。房间里有镶着金边的镜子，浓黑的天鹅绒窗帘，一块黑色的地毯和一张安置着东方式坐垫的长沙发椅；窗户被封了起来，门的样子很怪异，就像伊特鲁里亚人的墓穴入口。波烈在竣工时说：“在这个看起来寻常的地方，人们的言行举止会发生变化，做出非同寻常的事情。”[①]

此话非假。这个小房间美丽、迷人，同时也充满了危险。德行的床之所以区别于罪恶的长榻，可敬的椅子之所以区别于邪恶的长沙发椅，是不是因为家具本身具有不同的特性呢？不管怎么说，波烈说得对。身处这个小房间，一个人会有不同的感觉、不同的话语，跟在我那礼拜堂般的工作室里的表现截然不同。

那天晚上的聚会，跟罗英格林以往举办的聚会一样，香槟酒存量十足，宾客们可以尽兴享用。凌晨两点的时候，我和亨利·巴塔耶坐在波烈设计的小房间里的长沙发椅上。他平时待我如兄长，可是那晚在小房间的魅惑下，他的言行举止全变了。然后，罗英格林出现了。他从那面巨大的镜子里看到我和巴塔耶坐在金色的长沙发椅上后，转身冲到工作室，怒气冲冲地对着客人们数落我，并说他要走了，再也不回来了。

对于客人们来说，罗英格林的言行只不过是让他们扫兴了；对于我来说，这却是一个心情从喜剧向悲剧急转的过程。

“快，”我对斯基恩说，“演奏《伊索尔特之死》，要不然晚会就全毁了。”

我飞快地脱掉身上的绣花长袍，换上白色裙子。斯基恩的钢琴弹奏得比以往任何时候都要出色，而我的舞蹈一直延续到破晓

---

① 此句原文为法语。

时分。

那个夜晚带来了悲剧结局。我们是清白的，然而罗英格林不愿意相信，发誓永远也不要见到我。我苦苦哀求，却于事无补。亨利·巴塔耶因为此事而深感不安，甚至给罗英格林写了一封信，同样改变不了什么。

罗英格林只同意在一辆汽车里见我。他冲着我一顿臭骂，就像魔鬼的铃铛在耳边空洞地叮当作响。突然，他止住了骂声，推开了车门，将我推入茫茫黑夜。我心神恍惚地在街道上走了几个小时，陌生的男人朝我做鬼脸，咕哝着含糊不清的话。世界仿佛变成了一座污秽的地狱。

两天后，我听说罗英格林到埃及去了。

第二十五章

那段日子里，我最亲密的朋友——音乐家汉纳·斯基恩，给了我最贴心的安慰。他性格独特，视名利和野心如粪土。他热爱我的艺术，只有在为我演奏时才会感到快乐。在我所接触过的人当中，他对我的崇拜最为热烈。他是一位优秀的钢琴家，像钢铁般坚毅，常常通宵达旦地为我弹奏，如果今晚弹奏的是贝多芬的交响曲，那么明晚就是《尼伯龙根的指环》组曲，从《莱茵的黄金》开始，一直到《众神的黄昏》。

1913 年 1 月，我们俩一起到俄罗斯巡回演出。旅途中发生了一件奇怪的事情。一天，刚刚破晓，我们抵达了基辅，乘坐雪橇前往酒店。我当时正睡眼惺忪，却突然清楚地看到路两旁各有一排棺材，而且还不是寻常的棺材，是孩子们的棺材。我紧紧抓住斯基恩的手臂。

“瞧，”我说，“都是孩子们——死的都是孩子！”

他一再安抚我：“可是那里什么都没有。”

“什么？难道你看不见吗？”

“是的，除了积雪，什么都没有——雪一堆堆地积在路的两旁。多么奇怪的幻觉啊——你肯定是太累了。”

为了让自己的身心放松下来，我走进了一家俄罗斯澡堂。热气腾腾的浴室里，一排排木制的长搁板错落有序。我躺在其中一块搁板上，服务员出去了。热气突然上涌，我措手不及地从搁板上摔下来，跌在大理石地板上。

服务员进来后，看到我躺在地上不省人事，急忙将我送回了酒店。医生来给我检查后，说我有轻微脑震荡。

“你今晚大概是不能跳舞了——正在发高烧——”

“但是我不想让观众们失望。”我坚持到剧院去。

当晚的曲目是肖邦的作品。在演出结尾的时候，我出乎意料地对斯基恩说：“弹奏肖邦的《葬礼进行曲》吧。”

“为什么呢？”他问，“这个曲子你从来没跳过。”

“我也不知道——你弹吧。”

他见我态度坚决，便弹奏了起来。我随着《葬礼进行曲》翩然起舞，仿佛是一位怀抱死者的女人，步履缓慢地走向最终的安息之地。我模仿死者沉入墓穴的情形，以及灵魂从沉重的肉身跳脱出来，向着光明飞升乃至重生的过程。

舞毕，幕布垂下，一片沉寂。我望向斯基恩，他脸色苍白，浑身颤抖。他上前握住我的双手。冰凉的双手。

“以后别再叫我弹奏这首曲子了，”他哀求着说，“我仿佛亲历了一次死亡。我甚至闻到了白色花朵的气息——葬礼上的花朵——我看到了孩子们的棺木——那些棺木……”

我们直打哆嗦，恐惧不安。我相信那天晚上，某位神灵向我们发出了警告，预示着不祥之事即将来临。

1913 年 4 月回到巴黎后，我们在特罗卡迪罗演出。其中一场漫长的表演结束后，斯基恩再一次为我弹奏了《葬礼进行曲》。观众们陷入宗教般虔诚的肃穆中，随后掌声雷动。女人们在哭泣——有些人几乎变得歇斯底里。

过去、现在和未来就像是一条长长的路。不论转过多少道弯，路依然在延伸，只是我们没有发觉而已。我们以为眼前是还没有发生的未来，殊不知这个未来早已恭候我们了。

自从在基辅表演《葬礼进行曲》之后，我就有种奇怪的感觉，仿佛不祥的事情即将降临，内心惶恐不安。回到柏林后，我举办了几场演出，再一次在神灵的感召下，创作了一支舞蹈，表现一个突遭可怕打击的人，直面命运的残酷无情，勇敢地站了起来，追寻新的希望。

在我去俄罗斯巡回演出期间，伊丽莎白帮忙照看着孩子们。我回到柏林后，便与他们会合了。他们身体健康，精力充沛，常常手舞足蹈，看起来很快乐。我们一起回到巴黎，住在我位于纽利的大房子里。

我终于回到了纽利，和孩子们生活在一起了。我常常站在阳台上，悄悄地看着迪尔德丽自编自舞。她根据自己写的小诗编舞——宽敞的蓝色工作室里，她舞动着小小的身子，并用甜美的童音朗诵道："现在我是一只鸟，我高高地飞呀，飞到蓝天白云。"过了一会儿，她又说："现在我是一朵花，抬头望向鸟儿，摇啊摇。"看着她如此优雅和美丽，我开始浮想联翩，幻想将来的某一天，她会如我所愿，接管我的学校。她是我最好的学生。

帕特里克也开始跳舞了，只不过伴奏音乐比较古怪。他从来不要我教。"不，"他一本正经地说，"帕特里克要跳属于帕特里克自己的舞。"

生活在纽利，我感到身心愉悦。我在工作室练舞，在图书室阅读，在花园里跟孩子们玩耍或者教他们跳舞，分分秒秒都那么惬意，因而不愿意再有什么巡回演出让我跟孩子们相隔万水千山。他们一天比一天漂亮，我便一天比一天舍不得离开他们。我曾说过，将来肯定会出现一位伟大的艺术家，在他身上，作曲与跳舞这两种天赋完美地融合在一起。我的小男孩似乎就能成长为这样的艺术家，创作新的曲目，编排新的舞蹈。把我和两个可爱的孩子联结在一起的，不仅仅是血肉亲情这条根深蒂固的纽带，还有一条近乎超凡脱俗的更深层次的纽带——艺术。他们都深爱音乐，喜欢待在工作室里，听斯基恩弹奏或者看我跳舞。他们会静静地坐在旁边，露出陶醉的神情。小小年纪的他们，居然拥有如此强烈的专注力，着实吓倒我了。

我记得一天下午，伟大的艺术家拉乌尔·普尼奥[①]为我弹奏莫扎特的乐曲。孩子们踮着脚尖溜进来，立在钢琴两侧。他弹完后，两个满头金发的小家伙不约而同地从他的胳膊下钻出来，极其崇拜地看着他，后者惊呼道："两个小天使是从哪里冒出来的啊——莫扎特的天使——"小家伙们灿烂地笑了起来，然后爬上他的膝盖，将脸埋进他的胡子里。

我心满意足地看着这美好的组合，如果当时我知道他们三人即将奔赴"没有旅人回来过"的阴森之地的话，我会作何感想呢？

时值 3 月，我轮流在夏特莱剧院和特罗卡迪罗剧院演出。尽管我人生中每一块对应的试金石都预言了幸福，一种奇怪的感觉还是紧紧地逼仄进我的内心。

---

① 拉乌尔·普尼奥（1852 — 1914）：法国钢琴家、作曲家，法国钢琴乐派早期最重要的代表。

一天晚上，在特罗卡迪罗剧院，斯基恩用管风琴弹奏了肖邦的《葬礼进行曲》，我便再一次跳起了那支舞。我的额头感受到了那股凉意，我的鼻子闻到了白色晚香玉和葬礼花朵的浓烈气味。穿着一袭可爱白衣的迪尔德丽，坐在中央包厢里，见我跳起这样的舞蹈，稚嫩的心灵仿佛要碎裂了般，突然哭喊起来："哦，为什么我的妈妈那么伤心、那么难过啊？"

这是悲剧序幕即将拉开的第一个微弱预兆，不久之后，我生活中的所有纯真和快乐都会结束——永远结束。我相信，尽管一个人可以继续生活下去，但是有些致命的伤痛会伴随终生。一个人或许可以行尸走肉般地行走在大地之上，但是他的精神已经垮掉了——永远垮掉了。有人说，悲痛可以升华人的心灵；而我只能说，悲剧发生前的那几天，实际上是我精神生活的最后几天。从那以后，我的内心只有一个想法——飞离——飞离——飞离那恐怖的悲剧，我的生活只不过是为了逃避那场悲剧而做出的一连串努力，像悲哀的"流浪的犹太人"，像"鬼船船长[①]"。对我来说，生活变成了一艘虚无的船，航行在一片虚无的汪洋中。

心理上的变化，往往会在现实中找到痕迹，这是一种奇异的巧合。波烈为我设计前面所说的那个充满异国情调的神秘小房间的时候，在每扇金色的门上挂了浓黑的十字架。起先，我只是觉

---

① 鬼船船长：鬼船受到天罚，永远航行于好望角，直到审判日为止。

得这种设计别具一格；渐渐地，我感觉到这些黑色十字架以一种奇特的方式影响着我。

我已经说过，我的生活看起来一帆风顺，实则笼罩着一片诡谲的阴沉——可以说是不祥之兆。我突然在子夜时分醒来，陷入一片惊悸之中。于是，我彻夜亮着灯。一天夜里，在昏暗的灯光下，我看见床对面的黑色十字架里走出来一个人影，穿着一身黑衣，移近我的床脚，用怜悯的目光看着我。有好一阵子，我恐惧得不敢动弹。随后，我将所有灯点亮，那个人影也就消失了。我第一次遭遇这种怪异的幻觉——此后，它时不时地出现在我的面前。

为此，我备受困扰。一天晚上，好友雷切尔·布瓦耶夫人请我吃饭时，我跟她倾诉自己的苦恼。她听后大吃一惊。热心肠的她坚持要马上打电话给自己的医生。“因为，”她说，“你的神经肯定出了什么问题。”

年轻英俊的雷内·巴德特医生来了。我描述了自己的幻觉。

“你的神经显然是过度紧张了。你最好到乡下住几天。”

“但是我在巴黎还有演出任务，合约早就签了。”我回答。

“那么，去凡尔赛吧——凡尔赛很近，你可以开车来回。那里的空气对你有好处。”

第二天，我把这件事告诉了孩子们的保姆，后者很高兴，说：“凡尔赛很适合孩子们去。”

于是，我们收拾了几个旅行手提包，正要准备出发的时候，一个身穿黑衣的瘦削之人出现在家门前，慢慢地沿着小路走过来。是我的神经过度紧张吗？或者那就是晚上从黑色十字架里走出来的人？她走到我的跟前。

“我跑出来，”她说，“只是为了来见你。我最近老是梦到你，觉得很有必要来见你。”

我认出她了。她是年高德劭的那不勒斯女王。几天前，我还带着迪尔德丽去觐见过她。我说：“迪尔德丽，我们要去觐见女王。”

“哦，那么，我该穿上礼服了。”迪尔德丽说。她把波烈为她制作的小连衣裙称为礼服，一条有很多绣花和褶裥边的精美裙子。

我花了点时间教迪尔德丽正统的宫廷礼仪。她学得很开心，只是到了最后忽然哭了起来，说：“哦，妈妈，我很怕，怕见一个真正的女王。”

我觉得，可怜的小迪尔德丽肯定以为自己要去的是真正的宫廷，就像童话舞剧里演的那样。事实上，我们去的是女王位于林地边缘的美丽别苑。当我们被领到一位白发辫子盘在王冠下、身材瘦削、举止优雅的女人面前时，迪尔德丽大胆地向她行了一个宫廷屈膝礼，然后笑着奔向女王伸出的双臂里。女王仁慈和善，迪尔德丽一点儿都不怕她了。

这天，女王戴着黑色面纱来见我。我告诉她我们正要去凡尔赛，并把理由也说了。她说很愿意与我们同行——这对她来说，算是一次冒险活动了。路上，女王忽然伸出慈爱的双臂，把我的两个孩子揽进怀里，紧紧地搂在胸前。当我的小家伙们的金发脑袋贴着女王的黑衣的时候，我仿佛再一次看见最近老是折磨着我的幻象。

来到凡尔赛后，我们和孩子们愉快地喝茶，随后我护送那不勒斯女王返回她的府邸。女王是命运多舛的伊丽莎白的姐姐，是我见过的最亲切、最仁慈、最聪慧的人。

第二天，我在特里阿侬酒店美丽的花园中醒来，所有的恐惧和凶兆都烟消云散了。医生是对的，我需要来乡间休养。可是啊，如果古希腊悲剧中的歌舞队在这里该有多好啊！他们也许会举例告诉我，人们为了躲避灾祸而刻意选择相反的道路，往往就是径直走向了灾祸，比如不幸的俄狄浦斯王。要是我没有来凡尔赛躲避纠缠着我的死亡幻影的话，孩子们就不会在三天后死于那条熟悉的道路了。

我仍然清晰地记得那晚的场景，因为我从未那样跳过舞。我不再是一个女人，而是化为一团欢乐的火焰—— 一团火——火星四溢，观众们的内心升腾起浓烟。加演了好几个曲目之后，我跳起了《瞬间的音乐会》，作为当晚的最后一支舞。舞动的过程中，我的内心似乎在歌唱“生命与爱情——最大的欢乐——源源不断——源源不断地输送给需要的人们”。突然，迪尔德丽仿佛坐到了我的一个肩膀上，帕特里克坐到我的另一个肩膀上，他们稳稳地坐着，兴高采烈；我一边舞动着，一边转过头看看这个，又看看那个，迎向他们的笑脸，他们明亮的孩童的笑脸——稚嫩的笑脸——我的双脚不知疲倦地跳着。

*

那晚的舞蹈结束后，我得到了一个惊喜。罗英格林，这个几个月前去了埃及后再也没见过面的男人，来到我的包厢。他似乎深深地被我当晚的舞蹈以及随后的会面吸引了，提议在香榭丽舍酒店的奥古斯丁套房跟我们一起用餐。我们回去后，坐在餐桌前等着他。几分钟过去了，一小时过去了，他始终没有出现。这种状况让我极度不安。虽然他并不是孤身一人去埃及，我还是非常期待与他的见面。我一直都深爱着他，渴望他看一看长得健壮而漂亮的亲生子。到了凌晨三点，他仍然没有出现。我带着苦涩的失望，回到凡尔赛的孩子们身边。

演出的激情和等待的焦灼，让我精疲力竭。我爬上床，沉沉地入睡了。

第二天一大早，孩子们进来把我吵醒了。他们就像往常一样，跳到我的床上，咯咯地笑着。然后，我们也像往常一样，共进早餐。

帕特里克显得尤为兴奋。他自娱自乐，用小手推一张张椅子，椅子倒下的时候，他就欢快地叫起来。

随后，一件奇怪的事情发生了。前天晚上，一个素昧平生的人给我寄来两本制作精美的书，作者是巴贝尔·多尔维利[①]。我伸手从旁边的桌上取出了一本，正要责备帕特里克太闹腾了的时候，不经意间翻开了书，目光落在“尼俄伯”[②]这个名字上，接着读到这么一段文字：

> 神气十足的母亲啊，你为孩子们感到骄傲。当人们谈起奥林匹斯的时候，你竟然在暗笑。为了惩罚你，神的利箭射向你忠实的孩子们的头颅，你那宽阔的胸膛根本保护不了他们。[③]

保姆也不耐烦了，说：“求你了，帕特里克，别搞出这么大的动静；吵到你妈妈了。”

---

① 巴贝尔·多尔维利（1808 — 1889）：法国作家。其作品想象丰富，极富浪漫情调。

② 尼俄伯：希腊神话里的底比斯王后，她的十四个儿女因她傲视子女稀少的天神勒托而全被杀死，她悲伤不已，后化为石头。

③ 此处原为法语。

她是一个甜美和善的女人，恐怕这世上再也找不出比她更有耐心的人了。她非常疼爱我的两个孩子。

“噢，由他去吧，”我喊道，“要是没有了孩子们的吵闹声，生活会变得多么无聊啊。”

一个念头闯进我的脑海里——如果没有了他们，我的生活将多么空虚、多么黑暗！他们充实了我，他们带给我的欢乐，比艺术带来的欢乐要多很多，比任何一个男人带来的爱的欢欣要多出一千倍。我继续往下读：

> 你转身迎向利箭射来的方向，等待胸膛被刺穿……你等待着！可是没有用，高贵而又不幸的女人啊。神的弓已松开，你被戏弄了。
>
> 你就这样等待着，在死静的绝望和满腔的沉郁中度过每一天。你心如止水，了无生气。人们传言，你变成了峭壁上的岩石，心脏停止了跳动。[①]

我合上书，心里感到一阵恐惧。我张开双臂，唤两个孩子过来，将他们搂进怀里，泪水潮湿了双眼——我至今仍然记得那天早上说过的每一句话、做过的每一个动作。多少次在无眠的夜

---

① 此处原文为法语。

里，我一遍又一遍地回味当时的情景，绝望地问自己为什么没有留心那些幻象，从而避免悲剧的发生。

那天早上，天空略有些灰白。对着花园的窗户开着，从中可以看见枝头已经绽放了春天里的第一批花朵。宜人的初春，在人们心中涌起一阵奇特的欢欣。我正是在那天，第一次感受到当年的春之欢欣，再加上眼前的孩子们那么活泼、可爱、快乐，我喜不自禁，一下子从床上跳了下来，奔到花园里跟他们共舞。我们三个人的笑声四溢，保姆也在边上满脸笑容。

电话铃突然响了，是罗英格林打来的，让我带上孩子们，到城里见他。“我想看看他们。”他已经四个月没见过他们了。

我很高兴，心想这是我与罗英格林重归于好的机会。事实上，我一直期待这个时刻的到来。我悄悄跟迪尔德丽说了这个消息。

“啊，帕特里克，”她喜出望外地喊道，“你猜我们今天要去哪里？”

多少次，我回忆起她的喊声——“你猜我们今天要去哪里？”

我的可怜、脆弱、美丽的孩子们啊，如果我早知道那天等待你们的是怎样一个厄运的话，结果就不会这样了！你们那天要去哪里？去哪里呢？

保姆开口说话了：“夫人，我想今天要下雨——可能他们还是留在这里比较好。”

多少次，就像身处可怕的梦魇里，我听见她的告诫，我诅咒自己的听而不闻。我当时只是觉得，如果孩子们在场，我跟罗英格林之间的交流就会变得容易很多。

坐着汽车从凡尔赛到巴黎的途中，我把两个小家伙搂在怀里，对生活充满了新的希望和信心。我知道，只要罗英格林见到了帕特里克，就会放下对我的恨意。我甚至还梦想着我们的爱会继续，并且共同实现真正伟大的目标。可是啊，这居然是一次死亡之旅。

去埃及之前，罗英格林在巴黎市中心买了一块地，打算在那里为我的学校建一座剧院。这个剧院将会成为世界上所有伟大的艺术家相聚的地方，是他们交流的天堂。在那里，杜丝可以为她神圣的艺术找到一个适合的舞台设计；穆内·苏利可以实现他长久的梦想，依次上演《俄狄浦斯王》、《安提戈涅》和《俄狄浦斯在科罗诺斯》三部曲。

所有这一切都在我驱车前往巴黎的途中缓缓铺展，我的心因为艺术的伟大远景而雀跃不已。然而，那座剧院注定无法建成，杜丝没有找到配得上她的艺术的殿堂，穆内·苏利也一直没有实现将索福克勒斯三部曲搬上舞台的梦想。为什么艺术家的希冀，几乎总是无法实现的梦想呢?

正如我所料，罗英格林很高兴见到自己的小男孩，以及他心爱的迪尔德丽。我们在一家意大利餐馆开心地享用午餐，吃了很多意大利实心面条，喝了基安蒂红葡萄酒，聊了那座剧院美好的未来。

“它将是伊莎多拉的剧院。”罗英格林说。

“不，”我回答，“它将是帕特里克的剧院，因为帕特里克是一个伟大的创作者，他将根据未来的音乐趋势创作新的舞蹈。”

午餐结束后，罗英格林说：“今天过得真愉快，我们一起去幽默者沙龙吧？”

但是我有排演任务在身，不能同去。于是，罗英格林带着当时跟我们在一起的年轻朋友 H 走了，我则跟孩子们还有保姆去纽利。我在门口对保姆说：“你和孩子们进屋来等我排演完好吗？”

她说：“不了，夫人，我想我们还是回去比较好。小家伙们需要休息。”

我跟他们吻别，说：“我待会就回去。”离开的时候，小迪尔德丽把嘴唇贴在玻璃窗上。我凑上前，隔着玻璃窗亲吻她的嘴唇。冰冷的玻璃带给我一种奇怪的感觉。

我走进宽敞的工作室。排演的时间还没到，我想歇一会儿，于是上楼去了小房间，舒服地躺在长沙发椅上。房间里摆着别人送来的鲜花和一盒糖果。我拿了一颗糖，懒洋洋地含着，心里思忖——“的确，我毕竟是非常幸福的——也许是这个世界上最幸福的女人。我拥有艺术、成功、财富、爱情，更重要的是，我有美丽的孩子们。”

我慵懒地吃着糖果，眉开眼笑地想着：“罗英格林回到我的身边，一切都会好起来。”就在那时，一阵陌生的、奇怪的哭声传进我的耳朵里。

我转过头，只见罗英格林像个醉汉似的踉踉跄跄地走进来。他双膝一软——跪倒在我面前——张开嘴巴吐出了这么一串字：“孩子们——孩子们——死了！”

*

我浑身僵住了，只有喉咙在冒火，好像刚刚吞下了几块燃烧的煤炭。我听不明白他的话。我轻声细语地跟他说话；我尝试着安抚他；我告诉他这不可能是真的。

接着，其他人进来了，但是我不理解所发生的事情。随后，一个长着黑胡子的男人进来了，我被告知他就是医生。“这不是真的，”医生说，“我会救他们的。”

我相信他。我想跟他一起去，但是人们把我拉住了。我现在明白了，他们那么做是不想让我知道实际上已经没有任何希望了。他们担心我承受不了打击，担心我发疯，但是那时候，我只是处于一种亢奋状态。我看见周围的人都在哭泣，而我没有。相反，我有强烈的冲动，要安慰他们每一个人。现在回头想想当时的情景，我也很难理解这种奇怪的心态。是我看得更开，认为死亡并不存在——那两个蜡似的冰凉的小家伙并不是我的孩子，只不过是他们褪下的外衣？还是我知道孩子们的灵魂将活在光辉之中，永远活着？

母亲只会在两种场合下发出那种似乎脱离了身体般的哭喊——生命的诞生和生命的消逝。当我握着再也没有任何反应的冷冰冰的小手的时候，我听到了自己的哭喊——正如我在分娩时发出的哭喊。这两种哭喊， 一个是喜， 另一个是悲， 为什么会一样呢？ 我不知道原因， 但我知道它们是一样的。苍茫的宇宙间，只有一种伟大的哭喊包含了悲伤、欢乐、狂喜和痛苦——那就是造物母亲的哭喊，难道不是这样吗？

*

当我们因为某些小事而走在清晨的路上的时候，往往会遇到一支黑压压的布满愁云的队伍，那是基督徒的葬礼。我们可能会一阵心惊，想到自己爱着的所有人，想到总有一天自己会出现在这黑压压的送葬队伍中。每每至此，我们便极力克制自己，不愿再细想下去。

还在孩童的时候，我就对一切与教会或教义相关的事宜深恶痛绝。阅读过英格索尔、达尔文和非基督教哲学后，我的这种感觉就更深了。我反对现代的婚姻制度，而且认为现代的葬礼观念糟糕透顶，粗鄙到近乎野蛮的地步。正如我敢于拒绝婚姻、敢于不让我的孩子们受洗一样，我现在也同样拒绝为他们举行所谓的基督教葬礼这样愚蠢的仪式。我只有一个心愿——这个可怕的事件，应该转化为一种美。痛彻心扉的时候，眼泪根本无济于事。我哭不出来。一群群的朋友来到我的身边，泪流满面。一群群的人站在花园里、站在街道上，泪流满面。但是我没有眼泪，我只有一个强烈的心愿——穿着黑衣来吊唁的人，应该转化为一种美。我没有穿上丧服。为什么要换衣服？我一直认为，穿丧服非常荒谬，也没有必要。奥古斯丁、伊丽莎白和雷蒙德知道我的心意，他们在工作室里摆满了花朵。我苏醒后，首先听到的就是科隆交响乐团在演奏格鲁克的《俄耳普斯》中的凄美挽歌。

可是，要想在短短一天内改变令人厌恶的陋习并且创造美好，是一件多么不容易的事情啊！按照我的想法，就不会出现戴黑色帽子的阴郁的男人，不会出现灵车，还不会出现让死亡变得恐怖阴森而非升华超脱的丑陋无用的愚蠢仪式。拜伦在海边架起柴堆火葬雪莱的场景是多么美妙啊！在我们的文明中，我只看到缺乏美感的火葬场。

我多么希望以某种动作、某种最后的光辉跟我的孩子以及他们甜美的保姆的遗体告别啊！我相信总有一天，世界的“智慧”会摒弃这些丑陋的教会仪式，创造并分享一种美丽的告别仪式。

当然，相对于把死者土葬而言，火葬场的出现已经是一个很大的进步了。我相信很多人跟我有同样的想法，只不过就目前而言，我的这种观念还是遭到了许多正统教徒的批判和憎恨。他们认为我是一个冷酷无情的女人，因为我希望在和谐、色彩、灯光和美好中与我亲爱的孩子们告别，因为我将他们的遗体送去了火葬场而不是埋在泥土里被虫子噬食。还要等待多久，那种智慧才能主导我们的生活、我们的爱情和我们的死亡呢？

我来到火葬场阴森森的地下室，看到眼前的棺木里躺着我亲爱的孩子们：金发的脑袋、花朵般蜷曲的小手、轻灵的小脚——现在就要交给火焰了——从此以后只剩下一小捧可怜的骨灰。

我回到纽利的工作室。我已经做了决定，要结束自己的生命。失去了孩子们，我怎么活得下去？可是啊，学校里的小姑娘们围着我，纷纷对我说："伊莎多拉，为我们而活吧。我们不也是你的孩子吗？"这让我清醒过来了。她们站在那里，为迪尔德丽和帕特里克的死哭得伤心欲绝，我应该去安抚她们的悲痛。

如果这场伤痛来得更早一些，我也许能够克服；如果来得更晚一些，我也许不会觉得那么可怕；但是啊，它偏偏发生在此时此刻，发生在我充满了生命的力量和能量的时刻。我觉得身上所有的活力和能力都被彻底摧垮了。如果有种伟大的爱能够将我包围、将我带离，我或许会好很多——然而，罗英格林并没有对我的呼唤做出回应。

雷蒙德和他的妻子佩内洛普要去阿尔巴尼亚救助难民。他劝我届时到那里找他。我和伊丽莎白、奥古斯丁一道，前往科孚岛。我们途经米兰，在当地休息一晚。我被带到四年前住过的房间，在那里，我曾为了小帕特里克的出生问题犹豫不决，内心争斗了几个小时。结果他出生了，长成了我在圣马可大教堂梦想的天使模样；然后又离开我了。

当我再一次望向画像中的女人的时候，她那双邪恶的眼睛似乎在说："一切都通往死亡——不是正如我所说吗？"无边的恐惧向我袭来，我慌不择路地奔向走廊，恳求奥古斯丁带我到另一家酒店。

我们在布林迪西坐船，不久，在一个明媚的上午，抵达科孚岛。大自然生机勃勃、喜气洋洋，我却感觉不到一丝欣慰。身边的人说，我一天天地、一周周地坐在那里，眼睛仅仅盯着前方。我没有了时间概念——我进入了一个凄凉昏暗的世界，不再有生存的意愿，不再有行动的力量。真正的悲伤来临的时候，遭受打击的人会失去了动作和表情。正如尼俄伯最终化为了石头，我静静地坐着，渴望死亡将我灰飞烟灭。

罗英格林在伦敦。也许，他来到我的身边，就可以将我从这种凄惨的、死寂的昏沉中解救出来。也许，一个温暖、深情的怀抱，就可以让我回归生活。

一天，我请求大家让我一个人待着。昏暗的房间里，窗帘全拉上了，我躺在床上，双手抱胸。在极端的绝望中，我一遍又一遍地向罗英格林发出讯息。

“来我身边吧。我需要你。我要死了。如果你不过来，我就跟随孩子们去了。”

我像连祷般，一遍遍地重复着这些话。

我醒来时，已经是深夜。随后，我又心如刀绞地睡去。

第二天上午，奥古斯丁叫醒我，手里捏着一封电报。

看在上帝的份上告诉伊莎多拉，我立刻前往科孚岛。

接下来的几天里，我等待着，一丝希望之光穿透了沉郁的黑暗。

一天上午，罗英格林出现在我眼前，脸色苍白，神情焦虑。

“我以为你死了。”罗英格林说。

他告诉我，就在那个我向他发出讯息的下午，我像个虚幻的幽灵般出现他的床前，一字一句地说着讯息中的那些话，反复地说着——“来我身边吧——来我身边吧——我需要你——如果你不来，我就会死去。”

当我确信我们之间有心电感应之后，我开始萌生出希望，想要通过这种内在的爱之冲动，将过去的不幸一笔勾销，让自己再一次感受到内心的活力；也许还会有孩子们来到世上慰藉我。然而，这仅仅是我单方面的愿望。我强烈的渴求——我的悲伤——沉重得让罗英格林承担不起。一天上午，他不辞而别了。我望着那艘渐渐驶离科孚岛的轮船，望着它消失在蔚蓝色的大海里。我知道他就在船上，而我再一次成为孤零零的一个人。

我于是对自己说——要么立即结束生命，要么找到一种能够克服夜以继日吞噬着我的痛苦的方法，努力活下去。每到夜里——无论是醒着还是睡着——那个可怕的上午都会出现在我的面前。我似乎听到迪尔德丽在说："你猜我们今天要去哪里？"我似乎听到保姆在说："夫人，可能他们还是别出去比较好。"我似乎听到自己疯狂地回答："你说得对。留下他们，我的好保姆，留下他们，今天别让他们出去了。"

雷蒙德从阿尔巴尼亚回来了。他保持着一贯的激情。"整个国家都需要援助。村庄被毁了；孩子们在挨饿。你怎么可以留在这里顾影自怜？过来吧，过来喂喂孩子们，安慰妇女们。"

他的建议很奏效。我重新穿上希腊式的束腰短裙和便鞋，跟他去了阿尔巴尼亚。他为救助阿尔巴尼亚难民的援助者建了最为简朴的营地。他到科孚岛的市场买了原棉，装在事先租下的小汽船上，运送到难民最多的港口圣夸伦塔。

"但是，雷蒙德，"我说，"你怎么用原棉填饱饥民们的肚子？"

"少安毋躁，"雷蒙德说，"你会明白的。如果我运面包过来，那只能确保他们今天有东西吃；可是我给他们原棉，那么他们以后也有东西吃。”

我们在圣夸伦塔布满岩石的海岸登陆。雷蒙德在那里设立了一个中心站，并挂了一块牌子：“愿意将原棉纺成线的人，每天将得到一德拉克马[①]。”

很快，贫穷、瘦弱、饥饿的妇女排成了一个队伍。有了德拉克马，她们就可以从希腊政府设在港口的网点买到黄玉米。

雷蒙德又驾着小船前往科孚岛。他在那里指挥木匠制作纺织机，然后运回圣夸伦塔。新挂的牌子上写着：“愿意将线织成花布的人，每天将得到一德拉克马。”

成群结队的饥民前来应征。雷蒙德提供的花布图案，取材于希腊古瓮上的设计。很快，一群妇女聚集到海边干活。雷蒙德教她们一边纺织一边唱歌，场面非常欢快。布织好后，又被制作成美丽的沙发套。雷蒙德拿到伦敦售卖，盈利额有百分之五十。他用这笔钱开了一家面包店，出售白面包，价格比希腊政府出售的黄玉米便宜一半。就这样，他建起了一座难民村。

我们住在海边的帐篷里。每天日出之际，我们跃入大海，纵情游泳。雷蒙德偶尔会搞到一些额外的面包和土豆，这种情况下，我们便翻山越岭，把食物分发给各个村庄的饥民。

---

① 德拉克马：现代希腊基本货币单位。

阿尔巴尼亚是一个奇特而又悲惨的国家。这里有最早的祭祀雷神宙斯的神坛。之所以称为雷神宙斯，是因为这个国家——冬天和夏天——总是雷声大作、暴雨连连。暴风雨来袭的时候，我们穿着长袍和便鞋，艰难地行走。我觉得，淋雨走路比穿着雨衣更让人怡然自得。

我看到了很多悲惨的景象。一个母亲坐在树下，怀里抱着婴儿，三四个孩子依偎在身旁——全都饥肠辘辘、无家可归；房子被烧了，既是丈夫又是父亲的家庭支柱被土耳其人杀了，牲畜被偷了，庄稼被毁了；只剩下可怜的母亲和幸存的孩子们。面对这样的家庭，雷蒙德总要给好几大袋土豆。

我们拖着疲惫的身子回到营地，可是我的精神却异常亢奋。我的孩子们离开了，但是还有其他人——那些挨饿的、受难的人——难道我不能为这些人活下去吗?

这是在圣夸伦塔，没有理发师。我头一次剪了自己的头发，扔进大海。

我恢复了健康和活力，越来越觉得自己不适合继续留在这里救助难民。显然，艺术家的生活与圣徒的生活是截然不同的。我身上的艺术细胞在苏醒。我觉得，凭我有限的力量来改变以阿尔巴尼亚难民为代表的苦难，简直是异想天开。

第二十六章

一天，我觉得自己必须离开这个多山、多巨石、多风暴的国家。我对佩内洛普说："我感觉自己再也无法面对这些苦难了。我渴望坐在清真寺里守着一盏柔和的灯——我渴望踩在波斯地毯上的舒适感。我厌倦了这里的道路。你能跟我一起去君士坦丁堡吗？"

佩内洛普欣然同意。我们换下长袍，穿上素色的连衣裙，乘船前往君士坦丁堡。白天，我待在甲板上的舱房里；到了晚上，当其他乘客都睡着了的时候，我在头上裹一条披巾，走出舱房，置身于月光弥漫的黑夜之中。还有一个人也在望月。他靠着船侧，一身白衣，就连山羊皮手套都是白色的——他很年轻，手里握着一本黑色的小书，时不时地低头看书，小声阅读，仿佛是在祈祷。他的头发乌黑亮泽，一双黑色的眼睛镶嵌在苍白而憔悴的面孔上，炯炯有神。

我朝他走过去。这个陌生男人跟我倾谈起来。

“冒昧地告诉你，”他说，“我有着跟你一样沉重的痛苦。我现在返回君士坦丁堡，去安慰我那伤心欲绝的母亲。一个月前，她得到了我大哥自杀的消息；不到两周，她又听到了另一个噩耗——我二哥自杀了。我是仅存的一个孩子。可是我又如何安慰得了她呢？我自己正处于无边的绝望之中，甚至觉得这世上最幸福的事情莫过于追随两位哥哥的脚步而去。”

我们聊了起来。他告诉我，他是个演员，手中的小书是《哈姆雷特》，当时正在研究其中的一个角色。

第二天晚上，我们又在甲板上相遇了。我们就像两个不幸的幽魂，分别沉浸于属于自己的那份忧虑中，然而又在对方的陪伴下找到了一丝安慰。我们待在那里，直到天明。

抵达君士坦丁堡后，一位身穿丧服、高挑美丽的女人过来迎接他，并拥抱了他。

我和佩内洛普入住佩拉宫酒店。头两天，我们游览了君士坦丁堡，主要是在老城镇的狭窄街道上晃悠。第三天，我接待了一位不速之客，是同船那位悲伤朋友的母亲，也就是来迎接他的女人。她悲痛万分地来找我，给我看她刚刚失去的两个俊美儿子的照片，然后说："他们走了，我没办法带他们回来。但是今天，我来求你帮我挽救这最后的孩子——拉乌尔。我担心他要步两位哥哥的后尘。"

"我能做点什么，"我说，"他有什么样的危险？"

"他出了城，去了一个名叫圣斯特凡诺的小村庄，一个人住在别墅里。他带着一副绝望的表情离开，这只能让我往最坏的方向想。你给他留下了深刻的印象，我想你或许能够让他看到自己的行为是多么不负责任，让他可怜一下自己的母亲，好好地生活下去。"

"但是，他为什么如此绝望呢？"我问。

"我不清楚。我也不知道他的两个哥哥因何自杀。他们年轻、俊俏、幸福，为什么一心求死呢？"

这位母亲的恳求深深地打动了我。我答应去一趟圣斯特凡诺村，尽我所能帮助拉乌尔重拾理智。酒店大厅的侍者告诉我，通往圣斯特凡诺村的道路崎岖不平，几乎不太可能开车去。我于是来到港口，租了一艘小拖船。博斯普鲁斯海峡刮着风，波浪滔滔，我们最终安全抵达小村庄。我按照他母亲的指点，找到拉乌尔的别墅。那是一幢白色的房子，孤零零地坐落在花园里，旁边是古老的墓地。房子没有门铃。敲门没人应。我推了推门，发现门是开着的，便走了进去。底层的房间空荡荡的，我沿着一小段楼梯上了二楼，推开一个房门，看到了拉乌尔。这是一个刷得雪白的房间：白色的墙、白色的地面、白色的门。他躺在一张白色的沙发上，穿着我在船上遇见他时的那身衣服——白色套装、白色手套。沙发边上有一张小桌子，上面摆着一个水晶花瓶，里面插着一枝白色的百合花；花瓶旁有一把左轮手枪。

小伙子应该是饿了两三天，神志恍惚，几乎听不清我的声音。我用力摇他，想要使他恢复生气。我跟他说起他母亲，说她因为两个儿子死去而感到撕心裂肺的痛苦。最后，我试着拉起他的手，硬是将他拖到我来时的那艘小拖船上——小心翼翼地让他忽略了左轮手枪，没把它带上船。

归途中，他哭个不停，不愿意回到他母亲的家里，我于是让他跟着我来到佩拉宫酒店。在我的房间里，我试着了解造成他极端痛苦的原因。在我看来， 即便是哥哥们的死也不会让他沦落到如此田地。最后， 他喃喃地说道："是的，你说得对。并不是因为哥哥们的死，而是因为西尔维奥。"

"谁是西尔维奥？她在哪里？"我问。

"西尔维奥是这个世界上最美丽的人，"他说，"他就在君士坦丁堡，与他母亲住在一起。"

当我得知西尔维奥是个男子的时候，我惊讶得目瞪口呆。不过，我一直是柏拉图的忠实信徒，觉得他写的《费德鲁斯》是迄今为止最为动听的恋曲，所以不会像寻常人那样难以接受。我相信，爱情的最高形式是纯粹的精神恋爱，不一定需要性的交合。

我决定不惜一切代价挽救拉乌尔的生命，所以没有浪费口舌，直接就问："西尔维奥的电话号码是多少？"

很快，电话那头传来了西尔维奥的声音——这甜美的声音，在我听来，肯定是来自甜美的灵魂。"你得立刻赶过来。"我说。

不久，西尔维奥出现了。他是一个十八岁上下的俊俏的年轻人。那个把强大的宙斯都迷惑得意乱神迷的盖尼米得[①]，或许就是这般模样吧。

> 这种感觉持续膨胀。他走近他，拥抱他，无论是在做体操运动时还是在其他见面场合。然后，那条宙斯在爱上盖尼米得时命名为"欲望"的小溪的源头处，喷涌出泉水，流向爱者，有些流进了他的心里，有些则溢了出来；正如微风或回声遇到光滑的岩石后会原路返回，美的溪流也是这样，它流经心灵之窗——眼睛，重又回到美者那里；羽翼开始萌生，给它们浇水，让它们生长，将爱注入到被爱者的心里。他就这样陷入了爱河，但他一无所知；他并不理解，也无法描述自己的状态；他看上去就像从别人那里

① 盖尼米得：希腊神话里的特洛伊美少年，宙斯将他带走，做神的斟酒者。

传染到了盲病；爱者是他的镜子，从中可以看清楚自己的一切，只可惜他尚不知道这点。

——乔伊特①

我们共进晚餐，然后又相处了一会儿。后来，我欣喜地看见拉乌尔和西尔维奥两人一起待在面朝博斯普鲁斯海峡的阳台上，含情脉脉地说着悄悄话。从中我可以断定，拉乌尔的性命是保住了。我打电话给他的母亲，告诉她我的努力已经奏效了。可怜的女人喜出望外，不断地跟我说感激的话。

那天晚上，当我跟两位朋友互道晚安的时候，我觉得自己挽救了一位俊美年轻人的生命，做了一件好事。但是没过几天，心烦意乱的母亲又来找我了。

“拉乌尔又去了圣斯特凡诺村的别墅。拜托你再救他一命吧。”

我暗忖，这回真的是给自己找麻烦了，但我秉性比较善良，实在是无法拒绝这位可怜母亲的哀求。上次坐船过去的时候，风浪太大，所以这次我打算试试陆路，坐车过去。我打电话给西尔维奥，让他跟我一起去。

---

① 乔伊特（1817 — 1893）：英国古典学学者，以翻译柏拉图和亚里士多德的作品闻名。

“你得告诉我，他做这些疯狂事的原因是什么？”我问他。

“哦，是这样的，”西尔维奥说，“我的确爱拉乌尔，但是不像他爱我那样深，所以他觉得还是死了比较好。”

我们日落时分出发，一路颠簸着、摇晃着开到拉乌尔所在的别墅。我们突然出现在忧郁的拉乌尔面前，乘他措手不及之际，将他带回到酒店。我和佩内洛普一直商谈到深夜，想方设法寻求一个有效的途径，帮助拉乌尔克服精神上的怪毛病。

第二天，我和佩内洛普徜徉在君士坦丁堡的古老街道。在一条幽暗狭窄的小巷子里，佩内洛普指向一块招牌。上面写着亚美尼亚文字，佩内洛普识得这门语言，告诉我这里住着一个算命师。

“我们找她算算吧。”佩内洛普说。

我们走进一座古老的房子，爬上一段回旋的楼梯，穿过数道陈旧、残破、肮脏的走廊，来到一间里屋，看到一位老态龙钟的女人正弓着腰搅拌一口大锅，里面散发出一股怪味。她是个亚美尼亚人，会讲一点希腊语，所以佩内洛普能够听懂她的话。老婆婆告诉我们，在上一次大屠杀中，在这间屋子里，她亲眼目睹土耳其人杀害了自己的儿子们、女儿们、孙辈们，甚至最后一个年幼的婴儿。这种悲惨的经历，让她有了一双与众不同的眼睛，能够看到未来。

“你看到我的未来是什么样子的？”我通过佩内洛普问她。

老婆婆盯着大锅上缭绕的水汽，过了一会，说了一些话。佩内洛普翻译给我听："她说你是太阳的女儿。你被派遣到人间，给所有人带来巨大的欢欣。这种欢欣将会创造出一种宗教。经过许多曲折，在生命的尾声，你将在世界各地建起自己的庙宇。迟早有一天，你会回到这座城市，也会在这里建起庙宇。你的所有庙宇都将供奉美和欢乐，因为你是太阳的女儿。"

当时，我正处于悲哀和绝望之中，觉得这段诗意的预言怪里怪气。

随后，佩内洛普问："我的未来呢？"

我注意到，她对佩内洛普说话时，佩内洛普脸色变得苍白，看起来非常害怕。

“她跟你说了什么？”我问。

“她的话让人很不安，”佩内洛普回答，“她说我有一头小羊羔，指的是我的小男孩梅诺卡斯。她说：‘你还想要一头小羊羔。’我想，那肯定是指我一直想生个女儿。但是她说，我的这个愿望永远都不会实现。她还说，我很快就会接到一封电报，上面会写道，我爱的一个人得了重病，我爱的另一个人快要死了。此外，”佩内洛普继续告诉我，“她说我的寿命不长，但是，我会站在高处，俯瞰这个世界，最后在沉思默想中离去。”

佩内洛普心烦意乱。她给老婆婆一些钱，跟她说了再见，拉起我的手，几乎是跑着穿过走廊、下了楼梯、钻进狭窄的小巷。我们拦下一辆出租车，返回酒店。

我们进门时，侍者拿着一封电报走过来。佩内洛普无力地靠在我的胳膊上，几乎要晕倒了。我只好扶着她回房间，然后拆开电报。上面写着：“梅诺卡斯病重，雷蒙德病重。速回。”

可怜的佩内洛普忧心忡忡。我们匆匆忙忙地将东西塞进旅行箱，并打听什么时候有船开往圣夸伦塔。侍者说日落的时候会有一班船。不过，即便是在十万火急的时刻，我仍然没有忘记拉乌尔的母亲。我给她写了短笺：“如果你想要将儿子从威胁着他的危险中解救出来，就必须让他离开君士坦丁堡。不要问我原因，但是如果可能的话，带他到我今天下午五点即将乘坐的班船上。”

我没有收到回音。就在船要离岸的那一刹那，拉乌尔拎着一个手提包，匆匆跑过跳板，跳上船来。他面如死灰，与其说活着，不如说死了。我问他是否买了票或者订了舱房，结果是什么都没做。不过，幸好这里的船务人员都比较热情好客，我可以跟船长协商一下。船上已经没有多余的舱房了，拉乌尔只得睡在我那个套房里的起居室。我对这个年轻小伙子，有一种母亲般的关爱和忧虑。

抵达圣夸伦塔后，我们发现雷蒙德和梅诺卡斯得了热病。我苦口婆心地想要说服雷蒙德和佩内洛普离开阿尔巴尼亚这片阴郁的土地，跟我一起返回欧洲。我找来船上的医生，觉得他的话比较有说服力，可惜雷蒙德不愿意离开他的难民和难民村，佩内洛普自然也不愿意离开他。于是，我只能无奈地将他们留在那片到处是岩石的荒凉之地。他们只有一顶小帐篷栖身，来势汹汹的飓风将它吹得东倒西歪。

轮船继续朝着的里雅斯特开去，我和拉乌尔两人都不快乐。他一直在流泪。我之前已经发了一封电报，让人开车到的里雅斯特接我们，因为我不想坐火车跟其他乘客接触。我们坐上车后，向北行驶，穿过一条条山道，来到瑞士。

我们在日内瓦湖逗留了一段时间。我们是奇怪的组合，沉浸在各自的悲伤中，或许正因为如此我们才能成为很好的伙伴。我们在湖中的一艘小船上待了数日，最后我终于让拉乌尔郑重承诺，以后再也不会试图自杀了，要为了母亲好好活下去。

于是，一天上午，我把他送上了火车，叫他重返戏剧舞台。从此以后，我再也没有见过他。我后来听说他的事业非常成功，饰演的哈姆雷特深入人心，这点我可以理解；在诠释“活着还是死去”这句台词的时候，还有谁能够像可怜的拉乌尔那样理解得透彻呢？不管怎么说，他还年轻，我希望他能够找到属于自己的幸福。

我独自留在瑞士，厌烦和抑郁的情绪不断来袭。我变得躁动不安，无法在哪个地方长久待着，只好开着车在瑞士到处转悠。某一天，在一阵不可抗拒的冲动的指引下，我开车回到了巴黎。我深居简出，完全不习惯跟人交流了，甚至连赶到瑞士与我做伴的哥哥奥古斯丁，也无法驱逐我身上的魔咒，最后，我极端得无可救药，哪怕一丁点儿的人声都会让我不耐烦。人们走进我的房间，但是我觉得他们很遥远、很虚幻。一天晚上，我又回到了巴黎，站到了自己位于纽利的房子前。这里已经荒废了很久，只有一位打理花园的老头依旧住在门房里。

我踏进宽敞的工作室，蓝幕布顿时让我想起了自己的艺术、自己的工作，于是决定调整心情、重整旗鼓。为此，我派人叫来了朋友汉纳·斯基恩，让他为我弹奏。然而，熟悉的音乐再度响起的时候，我情不自禁地哭泣起来。事实上，经过了这么多事，我第一次哭了出来。这里的一切，只会一再让我想起曾经的快乐时光。不久，我出现了幻觉，仿佛听到孩子们在花园里嬉戏的声音。有一天，我不知不觉中走进孩子们住过的小房间，看见他们的衣服和玩具散落一地，我彻底崩溃了。我意识到自己再也不可能在纽利住下去了。不过，我仍然想要改变这一局面，邀请朋友们过来陪伴我。

白天还好，到了晚上，我辗转难眠。河流就在房子旁边，潺潺的流水声总是分外清晰。我终于无法忍受这里的氛围了，开着车一路向南。我只有坐在汽车里，以每小时七八十公里的速度飞驰，才能够暂时摆脱那些夜以继日折磨着我的难以言喻的悲痛。

我穿过阿尔卑斯山，进入意大利，继续我的漂泊之旅。有时候，我发现自己在威尼斯运河的平底船上，让船夫整夜地划着桨；有时候，我又穿梭于里米尼古城。我在佛罗伦萨住了一晚，得知C 就住在该城。我有股派人找来他的强烈冲动，但是想想他如今已经结婚，过起了家居生活，跟他见面只会徒增烦恼，于是作罢。

一天，在海边的一座小镇里，我收到了一封电报，上书："伊莎多拉，我知道你在意大利游荡。拜托你过来看看我。我会竭尽全力抚慰你。"署名是埃莉诺拉·杜丝。

我一直没搞明白她如何得知我的下落，给我发来这样一封电报。不过，我一看见她那不可思议的名字，就知道她也许就是我想要见到的那个人。电报是从维亚雷焦发过来的，正好位于我所在的海岬的另一侧。我给埃莉诺拉发了一封回电，表达感激之情，并且告诉她我即将抵达，然后马上坐进汽车，朝她那里开去。

我在夜里赶到了维亚雷焦，遇上一场暴风雨。埃莉诺拉住得很远， 在乡下的一幢小别墅里，不过她在格兰德酒店留下了一封短笺，让我去找她。

第二十七章

第二天上午，我驱车去找杜丝。她住在葡萄园后面的一幢玫瑰色别墅里。她顺着葡萄架下的小道走过来，宛如光芒四溢的天使。她上前迎接我，拥抱我，充满了爱和柔情的神奇目光将我团团包围。我此时此刻的感觉，或许就是但丁在“天堂”里遇见圣女贝雅特丽采时那样吧。

自此，我在维亚雷焦住下了，从埃莉诺拉的目光中找到了勇气和力量。她常常拥抱着我，给我庇护，将我抚慰。她不仅抚慰我的伤痛，甚至还对我的伤痛感同身受。我意识到，我之前无法忍受别人的陪伴，原因在于他们全都故作轻松，想要通过幽默喜剧的事情来让我遗忘过去。埃莉诺拉的表现很不同，她说：“跟我讲讲迪尔德丽和帕特里克吧。”她要我倾诉孩子们说过的每一句话、做过的每一件事，要我拿出他们的照片，仔细看着它们，亲吻它们，哭得梨花带雨。她从不会说——“别再悲痛了”，而是跟我一块儿悲痛。自从孩子们离开后，这是我头一次感觉到自己并非孑然一身。埃莉诺拉·杜丝是一位神奇人物。她有广阔的胸怀，可以容纳全世界的悲哀；她有发光的精神，可以穿透地球上所有阴沉的悲伤。当我跟她在海边散步的时候，常常觉得她的头顶笼罩着星辰，她的双手可以触及山巅。

有一次，她抬头望向山峦，对我说：“科洛奇山的悬崖峭壁，在旁边吉拉杜的绿色山坡、生机勃勃的葡萄藤以及花枝招展的树木的衬托下，显得那么苍凉、那么险峻。但是，当你望向科洛奇山阴沉粗糙的顶峰的时候，你会看见白色的大理石闪出一道光芒，静候着雕刻家赋予它永恒性。吉拉杜山给予人类世俗的需求，而科洛奇山提供了梦想的素材。这就是艺术家的生活——昏暗、忧伤、悲凉，可是他们提供了白色大理石，激发了人类深层的渴望。”

埃莉诺拉喜爱雪莱。这里的 9 月份，暴风雨不断。有时候，在闪电划过阴沉的波涛时，她会指向大海，说：“看呐——雪莱的骨灰在闪耀——他在那里，走在波涛之上。”

住在酒店里，总是有陌生人盯着我，让我很不自在。于是，我租了一幢别墅。但是，为什么我会选择这样一幢别墅呢？一幢红砖砌成的庞大的别墅，坐落于一片郁郁葱葱的松树林深处，四周有高高的围墙。如果说外部景象看起来很凄清的话，内部设置则有一种难以言喻的悲伤氛围。据村民们相传，这里曾居住着一位女士，跟奥地利宫廷中的某位身份显赫的名流——有人断定是弗朗茨·约瑟夫本人——有过一段不幸的情感纠葛，之后又凄凉地看到他们的儿子发了疯。别墅的顶层有一个小房间，窗户封住了，墙上画着奇形怪状的图案，门上开了方形的小洞。显然，可怜的年轻人发疯时，被关在了这里，食物则从洞口递了进去。屋顶有一处开放式的宽敞凉廊，一边可以俯瞰大海，另一边可以远眺群山。

这座阴郁的别墅，至少有六十个房间，我一时冲动租下了它。我觉得，是围墙内的松树林和凉廊上的迷人景观吸引了我。我问埃莉诺拉是否愿意与我一起住在这里，她婉言拒绝了。她从原来的避暑别墅里搬了出来，住到我附近的一幢白色小房子里。

现在，杜丝有一大癖好，那就是通信。如果你住在别的国家，她或许只会时不时地给你发一封长电报，三年内不间断；但是住在附近的话，她几乎每天都会派人捎来一封有趣的短笺，甚至一天两三封。我们经常见面，在海边散步，杜丝习惯说："悲哀的舞神与悲哀的缪斯一起漫步。"

一天，我和杜丝在海边散步时，她突然转向我，落日的余晖在她头上投射出一道炽烈的光晕。她长久地盯着我，表情有些怪异。

“伊莎多拉，”她哽咽着说，“别再追寻幸福了，别这样了。你紧皱的眉头已经告诉了我们，你是天底下最不幸的人了。已经发生在你身上的一切，只不过是序幕而已。不要再去考验命运之神的耐性了。”

哦，埃莉诺拉，如果我听进去你的忠告该有多好啊！可是，“希望”是一株根除不掉的顽树，不管多少枝丫被砍掉、被摧毁，它还是会长出新的枝叶。

杜丝是个了不起的人物，当时正处于生命和智慧的巅峰时刻。当她踏着大步伐行走在海岸边时，步态跟我见过的其他女人完全不一样。她不穿胸衣，身形高大，身材丰满，虽然时尚圈的人见了会摇头，但这恰恰体现了她的高贵迷人之处。她身上的一切都表明她有一颗饱尝磨难的伟大心灵。她常常给我阅读希腊悲剧或者莎士比亚戏剧，听她读到《安提戈涅》中的某些句子的时候，我不禁思忖，如此精彩的诠释竟然没有让全世界的人欣赏到，真是暴殄天物。有人认为，杜丝在艺术辉煌阶段长期没有登上舞台，是因为情场失意或者其他感情方面的问题，这并非事实；而且，也不是健康方面的问题。真正的原因在于，她缺少帮助，缺少必要的资金，去实现自己梦寐以求的艺术理念——事实就是这么简单、这么琐碎。标榜“崇尚艺术”的世界，把这位世界上最杰出的女演员遗弃了整整十五年，任由孤独和贫困蚕食她的心灵。当莫里斯·盖斯特终于意识到她的存在，为她安排了美国巡演的时候，一切都已太迟。她竭尽全力要为自己等待多时的工作筹集必要的资金，却不幸死于这最后一场巡演的途中，令人扼腕叹息。

*

我租了一架优质的钢琴放在别墅里，然后发了一封电报给忠实的朋友斯基恩，后者立刻赶了过来。埃莉诺拉对音乐有着浓厚的兴趣，每天晚上都会让斯基恩为她弹奏贝多芬、肖邦、舒曼和舒伯特的作品。偶尔地，她还以低沉、优美的嗓音吟唱起自己最喜欢的歌曲《在这座黑暗的坟墓里》，每当唱到末尾的——“忘恩负义——忘恩负义”[①]时，她的声音变得哀怨动人，她的表情饱含悲恸凄切，让人潸然泪下。

一天傍晚，我忽然站了起来，让斯基恩弹奏起音乐，为杜丝表演贝多芬的《悲怆奏鸣曲》。我的动作舒缓而轻柔，是我自4月19日以来头一次跳舞。杜丝满怀感激之情地拥抱住我、吻我。

“伊莎多拉，”她说，“你在这里干什么呢？你应该回到自

① 此句原文为意大利语。

己的艺术中去。只有艺术才能拯救你的灵魂。”

埃莉诺拉知道，几天前有人给我寄来了一份合约，希望我到南美巡回演出。

“签了这份合约吧，”她劝说道，“如果你知道生命有多短暂，知道它充斥着长年累月的无奈，无奈——除了无奈，没有别的了，你就会签了这份合约！从这无边的痛苦和无奈中挣脱出来吧——挣脱！”

“离开吧，离开吧。”她这样劝着我，而我的内心却分外沉重。我可以在埃莉诺拉面前跳简单的动作，但是却无法再一次面对观众。我全部的身心都在备受煎熬——每一次心脏的跳动，都是对孩子们的声声呼唤。只有跟埃莉诺拉在一起的时候，我才能得到一丝安慰；可是到了夜晚，在这座孤寂的别墅里，空荡荡、阴沉沉的房间发出一阵阵回响，我彻夜难眠，无奈地等待着黎明的到来。曙光微露的时候，我起身，到大海里游泳。我暗暗思量，觉得自己最好游得远远的，再也回不来，不过我的身体总是自作主张地向着陆地游去——这就是一个年轻躯体对生命的本能渴望。

一个秋日的午后，天色灰暗，我独自在沙滩上漫步，突然看见我的孩子迪尔德丽和帕特里克手拉着手出现在我面前。我呼唤着他们，可是他们在前面跑着、笑着，就是追赶不上。我在后面紧紧跟着——跟着——喊着——突然，他们消失在浪花飞溅的雾霭中。我感到揪心的恐惧。出现有关孩子们的幻觉——是否意味着我疯了？有好一阵子，我清楚地感觉到自己的一只脚跨过了疯人与正常人的界线。我的面前仿佛出现了一座疯人院——那百无聊赖的生活。在痛苦的绝望中，我扑倒在地，号啕大哭。

我不知道自己就这样趴了多久，直到一只怜惜的手抚摸我的头。我抬眼望去，看到一个仿佛从西斯廷教堂的壁画中走下来的俊美之人在我面前凝思。他站在那儿，刚从海上归来，说："你为什么一直哭泣？我能为你做点什么——或者帮点什么？"

我继续抬眼望着他。

"好吧，"我回答，"救救我——拯救我的生命——还有我的理智。给我一个孩子。"

那天晚上，我们一起站在我别墅的屋顶上。落日已经沉入大海的深处，月亮缓缓升起，皓白的光辉笼罩着山脉的大理石岩壁，当他年轻而有力的臂膀将我环住，当他的双唇印上我的双唇，当他全部的意大利激情向我涌来，我感觉到自己从痛苦和死亡中挣脱了出来，重回光明，重获爱情。

第二天上午，我一五一十地将事情的经过告诉埃莉诺拉。她看起来一点都不惊讶。艺术家生活在传说和幻想的土地上，年轻的米开朗基罗从海上过来安慰我是再自然不过的事情了。她不喜欢与陌生人接触，不过这一次，竟欣然赞成我把年轻的情人介绍给她看看。于是，我们一起拜访了他的工作室——他是一位雕塑家。

“你当真认为他是一位天才？”看完他的作品后，她问我。

“毫无疑问，”我回答，“而且他很有可能会成为第二个米开朗基罗。”

年轻人的可塑性很强。年轻人相信一切，我几乎认定新的恋情可以帮助我战胜悲哀。那段日子，接连不断的恐怖遭遇已经让我精疲力竭了。我曾时常念起维克多·雨果的一首诗，并最终让自己确信：“是的，他们会回来；他们只不过在等待，终有一天会回来。”可是啊，这场美梦很快就破灭了。

我的情人似乎来自于一个正统的意大利家庭，与一位同样来自于正统家庭的年轻姑娘订了婚。他并没有亲口告诉我这件事，而是写了一封信给我，解释了一切，跟我说了再见。我一点儿都不恨他。我觉得他拯救了我的理智，让我不再感觉到孤独。自此之后，我进入了一个崭新的阶段，成为神秘主义的忠实信徒。我觉得孩子们的灵魂就在我的身边游荡——他们总有一天会回来慰藉我。

秋天到了，埃莉诺拉搬回她位于佛罗伦萨的公寓里，我也离开了那幢阴沉的别墅。我先是去了佛罗伦萨，随后去了罗马，打算在那里过冬。圣诞节是在罗马度过的，感觉很凄凉，但是我对自己说：“还好我不是在坟墓里，也不是在疯人院——我是在这里。”我忠诚的朋友斯基恩始终陪伴在我的身边。他从不发问，从不怀疑，单纯地奉献他的友谊和倾慕——以及他的音乐。

对于忧伤的人来说，罗马是一个好地方。雅典耀眼的光明和绝对的完美，只会加剧我的悲痛；而罗马，这座拥有无数伟大的遗迹、陵墓、纪念碑的城市，见证了世代沧桑，是一颗绝佳的止痛药。我尤其喜欢在清晨的时候漫步于亚壁古道。那个时段，从弗拉斯卡蒂过来的运送葡萄酒的马车正行走在两排坟墓中间的道路上，昏昏欲睡的车夫就像精疲力竭的农牧神，趴在酒桶上打瞌睡。时间仿佛不复存在了，我成了幽魂，在亚壁古道上飘荡了数千年，四周是空旷的坎帕尼亚平原，上面是拉斐尔天空的宽广穹顶。有时候，我把胳膊伸向这片天空，沿着古道跳舞——在路两旁的坟墓的映衬下，我这个样子显得分外悲戚。

晚上，我和斯基恩出去漫步，一路向前，走到那些喷涌不止的泉水前的时候，我们常常会停下脚步。这些泉水来自山里，源源不断。我喜欢坐在泉水旁，聆听水流潺潺以及清脆的水花声。很多次，我静静地坐在那里哭泣，我那敦厚的同伴怜惜地握住我的双手。

一天，罗英格林给我发来一封很长的电报，将我从这场漫无目的的悲伤之旅中唤醒。他以我的艺术的名义乞求我返回巴黎。这封电报奏效了。我坐上通往巴黎的火车。经过维亚雷焦的时候，我看见松树林里矗立着的那幢红砖别墅的屋顶，想起了几个月来在那里度过的绝望与希望交替出现的生活，想到了我离圣洁的朋友埃莉诺拉越来越遥远。

罗英格林早已在客丽容酒店为我准备了豪华套房，里面摆满了鲜花，还可以俯瞰协和广场。我把自己在维亚雷焦的经历以及孩子们出现在我面前的神秘幻觉告诉了罗英格林，他将脸深深地埋进双手间，似乎经过了一番挣扎，然后说："我在 1908 年向你走去，想要帮助你；可是我们的爱，最终将彼此引向了悲剧。现在，让我们一起创办你梦想的学校，创造一些美，抚慰生活在这个伤心世界的人们。"

他对我说，他已经买下了贝勒维大酒店。从酒店的露台处可以俯瞰整个巴黎，花园沿着山坡斜向河畔，房间多到可以容纳一千多个孩子。只要我愿意，这个学校就可以一直开办下去。

"如果你愿意将一切个人情感放在一边，暂时只为一个理念活着，那就容易多了。"他说。

悲痛和灾祸交缠着我的生活，唯有理智凌驾于一切之上，始终熠熠生辉。我清楚这一点，于是应允了。

第二天上午，我们参观了贝勒维大酒店。自此之后，装修工、家具商在我的指挥下忙碌了起来。这家陈旧的酒店摇身一变，成为一座未来舞蹈的殿堂。

我们在巴黎市中心举办了一场比赛，从中选拔出五十位有志于舞蹈艺术的学生。此外，我们还有原来学校的那批学生和教师。

我们将旧酒店的餐厅改造为舞蹈教室，挂上了我的蓝幕布。

在长方形大房间的中央，我让人建了一座平台，有台阶通到台上。平台既可以用作看台，也可以当作编舞者们展示自己作品的舞台。我觉得，普通学校里的生活之所以单调乏味，部分原因就在于所有地板都在同一水平面上。因此，我让人在许多房间之间建了高低起伏的小通道。餐厅的布置，宛如英国国会下议院，过道的两边是一排排阶梯式的座位，年龄大的学生们和教师们坐在高处的位置，年龄小的孩子们坐在低处的位置。

在这种忙碌、活跃的生活中，我再一次找到教学的动力，孩子们如饥似渴地学习着，进步神速。开学才三个月，他们就已经取得了惊人的成绩，前来参观的艺术家们无不发出惊叹的声音。星期六是艺术家的节日。从上午十一点至中午一点是公开课，对艺术家们开放。罗英格林一向慷慨大方，为艺术家们和孩子们准备了丰盛的午宴。气候变得宜人起来，午宴搬到花园里进行。午宴结束后，音乐响起，有人朗诵诗歌，有人翩然起舞。

罗丹住在默东，位于山的另一侧。他常常来拜访我们。当年轻的姑娘们和孩子们跳舞的时候，他就坐在舞蹈教室里为她们画素描。有一次他对我说："我年轻时有这样的模特该有多好啊！她们自由地活动，而且依照自然与和谐的规律活动！我的确有过许多美丽的模特，但是没有一个能够像你的学生们那样懂得动作的奥秘。"

我给孩子们买了五颜六色的披肩。她们走出学校，到森林里漫步，快乐地跳着、跑着的时候，就像一群美丽的鸟儿。

我相信这座安置在贝勒维的学校能够永远办下去，我将在这里度过余生，把我所有的工作成就留在这里。

6 月，我们在特罗卡迪罗举办了一场演出。我坐在包厢里观看孩子们表演。观众们有好几次因为她们的出色表演而激动得站了起来，高兴地喝彩。演出结束时，观众们掌声不断，久久不愿离去。这些孩子们并非训练有素的舞蹈家或艺术家，观众们能够对她们表现出如此巨大的热情，肯定是出于对人类新律动的某种期盼。这种新律动，也正是我朦胧地预见到的内容，跟尼采幻想中的动作如出一辙：

> 舞者查拉图斯特拉，轻盈的查拉图斯特拉，用身上的羽翼示意，做好了飞翔的准备。他向所有鸟儿示意，一切准备就绪。他是一个幸福快乐的人。

这些孩子们是未来舞蹈的希望，她们将诠释贝多芬的《第九交响曲》。

第二十八章

在贝勒维，我们怀着愉快的心情迎接每一天的到来。一双双小脚跑过走廊，一个个童音齐声歌唱。我下楼后，看见她们都在舞蹈教室。她们一看见我，就高喊："早上好，伊莎多拉。"在这样的氛围里，谁还会郁郁寡欢呢？虽然有时候，我因为在她们中间找不到那两张小面孔而回房哭泣，但我依然会振作起来，每天都给她们授课。她们优美可爱的舞姿，激励着我生活下去。

公元 100 年，罗马的一座山上矗立着一所学校，即"罗马神父舞蹈学院"。学校里的学生都是从最显赫的贵族家庭里挑选出来的，不仅如此，他们身体里流淌的贵族血统还必须有数百年的历史，并且没有一丝污点。他们虽然学习文学和哲学的所有课程，但舞蹈是最主要的表现方式。他们一年四季都会去剧院表演，无论是春夏，还是秋冬。每当需要演出的时候， 他们就从山上下来，进入罗马城，参加特定的仪式，在公众面前跳舞，净化他们的灵魂。这些男孩们跳得如此欢快、热情和纯洁，感染和升华了观众们的内心世界， 就像良药之于病人。我创办学校的初衷，就是想重振这样的表现方式。我相信，位于巴黎近郊的“卫城”山上的贝勒维，也会像“罗马神父舞蹈学院”那样，对巴黎及其艺术家们起到重要的影响作用。

每周都会有一群艺术家带着素描本来到贝勒维。我的学校已经成为激发灵感的源泉之地，而今存在的数百福素描作品和许多舞者模型，就是艺术家们当年在我的学校获得灵感创作的。我希望通过这所学校，艺术家和模特之间也许可以建立起一种全新的理想关系。我的学生们随着贝多芬或者赛萨尔·弗兰克[①]的音乐舞动，再现希腊悲剧中的歌舞队风貌，吟诵莎士比亚的作品；她们以自身的魅力宣告模特不再是可怜巴巴地呆坐在艺术家工作室里的默默无语的家伙，而是以生命的最高形式呈现的生动、活泼的完美典范。

为了更好地实现我的理想，罗英格林打算拾起曾经夭折的兴

---

① 赛萨尔·弗兰克（1822 — 1890）：比利时裔法籍作曲家、管风琴演奏家，他的作品气势宏伟，富有浪漫的神秘色彩。

建剧院的计划，在贝勒维的山上建一座剧院。根据罗英格林的设想，这座剧院将成为一座节日剧院，巴黎人在重大节庆日都会前来，而且剧院将拥有自己的交响乐团。

他再一次叫来了建筑师路易斯·苏，再一次在图书室里竖起了长期无人问津的剧院模型，还把地基规划好了。在这座剧院里，我希望我的梦想能够成真，让音乐、悲剧和舞蹈艺术以最纯粹的形式结合起来。在这里，穆内·苏利、埃莉诺拉·杜丝和苏珊娜·戴斯普里斯[①]可以上演《俄狄浦斯王》、《安提戈涅》或者《伊莱克特拉》，我的学生们可以充当歌舞队。在这里，我还可以举办贝多芬百年庆典，与众多学生们一起表演他的《第九交响曲》。我幻想有一天，孩子们会像雅典娜或者潘神那样从山上走下来，穿过河流，来到巴黎荣军院，随后继续他们神圣的旅程，直至罗马万神殿，在那里纪念某位伟大的政治家或者英雄。

我每天都会花数小时给孩子们授课。有时候太累了，站不动了，我就躺在沙发上，挥动着手和胳膊来教她们。我似乎具有神奇的教学能力，只要向孩子们伸出双手，她们就能舞动起来。我甚至觉得，与其说我在教她们跳舞，不如说我为她们开辟了一条道路，舞蹈的精神就这样顺着这条道路深入她们的灵魂深处。

我们计划排演欧里庇得斯的《酒神女祭司》。我的哥哥奥古斯

---

① 苏珊娜·戴斯普里斯（1875 — 1951）：法国女演员。

丁扮演剧中的酒神狄俄尼索斯。他对这部剧作了如指掌，每天晚上念给我们听；有时候，他也会念莎士比亚的戏剧或拜伦的《曼弗雷德》。邓南遮对我的学校很感兴趣，常常过来跟我们一起吃午饭或晚饭。

来自初期学校的那一小批学生已经长成亭亭玉立的姑娘了，她们协助我教导年纪尚小的孩子们。看着她们身上发生如此巨大的变化，看着她们那么自信、那么熟练地将我的教学传递下去，我不由得感慨万千。

然而，1914 年 7 月，一场前所未有的压抑席卷而来。我感觉到了，孩子们也感觉到了。当我们站在露台凝视着巴黎城的时候，孩子们常常沉默不语、闷闷不乐。天空中，一片片的乌云云集起来；地面上，神秘的气团似乎悬浮不动了。我感觉到了，我肚子里的孩子似乎也感觉到了，他越来越安静，不像先前那两个孩子般充满力量。

我觉得，为了消解悲哀和痛苦，迎接新生活，我做出太多努力，以致劳累过度。7 月的日子在一天天过去，罗英格林提议把学校里的相关人员送到他在德文郡的别墅里度假。于是，一天上午，她们全都聚集了起来，一对一对地过来跟我告别。8 月，她们要在海边度过。到了 9 月，她们就会回来。她们走后，房子变得异常空荡荡了，尽管我百般挣扎，还是陷入了深深的消沉之中。我很累，经常长时间地坐在露台上俯瞰巴黎。我越来越清晰地感觉到，某种来自东方的危险正在逼近。

一天上午，卡尔梅特[①]遭暗杀的可怕消息传来，整个巴黎笼罩在不安和恐惧之中。这是一个悲剧事件——是更大悲剧的预兆。卡尔梅特一直是我的艺术和我的学校的忠实拥护者，他的死让我很震惊、很难过。

我惴惴不安、惶恐忧虑。孩子们不在这里，贝勒维显得太宽敞、太安静了。面对巨大的舞蹈教室，一阵凄切涌上我的心头。为了消解自己的恐惧情绪，我试着安慰自己，想象着宝宝就要出生了，孩子们就要回来了，贝勒维又会成为活力和欢乐的中心。可是，时间的脚步真是拖沓啊，走得那么慢。一天上午，当时正在贝勒维做客的朋友博松医生，脸色苍白地走了进来，手里握着一份报纸。我看到大字标题上写着大公遇刺身亡。随后，谣言开始纷传；不久，我们得到了确切消息——战争要爆发了。我不由得相信，大事来临前必会投下阴影。我终于知道了，上个月感觉到的笼罩在贝勒维上空的阴影，原来是战争。在我打算复兴剧院艺术、筹备能够带给大家欢乐和激情的节日活动的时候，另一些力量却在暗中积蓄，准备将战争、死亡和灾难抛向人间。唉，面对这些洪流，我个人的力量是多么渺小啊！

---

① 卡尔梅特（1858 — 1914）：法国《费加罗报》的编辑，反对法国总统的非洲政策。

8 月 1 日，我感觉到了临产前的第一次阵痛。窗户外，人们叫嚷着动员的消息。天气燥热，窗户大开。我的嘶叫，我的苦难和我的疼痛，与此起彼伏的鼓声、公告宣读者的喊声交缠在一起。

我的朋友玛丽把一张铺满白色棉布的摇篮搬进房间里。我的目光一直落在摇篮上。我相信迪尔德丽或者帕特里克就要回到我身边了。动员令——战争——战争。战争真的会爆发吗？我迷惑不解。不管怎么样，我都必须把孩子生出来，可是似乎很艰难。我的朋友博松医生接到了征召令，已经离开了。一个陌生的医生来到我身边，不停地说：“振作点，夫人。”为什么要对一个正在经受撕心裂肺的痛苦的可怜女人说“振作点”呢？他要是对我说“忘掉你是一个女人；忘掉你要有尊严地承受痛苦；忘掉诸如此类的屁话；忘掉一切；尖叫吧、号叫吧、大叫吧——”，倒是会更好些。或者，他仁慈点，给我一点香槟酒，也很不错。可是这个医生顽固得很，完全按照自己的逻辑行事，干巴巴地说“振作点，夫人”。护士忐忑不安地站在边上，不断对我说：“夫人，这是一场战争——这是一场战争。”[①]我想，我的宝宝应该是个男孩，但是他还太小，不可能去参加战争。

最终，我听到孩子的哭声了——他哭喊着——他降生了。在这糟糕透顶的岁月里，虽然我经历了那么多恐惧和害怕，但是孩子出生的巨大喜悦早已将它们冲刷得一干二净。悲哀、痛苦和眼泪，长久的等待和无边的苦恼，终于得到了补偿。如果真有上帝存在的话，那么他肯定是一位伟大的舞台导演。当我怀抱着这个美丽的小男婴的时候，之前数小时的疼痛和担心顿时化作了欢乐。

然而，窗外鼓声依旧，“动员令——战争——战争”依旧。

“战争真的会爆发吗？”我很迷惑。“关我什么事？我的孩子在这里，安全地躺在我的臂弯里。他们去打仗吧——关我什么事？”

人类的欢乐总是很自私。就在我的窗外和门外，人声鼎沸，脚步声来回不断——女人们在哭泣——嘶喊——讨论着动员令；在房间里，我怀抱着孩子，竟然还敢在这场波及甚广的灾难面前感到无比的幸福，而且因为再次感受到孩子在自己的臂弯里而异

---

① 此句原文为法语。

常兴奋，仿佛自己身处天堂般。

夜幕低垂。我的房间挤满了人，他们来为我怀中的宝宝贺喜。“现在你又可以高兴起来了。”他们说。

过了一会，他们一个个地告别了，只剩下我和宝宝。我轻声说道：“你是谁，迪尔德丽还是帕特里克？你终于回来了。”小家伙忽然瞪大眼睛看着我，随后就开始喘气，似乎窒息住了，呼吸变得异常困难，冰凉的唇间发出一声长鸣。我赶忙呼唤护士——她进来了，看了看，一脸惊慌地抱过宝宝。接着，隔壁的房间里传来很大的动静，嚷着氧气、热水……

经过一个小时的痛苦等待，奥古斯丁走进我的房间，说：“可怜的伊莎多拉，你的孩子——已经死了……”

我相信，在那个时刻，我遭受了人世间最惨烈的打击。他的死，让我再一次想起之前两个孩子的死——就像重新经历上一次的悲痛那样——只不过这一次又添加了新一层的悲痛。

我的朋友玛丽进来了，哭着将摇篮搬走了。隔壁的房间里传来榔头敲拢着小棺材的咚咚声。这个小棺材，而今成了我那可怜的宝宝的永久摇篮。榔头的咚咚声，似乎将彻底绝望的最后音符敲进我的心里。我躺在床上，心痛欲裂，衰弱无力，泪水、奶水夹杂着鲜血一起流了出来。

一位朋友来看我，说：“你个人的悲痛算得了什么？战争已经要了数百人的性命——伤的伤，死的死，很快就会从前线送回来。”这么看来，似乎只有把贝勒维腾出来做医院才算合理。

在战争期间，人人都表现出同样的激情。人们因为同仇敌忾的消息而振奋不已，因为让数英里的乡村和墓地毁于一旦而情绪高涨，谁能说是对还是错呢？当然，在如今看来，这种激情毫无意义，可是我们又怎么能妄下断言呢？罗曼·罗兰[①]坐在瑞士，那颗发白的、沉思的头颅首先想到的是——有人诅咒战争，有人期待战争。

不管怎么样，从战争爆发的那一刻开始，我们每个人都慷慨激昂，甚至连艺术家都在说：“艺术算什么？小伙子们在浴血奋战，士兵们在浴血奋战——艺术算得了什么？”如果当时我足够有智慧的话，就应当这么回答——“艺术比生命更伟大”，就应该留在工作室里创作我的艺术。可是，我随波逐流了，头脑发热地说：“把这些床都搬走，把这所为艺术而建的房子拿去用吧，把它改造为医院，救死扶伤吧。”

一天，两个担架员走进我的房间，问我要不要看看我的医院。我还不能走路，他们用担架抬着我走过一个又一个房间。我看见每个房间里关于酒神女祭司、舞动的农牧神、宁芙女神们以及森林之神的浅浮雕都被取了下来，漂亮的帷帘和窗帘也都被取

---

① 罗曼·罗兰（1866 — 1944）：法国小说家、音乐评论家、剧作家、社会活动家，曾获诺贝尔文学奖。

了下来。代替浅浮雕的，是天主教商店供应的廉价的耶稣基督雕像。黑色的耶稣基督，金色的十字架，这种雕像在战时被批量生产和出售。我心下想，那些可怜的伤兵苏醒后第一眼看到是这些房间的本来面目，应该会更加开心吧。为什么要让他们看着黑色的耶稣基督被钉死在金色的十字架上的可怜样子呢？这种画面，多让人郁闷啊！

进入那间宽敞的舞蹈教室后，我看到蓝幕布不见了，一排又一排简易的小床搁在里面，等待着伤员们。我的图书室，原本摆着很多图书，诗人们可以站在书架旁汲取知识，而今已经变成了手术室，等待着伤员们。我的身子很虚弱，亲眼所见的一切让我很受打击。我觉得狄俄尼索斯被彻底击垮了。这是耶稣基督受难后的天下。

此后不久的一天，我听到担架员沉重的脚步声，这是他们第一次抬伤员进来了。

贝勒维！我的“雅典卫城”，你本该是灵感的源泉，是一所让人在哲学、诗歌和美妙的音乐的启迪下享受更高层次的生活的学校。从那天开始，艺术与和谐消失了，所有的墙壁都听到了我最初的哭喊——受伤的母亲的哭喊，以及被这个世界的战鼓声吓怕的宝宝的哭喊。我的艺术殿堂变成了殉道者的骷髅地，并最终演变成血腥的伤痛和死亡的停尸房。我曾经在这里聆听仙乐飘飘，如今只听到痛苦的呻吟和喊叫。

萧伯纳[①]说，只要人类还在折磨、屠杀动物，习惯吃它们的肉，战争便永不停息。我认为，所有心智健全、深思熟虑的人，都会同意他的观点。我的学校里的孩子们都是素食者，每天以蔬菜和水果为食，长得健健康康、美丽动人。有时候，当我听到伤员们的哭喊声的时候，我会想到动物们在屠宰场里的嘶喊声。我觉得，正因为我们在折磨这些毫无反抗能力的可怜的生灵们，上帝才会惩罚我们。谁会喜欢战争这种可怕的东西呢？可能是那些肉食者吧。他们捕杀过，感受到捕杀的欲念——捕杀飞禽、动物——捕杀温顺、弱小的鹿——捕杀狐狸……

穿着血淋淋的围裙的屠夫，煽动着流血和杀戮。为什么不呢？割断一头小牛的喉管，与割断我们的兄弟姐妹们的喉管相比，不过是半斤八两的差别而已。在我们自身仍然是遭到屠杀的动物们的活坟墓的时候，如何指望这个地球变成理想乐土？

*

我可以走动后，便与玛丽离开了贝勒维，前往海边。我们穿过战区，当我报上自己的名字时，他们给予我们最高的礼遇。执勤的哨兵说："是伊莎多拉，让她通行。"这话是我得到的

① 萧伯纳（1856 — 1950）：爱尔兰剧作家、评论家、文学家。1925年因其作品具有理想主义和人道主义而获诺贝尔文学奖。

最高荣誉。

我们去了多维耶，住在诺曼底酒店。我很疲倦，又有病在身，能够找到这么一个休息场所自然欣喜万分。可是，几个星期过去了，我仍然处于疲惫不堪的消极状态，连去海边呼吸清新空气的力气都没有。最后，我实在是觉得自己病得不轻了，派人去医院请医生。

令我惊讶不已的是，医生居然不愿意过来，只避重就轻地推托了。我在诺曼底酒店里饱受疾病的折磨，没有人看护我，我也没有心思展望自己的未来。

那时候，诺曼底酒店是很多巴黎名流的避难所。我们隔壁房间住着贝罗迪埃伯爵夫人，以及她的客人罗伯特·德·孟德斯鸠伯爵。孟德斯鸠伯爵是一位诗人，我们时常在晚饭后听到他用柔和的假音朗诵自己的诗歌。在战争和屠杀的消息纷至沓来的日子里，听他情绪高昂地颂扬美的力量，实在是一件美妙的事情。

萨夏·吉特里[①]也是诺曼底酒店的临时住客。他脑子里装着源源不断的奇闻轶事，每天晚上都会待在大厅里讲故事，逗大家开心。

只有在信使从前线送来悲惨的消息时，我们才清楚地意识到

---

① 萨夏·吉特里（1885–1957）：法国演员、剧作家，是法国两次大战期间的轻松喜剧代表作家。

自己正处在不幸的年代。

我很快就对这样的生活感到厌倦了。我病得太厉害，没办法远行，只好租了一套带家具的别墅。别墅的名字叫“黑与白”，里面所有的东西，从地毯到窗帘再到家具，颜色不外乎黑与白。我当初觉得它别致，所以租下了，殊不知住进去以后会有多压抑。

就这样，我离开了贝勒维，那个承载着我的学校、我的艺术、我未来的新生活的地方，来到这幢海边的黑白两色的小房子，茕茕孑立、疾病缠身、了无生气。最糟糕的也许还是疾病。我根本没有力气到海边走一走。秋天随着 9 月的暴雨来了。罗英格林在信中对我说，他们已经将我的学校的师生送去了纽约，希望在那里找个地方躲避战争。

一天，我尤为抑郁，便去了医院，找那位曾经拒绝给我看病的医生。我看到了一个身材矮小、留着黑胡子的男人，他一见到我就转过身去，似乎要躲开。是我的错觉，还是他真的不想见我？我走上前，说：“医生，我叫你给我看病，你为什么不理不睬？你难道不明白我是真的病了，非常需要你吗？”

他结结巴巴地找了几个理由，脸上仍然是那副令人费解的表情。最终，他承诺第二天来看我。

第二天上午，秋日的暴雨下起来了。大雨倾盆，浪涛汹涌。医生如约来到我的“黑与白”别墅。

我坐在那儿，试图点燃柴火，却无济于事，倒是让烟囱不断地冒出黑烟来。医生给我把了脉，照例问了我一些问题。我跟他坦陈了发生在贝勒维的那件事——孩子的死以及我的悲痛。他继续盯着我，神情变得恍惚。

突然，他抱住我，安抚我。

“你的身体没有病，”他大声说，“你只是灵魂病了——你需要爱。唯一能够治愈你的良方就是爱，爱，更多的爱。”

孑然一身、疲惫不堪、悲恸不已，这种热烈而真挚的关怀让我心生感激。我迎向这位陌生医生的目光，从中读出了爱的信息。我用受伤的灵魂和疲惫的身体所积聚的全部悲凄的力量来回报他的爱。

每天，他在医院忙完后，就来到我的别墅。他告诉我当天可怕的经历，伤者的痛苦，以及通常是徒劳无功的手术——这场恐怖的战争里的所有恐怖的事情。

有时候，我陪他去医院值夜班。这座位于卡西诺的大医院正在沉睡，只有中央的夜灯亮着。到处都是辗转难眠的将士，不断发出痛苦的叹息和呻吟。他从一个病床走向另一个病床，说些安慰的话，给点喝的，或者打一针珍贵的麻药。

在这些艰难的白日和可怜的夜晚过后，这位陌生的男人需要爱和激情，一种狂热的、凄楚的爱和激情。炽烈的拥抱和疯狂的爱抚让我的身体恢复了健康。现在，我又能够到海边散步了。

一天晚上，我问这位陌生的医生，为什么我头一次叫他给我看病的时候，他不肯过来。他没有回答我的问题，眼里流露出一种极为痛苦和悲哀的神色，这令我不敢再追问下去。但是，我的好奇心与日俱增。这里面肯定有什么秘密。我觉得，他之所以不愿意回答我的问题，应该是跟我的过去生活有某种关联。

11 月 1 日，死者的祭日。我站在别墅的窗前，注意到花园里有一块用黑色石头和白色石头圈起来的地，看起来简直就像两座坟墓。此情此景， 顿时让我陷入了胡思乱想之中， 直到我害怕得浑身哆嗦。的确，我似乎陷入了一张由死亡和痛苦交织的罗网中，要么一整天都关在别墅里，要么在而今已经变得寒冷的寂寞沙滩上晃荡。一列接着一列的火车来到多维耶，车厢里塞满了重伤或垂死的人，场面非常惨烈。这个曾经站在流行前沿的城市，上一个社交季节的爵士乐和欢笑声还没有褪尽，而今却成为受难者的寄居地。我越来越多地沦落为抑郁的猎物，安德烈的激情也在不可思议的炽烈中变得更加晦涩。每当他用绝望的眼神看着我，我就会觉得他正在恐怖的记忆里挣扎。他常常这样回答我的问题:“你知道一切后，我们也就结束了。你不应该问我。”

一天夜里我醒来，发现他正弯着身子看我的睡相。他眼里的绝望可怕极了，我再也无法忍受下去。

“告诉我吧，”我乞求道，“这该死的秘密，实在让人受不了。”

他朝后退了几步，低下头看着我——矮小体宽的身形，留着黑胡子。

“你真的不记得我了？”他问。

我看着他。迷雾散去了。我惊呼了一声。我记起来了。那个可怕的日子。那位进来给我希望的医生。那位努力挽救孩子们的医生。

“现在你知道了，”他说，“知道了我内心的痛苦。你沉睡的时候，多么像躺在那里的小姑娘啊！我竭尽全力想要救活她——连续几个小时，我试图用自己的嘴给她输送氧气——输送我的生命——通过她的可怜的小嘴——给她我的生命……”

他的话让我心疼不已，整晚都啼哭不止。他的悲伤，似乎一点都不比我少。

从那晚开始，我意识到自己已经忘我地爱上他了。但是，随着我们对彼此的爱和欲望的加深，他的幻觉也越来越厉害了。直到有一天晚上醒来时，我再一次看到他那双悲哀的眼睛正盯着我。我知道，困扰着他的心结很有可能将我们两个人都逼向疯狂的深渊。

第二天，我沿着海滩往前走，越走越远，内心滋生出一种可怕的欲念，想要永远离开那幢让人悲哀的“黑与白”别墅，永远离开窒息我的死一般的爱情。我走啊走，天色变暗了，接着入夜了，这才意识到自己必须往回走。潮水涌上来的速度很快，我常常走在涨高的潮水里。虽然水很冷，我却很想迎向它，径直走进大海里，永远结束这令人难以承受的痛苦。我无法在艺术中、在新生命的诞生中以及在爱情中获得慰藉。我每一次想要逃避，结果摆在面前的不外乎是毁灭、痛苦和死亡。

回别墅的途中，我和安德烈相遇了。他看到我心神恍惚时掉在沙滩上的帽子，还以为我想不开投海了，因而忧心忡忡。沿着沙滩走了几英里，见我向他走去，活生生地出现在他面前时，他像个孩子般大哭起来。我们一起走回别墅，努力安慰对方。同时，我们意识到，想要使彼此都保持清醒的话，分手便在所难免了。我们的爱带着可怕的魔咒，要么把我们送往地府，要么送往疯人院。

此时，发生了另外一件事，加剧了我的悲伤。我让贝勒维的人给我寄一些暖和的衣服过来。一天，有人将一箱衣服送到了我的别墅。然而，给我寄衣服的人犯了一个错误。当我打开箱子的时候，赫然发现里面装着的竟然全是迪尔德丽和帕特里克的衣服。它们再一次呈现在我的面前——他们最后穿过的套装、大衣、鞋子、小帽子——我再一次听到了自己的喊叫，正如我看见他们躺在那里死了的时候所听到的自己的喊叫——陌生的、长久的、凄绝的喊叫。那好像不是我自己的声音了，而是某种备受伤害的动物从我的喉管里发出临死前的哀号。

安德烈回来的时候，我已经不省人事地躺在打开的箱子旁，怀里满是那一堆小衣服。他将我抱到隔壁的房间，藏起了箱子。从此以后，我再也没有看到过它。

第二十九章

英国参战后，罗英格林把他在德文郡的城堡变成了一座医院。为了保障学校里的孩子们的安全，他把这些来自不同国家的孩子们全都送去了美国。奥古斯丁和伊丽莎白在纽约跟孩子们在一起，经常发电报让我过去。最终，我决定去美国，同他们会合。

安德烈送我到利物浦，并把我送上开往纽约的冠达巨型邮轮。

我既悲伤又疲惫，白天总是把自己关在舱房里，到了晚上，别的乘客都睡了，我才出现在甲板上。奥古斯丁和伊丽莎白在纽约迎接我。他们见到我时，看我变了那么多，而且还病着，完全吓住了。

孩子们在一幢别墅里安顿了下来——她们是一群快乐的战争避难者。我在第四大道和第二十三大街交接处租了一处宽敞的工作室，挂上了我的蓝幕布后，我们就重新投入工作了。

我从豪情万丈、流血牺牲的法国来到这片土地，看到美国人对战争表现出漠不关心的态度，十分愤慨。一天晚上，我在大都会剧院的演出结束后，披上一块红披肩，即兴跳起了《马赛曲》。我的这支舞蹈，是要号召美国年轻人站起来，捍卫我们这个时代的最高文明——那种经由法国传播到世界各地的文化。第二天早上，各类报纸反响强烈。其中一份报纸上刊登了如下文字：

> 伊莎多拉·邓肯小姐在演出结束时以热情洋溢的舞蹈演绎了《马赛曲》，赢得了观众们雷鸣般的掌声。他们站起身来为她喝彩，久久不愿离去……她那尊贵的姿态，是对巴黎凯旋门上的古典雕像的模仿。她裸露着肩膀。在表现著名的拱门上的美丽浮雕（鲁德）的时候，她摆出迷人的姿态，露出身体的一侧，直到腰际。观众们因为她的表演而激动不已，爆发出一阵阵欢呼声。她栩栩如生地诠释了高尚的艺术。

我的工作室迅速成为诗人们、艺术家们的聚集地。从这一刻开始，我又恢复了勇气。见新落成的世纪剧院闲置着，我就租了下来，为社交季节做准备，并着手将之变成我的“狄俄尼索斯剧场”。

不过，这家剧院颇为庸俗的场内设置让我很不满意。为了把它变作一座希腊式剧院，我让人把乐队的所有座位搬走，在那里铺上蓝色的地毯，这样歌舞队的活动就自由多了。我用蓝色的帘子将丑陋的包厢遮住。接着，我又创立了一个由三十五名演员、八十名音乐家和一百名歌唱人员组成的剧团，上演悲剧《俄狄浦斯王》。我的哥哥奥古斯丁担任主角，我和学生们充当歌舞队。

观众们主要来自纽约的东区，他们现在是美国真正的艺术爱好者。东区人的捧场，让我十分感动，所以我带上了所有学生和一个交响乐团去东区，在意第绪剧院为他们免费演出。如果我财力雄厚的话，我宁愿留在那里，为这些灵魂里流淌着音乐和诗情的人跳舞。可是啊，唉！这次盛大的演出活动被证明是一场耗资巨大的实验，将我彻底推向了破产的境地。我向纽约的一些百万富翁求助，只得到这样的回答：“但是，你为什么非要演希腊悲剧呢？”

那时候，纽约正刮着“爵士风”。上流社会的男男女女、老老少少都到比尔特莫这类酒店的宽敞的沙龙里消磨时间。他们随着黑人乐队狂放的嘶喊和号叫跳着狐步舞。有人邀请我参加了一两次这种奇怪的舞会。不得不说，当法国人正在浴血奋战、需要美国人帮助的时候，他们却在这里尽情享乐，我的愤慨油然而生。实际上，1915 年的美国社会风气让我恶心极了。我决定带着学生们返回欧洲。

可是，我当时连买船票的钱都没有。虽然我早已预订了“但丁·阿利盖利号”回程的舱位，却没有钱支付。距离轮船起航的时间差不多只剩下三个小时了，钱依然没有着落。这时，一位穿着得体的年轻美国女人走进我的工作室，问我当天是不是要去欧洲。

“你瞧，”我对她说，同时将穿好旅行外衣的孩子们指给她看，“我们都准备好了，只是还没有筹到足够的钱支付船票。”

“你需要多少钱？”她问。

“大约两千美元。”我回答说。这位非同寻常的年轻女人一听我这么说，立即掏出钱包，从中拿出了两张面值一千元的钞票，放在桌子上。她说：“能够在这种小事上帮到你，我很荣幸。”

我惊讶地看着这个陌生人，这个我以前从未见过的女人。她没有提任何要求，就这么由我随意支配这笔钱。我只能这么想，她肯定是某位不为人知的百万富翁。然而，我后来才发现，事实并非如此。实际上，为了帮我筹到这笔钱，她在一天前卖掉了所有的股票和债券。

她和很多其他人一起到码头给我们送行。她的名字叫鲁思——《圣经》里的摩押女子鲁思说：“你的国就是我的国；你的路就是我的路。”我的鲁思从那时起，就一直如此待我。

由于官方禁止我们在纽约继续表演《马赛曲》，我们便全都站到甲板上，每个孩子的衣袖里都藏着一面法国国旗。我事先已经同她们说好，只要汽笛响起，船一离岸，我们大家就一起挥动手里的国旗，齐声高唱《马赛曲》。我们唱得兴致昂扬，码头上的官员们却脸色铁青。

我的朋友玛丽本来是给我送行的，可到了最后时刻，她实在不忍心与我分离，就在既没带行李也没带护照的情况下跳上了甲板，加入了我的合唱。她说："我要跟你们一起走。"

我们就如此这般唱着《马赛曲》离开了 1915 年富得流油、贪图享乐的美国。我带着这些如今也居无定所的学生们，前往意大利。我们情绪激动地抵达那不勒斯，当地的气氛十分热烈，因为意大利已经决定参战了。能够回到欧洲，大家都显得兴高采烈。我们在乡间举办了一场欢快的庆祝会。记得那天，我对着围在身边的那一群好奇的农民和工人说："感谢上帝给你们这么美丽的国家，不要羡慕美国。在这里，在这片美好的土地上，你们有蓝天、葡萄藤和橄榄树，你们比任何一个美国的百万富翁都更为富有。"

在那不勒斯，我们讨论了下一步的目的地。我很想去希腊，在科帕诺斯露营，直到战争结束。不过，我的想法吓着了年龄大的学生们，因为她们拿的是德国护照。最后，我决定到瑞士避难，而且还有可能在那里进行一系列的演出活动。

我们按照计划行事，去了苏黎世。在湖光酒店的酒吧里，我遇到了美国一个著名的百万富翁的女儿。我认为这是一个让她对我的学校产生兴趣的绝好机会，于是在一个午后，我叫孩子们在草地上为她跳舞。她们的舞姿引人入胜，我觉得她一定会大受感动。可是，当我提到帮助我的学校这件事的时候，她居然这么回答我："没错，她们或许很可爱，但是她们没有可爱到打动我。我只对自己的心理分析感兴趣。"多年来她一直师从荣格[①]，每天花数小时记录头天晚上做过的梦。她的老师荣格，正是享誉盛名的弗洛伊德的高徒。

那年夏天，为了离学生们近些，我住到奥奇的"美丽湖畔"酒店。我的房间很漂亮，有一个架空在湖上的阳台。我租下了间以前用作餐厅的大房间，看起来有点像临时的工房。我在四周挂上了给予我源源不断灵感的蓝幕布，将之改造为一个教学"圣殿"，每天下午和晚上在那里教孩子们跳舞。

一天，我们开心地接待了韦恩加特纳[②]和他的夫人，整个下午和晚上一直为他跳着格鲁克、莫扎特、贝多芬和舒伯特的作品。

从我的阳台上，每天早上都可以看到临湖的另一个大阳台上

① 荣格（1875 — 1961）：瑞士心理学家、精神科医生。他是分析心理学的创始人。

② 韦恩加特纳（1863 — 1942）：奥地利指挥家、作曲家。

站着一群漂亮的男孩子，穿着闪亮的丝质和服。他们围绕着一个年龄稍长的男子——身材魁梧，金发碧眼，体形很像奥斯卡·王尔德。他们会从阳台上朝我微笑，有一晚甚至邀请我共进晚餐。他们都是天资聪慧的迷人孩子，为了躲避战争才来到此地。那位年轻英俊的 S 公爵也出席了晚餐。

有些晚上，他们带我坐摩托艇，在浪漫的莱曼湖上游玩。大家一起喝着香槟酒，畅快淋漓。我们常常于凌晨四点在蒙特鲁上岸，那里的一位神秘的意大利伯爵为我们准备了凌晨四点的食物。这位俊美而严肃的伯爵面无血色。他日夜颠倒，白天睡觉，晚上活动。他常常从口袋里拿出一根小小的银色针筒，往自己苍白且瘦弱的手臂上注射，我们每一个人都假装没看见。注射完后，他变得机智风趣，神采奕奕。他们说，他在白天过得相当痛苦。

与这些迷人的年轻人交往很开心，让我暂时遗忘了自己的悲伤和孤独，可是他们显然无视于我的女性魅力，极大地伤了我的自尊心。我决定试着对他们施展我的魅力，结果十分成功。那天晚上，仅在一位年轻美国朋友的陪伴下，我与这帮年轻人的“领袖”坐上梅赛德斯豪华轿车出游。多么美妙的夜晚啊！我们疾驰在莱曼湖的沿岸，飞一般地闪过蒙特鲁。我喊着“往前开，往前开”，直到最后，天已蒙蒙亮，我们才发现已经来到了威格。我仍然饶有兴味地喊着“往前开，往前开”，轿车在终年积雪的山道上畅行，穿过了圣哥达山口。

那帮年轻迷人的朋友们早上起床后发现他们的“苏丹”[①]已经跟一个可恶的异性跑了，会是多么大惊失色啊！一想到这，我就乐不可支。我使出浑身解数引诱他，一直把他引向了意大利境内，然后继续往前开，驶过罗马，又从罗马开往那不勒斯。看到大海后，我又极度渴望再去看看雅典。

我们登上一艘意大利小汽船。就这样，一个早上，我发现自己再次沿着通廊上的白色大理石台阶行走，进入神圣、智慧的雅典娜女神的庙宇。上次来这里时的情景历历在目，想到自己在此后的日子里曾是多么严重地背离了智慧与和谐，并且因为沉迷于爱情而付出了惨痛的代价，我顿时觉得无地自容。

这座现代城市正处于骚乱之中。我们抵达雅典的第二天，韦内塞洛斯[②]宣布下台。据说，皇室大概是想投靠德国皇帝。那一晚，我举办了一场迷人的晚宴，国王的秘书梅·米拉斯先生也来了。我在餐桌中央堆满了红玫瑰，花儿下面藏了一台小小的留声机。在我们用餐的大厅里，还有一群柏林来的高官。突然，我们听到他们的餐桌传来“德国皇帝万岁”的祝酒辞。一听到这声音，我立即拨开玫瑰花，打开留声机，播放《马赛曲》。与此同时，我举杯祝酒：“法国万岁。”

---

① 苏丹：伊斯兰国家的最高统治者。

② 韦内塞洛斯（1864 — 1936）：希腊首相。

国王的秘书看起来有些惊慌，不过内心还是高兴的，因为他实际上站在协约国这一边。

这时，从我们前面敞开的窗户看出去，只见一大群人聚集在广场上。我把韦内塞洛斯的画像高高地举过头顶，同时让年轻的美国朋友抱着留声机跟随我，大胆地播放《马赛曲》，走到广场中央。小机器里传出的乐曲声，群众们情绪激昂的合唱声，让我情不自禁地跳起了《法兰西颂》。舞蹈结束后，我向民众大声呼吁："你们拥有第二位伯里克利①，那就是伟大的韦内塞洛斯——你们为什么对于他的困境视若无睹呢？你们为什么不追随他呢？只有他才能将希腊引向辉煌。"

然后，我们集合成一支游行队伍，走到韦内塞洛斯的住处，站在他的窗下，反复唱着《希腊颂》和《马赛曲》，直到士兵们毫不客气地拿着刺枪将我们大伙驱散。

这件事让我畅快淋漓。之后，我们乘船返回那不勒斯，继续我们的旅程，来到了奥奇。

从那时候开始直至战争结束，我想方设法维持我的学校。我一直安慰自己，战争就要结束了，我们就要返回贝勒维了。可是，战争没完没了，我不得不以百分之五十的利息借高利贷，支付学

---

① 伯里克利：古雅典首领，著名的政治家，因其推进了雅典民主制并下令建造帕特农神庙而著名。

校在瑞士的开销。

因为这个原因，我在1916年签下了一份到南美巡回演出的合约。于是，我准备坐船前往布宜诺斯艾利斯了。

当我追寻着这些回忆的时候，我越来越清楚地意识到，人的一生很难尽述——或者更确切地说，人性如此多面，经历如此丰富，而记述却很贫乏。那些我以为会永远闪耀在我的生活里的事件，如今仅需几页纸的篇幅就讲完了；那些似乎是长达几千年的折磨与痛苦的日子——为了保护自己，为了继续生活下去，我在那些日子里完全变了一个人——这本自传里只是浅尝辄止地提及。我常常绝望地问自己：我写出的只是一副空架子而已，什么样的读者才会赋予它血肉呢？我试着写下事实，但事实跑开了、躲起来了。我如何能找出事实？假如我是一个作家，并且从自己的生活中汲取素材写了二十部小说，那么我或许会离事实近些；然后凭借写小说的经验撰写自己的艺术人生。当然，这部自传与小说的写法完全不同，因为我的艺术生涯和艺术思想已经超然地站到了一旁，自成体系，就像一个分离的有机体，似乎是独立于我所谓的“意志”之外了。

虽然如此，我仍然试图真实地记录所有发生在我身上的故事。有时候，我难免会担心这样的记录会一团糟。可是你看——我已经开始了这项不可能完成的工作，把自己的人生以文字的形式留存下来，我会有始有终地把它做完。我似乎已经听见世上那所谓的良家妇女的声音——“这真是一本最不光彩的传记”，或者，“她所有的不幸都是对她的罪孽的惩罚”。但是，我从不认为自己有罪。尼采说：“女人是一面镜子。”我只是对出现在我的生命里的人和事做出反应而已，就像奥维德的《变形记》中的女主人公那样，根据神祇的启示改变自己的外形和性格。

轮船停在纽约的码头。奥古斯丁不放心我在战争期间独自远行，决定与我同去。他的陪伴，让我备感窝心。同船的还有一些年轻的拳击手，由一个叫特德·刘易斯的人带头。他们常常在早上六点起来训练， 然后在船上的海水游泳池里游泳。我早上和他们一起锻炼，晚上则为他们跳舞，整个旅途过得很愉快，一点儿都不觉得漫长。钢琴家莫里斯·杜梅斯尼尔[①]也与我同行。

巴伊亚是我有生以来所体验到的第一个热带城镇，舒适宜人，绿意盎然，空气湿润。这里经常下雨，穿着印花布衣走在街上的女人们，虽然被雨水淋得浑身湿透，衣服都贴在身上了，却依旧坦然自若地继续行走在雨中，不在乎被雨打湿了全身。我也是有生以来第一次看到黑白种族相安无事地生活在一起。在我们吃中餐的一家饭馆里，一个白人男子和一个黑人女子同桌用餐。在小教堂里，妇女们怀抱光着身子的黑白混血儿接受洗礼。

每个花园里都盛开着红色的木槿花，到处都可以看到黑人和

---

① 莫里斯·杜梅斯尼尔（1886 — 1974）：法裔美籍钢琴家。

白人相亲相爱、和睦共处。在这座城镇的某些街区，黑皮肤、白皮肤和黄皮肤的妓女们懒洋洋地靠在楼房的窗前，完全没有大城市的同行们通常所呈现的面容憔悴、鬼鬼祟祟的神色。

*

我们到达布宜诺斯艾利斯几天后，去了一家卡巴莱酒馆。与通常的卡巴莱酒馆一样，这里的房间也狭长、低矮，并且烟雾弥漫，挤满了黑肤色的年轻男子，夹杂着同样黑肤色的年轻女子，他们全都在跳探戈。我从来没跳过探戈，不过那位年轻的阿根廷导游劝我试试。从踏出的第一个犹豫的舞步开始，我就感受到自己的脉搏在回应这种性感舞蹈的迷人而舒缓的旋律，甜蜜犹如长久的安抚，醉人犹如南方晴空下的爱情，残忍和危险犹如热带雨林中的诱惑。当这位黑眼睛的年轻导游拥着我，自信地引导着我的舞步，并时不时地将大胆的目光直直地投射进我的双眼时，我感觉到了这一切。

突然，酒馆里的学生们认出了我，围了上来。他们告诉我那晚的聚会是为了庆祝阿根廷获得自由，并恳请我用舞蹈诠释他们的国歌。我向来喜欢学生们，所以立刻答应了下来。听完翻译的国歌内容之后，我拿起一面阿根廷国旗包裹着身体，试着为他们表现曾经处于殖民地时期的阿根廷的苦难，以及推翻暴政重获自由的过程。我的表演很成功。学生们以前从未见过这类舞蹈，他们热情地欢呼着，一再唱起阿根廷国歌，拜托我跳了一遍又一遍。

我回到酒店，因为表演成功而面色红润，也因为来到布宜诺斯艾利斯这片土地而身心愉悦。但是啊，我高兴得太早了！第二天上午，我的经理人在报纸上看到了有关我的表演的轰动性报道，顿时火冒三丈。他通知我，根据法律，我们之间的合约已然作废。布宜诺斯艾利斯上流阶层的家庭纷纷退票，并声称要抵制我的演出。就这样，带给我巨大快乐的聚会，同时也毁了我在布宜诺斯艾利斯的巡回演出。

艺术能够让混乱、无序的生活回归到和谐、有序的状态。一本好的小说，艺术性地走向高潮，而不至于虎头蛇尾。艺术作品中呈现的爱，与伊索尔特的故事一样，往往有着凄美、哀婉的结局。但是现实生活里充满了虎头蛇尾的结局，恋情大多草草收尾，如同一段乐曲中出现刺耳、嘈杂的不谐之音。而且，高潮过后的恋情，还经常在财务纠纷和律师费用的坟墓中险象环生、悲惨结束。

我当初开始这趟巡回演出，是希望赚取足够的钱，维持我的学校在战争期间的开支。当我收到瑞士发来的电报，说我寄出去的钱由于战时条件限制而被搁置下来的时候，顿时感到惊慌失措。我将姑娘们留在了一所寄宿学校，如果不能及时将钱寄过去的话，女校长便不会继续收留她们，随时会将她们驱赶出门。我焦虑不安，坚持让奥古斯丁带上必要的钱火速赶往日内瓦，拯救我的学生们。但是我没料到的是，这样一来，我连住宿的钱都不够了。愤怒的经理人已经偕同戏剧歌剧团前往智利了，我与钢琴家杜梅斯尼尔尴尬地留在了布宜诺斯艾利斯。

这里的观众冷漠、沉闷，而且缺乏艺术鉴赏力。事实上，我在布宜诺斯艾利斯唯一成功的表演就是那天晚上在卡巴莱酒馆诠释礼赞自由的阿根廷国歌。我们不得不将行李留在酒店，前往蒙得维的亚。幸运的是，酒店老板压根看不上我的舞衣。

我们发现蒙得维的亚的观众与阿根廷的观众截然不同。他们热情洋溢，非常喜爱我的舞蹈。因此，我们得以继续巡回演出，前往里约热内卢。抵达里约热内卢的时候，我们身无分文，也没有任何行李。市立剧院的经理很友善，立即为我们安排了演出活动。这里的观众很有鉴赏力，反应敏捷，回响强烈，能让在他们面前表演的艺术家发挥出最高水平。

我在这里遇到了诗人让－德·里约。里约热内卢的所有年轻人都喜爱他，因为他们所有人都有诗情。当我们走在一起的时候，这些年轻人就会跟在后头高喊着：“让－德·里约万岁，伊莎多拉万岁！”

*

杜梅斯尼尔在里约热内卢大受欢迎，所以决定留在那里。我则踏上了返回纽约的旅途。一路上，我形单影只、愁云满面，为我的学校忧心不已。去时同船的几个拳击手也没有成功赚到钱，而今成了这条船上的乘务员。

同船的乘客中有一个叫威尔金斯的美国人，整天喝得烂醉如泥，每到吃晚饭的时候，总是说："把这瓶 1911 年的泊默里香槟送到伊莎多拉·邓肯的餐桌上去。"这举动让周遭的每一个人都大为惊诧。

抵达纽约后，没有一个人来码头接我。由于战时条件所限，我的电报没有传送过来。我突然想到了好朋友阿诺德·金瑟[①]，给他打了一个电话。他不仅是一位天才，还是一位"巫师"。他放弃了绘画，转而从事摄影工作，拍摄的作品神秘而诡异。他的确是将照相机对准了人，并且将他们拍了下来，可是照片里出现的人物并不是那些被摄者，而是他对他们的梦幻般想象。他给我拍了许多照片，这些照片不是在呈现我的外形特征，而是表现出我的灵魂状态。其中有一张照片真实地再现了我的灵魂。

他一直是我的好朋友，所以当我发现自己孤零零地站在码头的时候，我决定打电话给他。令我惊讶的是，电话那头传来一阵熟悉的声音，不是阿诺德而是罗英格林。多巧啊！他正好在那

---

① 阿诺德·金瑟（1869 — 1942）：美国摄影家，被公认为舞蹈摄影的先驱。

天上午去拜访金瑟，结果接到了我的电话。当他得知我一个人在码头，没有钱，也没有朋友的时候，立刻表示要来接我。

几分钟后，他出现在码头了。看到他那高大威武的身子，我心里升起一股信赖和安全的奇异感觉。我们都为彼此的重逢高兴。

顺便提一下，你们或许已经从这本自传里看出，我对自己的每段恋情都相当忠诚，如果他们也对我忠诚的话，我断不会离开他们中的任何一个。正如我曾经爱他们，我现在也爱着他们，并且永远爱他们。我离开过一些男人，那也只是因为他们见异思迁，以及命运的反复无常。

在这场悲惨的旅行结束之际，我很高兴见到罗英格林再一次来拯救我。他就像往常一样喜欢发号施令，很快就从海关那里领回我的行李，然后带着我去了金瑟的工作室。我们三人一起到河滨大道的餐馆吃午饭，那里正好可以俯瞰到格兰特总统[①]的坟墓。

我们很开心能够再度相聚，开怀畅饮起来。我觉得，这次回到纽约有一个非常愉快的开端。罗英格林当时的心情极好，表现甚佳。午饭后，他马上冲下楼，租下了大都会剧院，并且从下午

① 格兰特（1822 — 1885）：美国内战时期的将领，第十八任总统（1869 — 1877）。

到晚上一直忙着发邀请函，请所有艺术家前来欣赏一场大型的、特殊的免费表演。这场表演是我生命中最为美妙的一次经历。纽约的艺术家、演员和音乐家们都来了。没有了售票情况的压力，我随心所欲地跳舞。当然，按照我在战时的表演惯例，接近尾声的时候，我以《马赛曲》结束了演出。在场的观众们情绪激昂，为法国和协约国欢呼。

我告诉罗英格林，我让奥古斯丁前往日内瓦，并且很担心学生们的状况。他慷慨地汇出了一笔必要的资金，准备接学生们来纽约。可是啊，唉，对于部分学生来说，这笔资金去得太晚了。年龄小的学生们都已经被家长们领回家了。我辛苦了几年建立起来的学校就这样被拆解了，这令我痛心疾首。不过，后来看到奥古斯丁带着六位年龄稍长的孩子们来到纽约后，我的心情舒坦了很多。

罗英格林总是那么慷慨大方。这对我和孩子们来说，无疑是一件好事。他在麦迪逊广场花园的顶楼租了一间宽敞的工作室，我们每天都到那里练舞。早上，罗英格林经常载我们去哈得孙沿岸远游。他给我们每一个人送礼物。事实上，就那时的情况而言，生活的确在金钱的魔力下变得有滋有味起来。

但是，随着纽约的寒冬的到来，我的身体渐渐吃不消了。罗英格林建议我去古巴旅行，并让他的秘书陪我同行。

古巴之行给我留下了美好的回忆。罗英格林的秘书是一位年轻的苏格兰诗人。我的健康状况不佳，所以不能进行任何演出活动。于是，我们开车沿着海岸兜风，欣赏如诗如画的美景，在哈瓦那度过了愉快的三个星期。我记得那段日子里，我们遭遇了一些令人哭笑不得的事情。

离哈瓦那大约两公里的地方有一座古老的麻风病院，四周有高高的围墙。不过，这围墙的高度并不足以阻隔我们的视线。偶尔地，我们会看到一张恐怖的面孔探出墙往外看。当地政府已然意识到这座麻风病院跟旁边的避寒胜地格格不入，决定将它迁走。但是，病人们不愿意离开。他们紧抓着门、贴着墙，有些病人还爬上屋顶不肯下来，甚至有谣言说好些病人逃到哈瓦那躲了起来。迁移麻风病院这件事，总让我联想到梅特林克[①]笔下神秘怪诞的戏剧。

我还参观了一座房子，里面的女主人是一个古老家族的后代。这位女主人喜爱猴子和大猩猩。她在花园里摆满了铁笼子，用它们豢养自己的宠物。她的这座房子因此吸引了很多人前去参观。她热情地接待客人们时，肩上总是蹲着一只猴子，手里还牵着一只大猩猩。它们是她所有宠物里最温顺的，其他动物的脾气可就没这么好了。每当有人经过铁笼子时，里面的动物们就会猛

① 梅特林克（1862 — 1949），比利时剧作家、诗人，曾获 1911 年诺贝尔文学奖。代表作有《青鸟》等。

摇铁杆、龇牙咧嘴、大声吼叫。我问女主人，这些动物是否有危险性。她若无其事地回答说，它们除了偶尔从笼子里跑出来弄死园丁外，大体上还是很安全的。这话让我神经紧张，所以离开的时间到来时，我顿时有种如释重负的感觉。

这件事令人不解的地方在于，女主人长得很漂亮，眼睛大而有神，博览群书，聪慧过人。她喜爱收藏，家里摆满了世界上最优秀的文学作品和艺术作品。那么，如何解释她对猴子和大猩猩的情有独钟呢？她对我说，她已经立下了遗嘱，在她死后，所有这些宠物都将捐给巴斯德研究所，用于进行与癌症和肺结核有关的实验。用这种善后方式来表达她对宠物们的喜爱真是怪异啊！

我在哈瓦那还有一次有趣的经历。在一个节日的夜晚，所有酒馆和咖啡馆都挤满了人。那天，我们像往常一样，先是驱车沿海岸兜风，接着在潘帕斯草原逗留了一会。回来后，我们来到了一家典型的哈瓦那咖啡馆，当时大约是凌晨三点。我们在这里看到了吸食吗啡、可卡因、鸦片的人，酒鬼，以及其他生活颓废的人。我们进了一间昏暗、低矮、烟雾缭绕的房间，在一张小桌子旁坐下。一个面色苍白、神情恍惚的人引起了我的注意。他双颊凹陷，目光如炬，修长的手指落在钢琴的琴键上，弹的竟是肖邦的《序曲》。他的演奏出神入化，我聆听了片刻后，走到他身旁，可惜他只能断断续续地说出几个词。我的举动引来了咖啡馆里所有人的注意。我知道这里没有人认识我，于是突发奇想，要为这群陌生人跳舞。我把披肩裹到身上，示意钢琴师演奏，然后随着《序曲》的几段音乐跳舞。慢慢地，这家小咖啡馆里的醉酒者都安静了下来。我继续跳着，不但吸引了他们的目光，还让许多人流下了眼泪。钢琴师也从吸食吗啡的迷幻状态中清醒了过来，仿佛突然来了灵感，弹奏得愈发精神了。

我一直跳到了天亮。离开的时候，他们一个个地过来拥抱我。这场表演，比在任何剧院的表演都更令我感到骄傲。没有经理人的帮助，没有事前的宣传，演出却大获成功，这足以证明我的舞蹈天赋。

不久，我跟诗人朋友乘船前往佛罗里达，在棕榈滩上岸。我在那里发了一封电报给罗英格林，让他来布雷克斯酒店与我们会合。

*

悲痛的最可怕阶段，并不是在开始的时刻。悲痛刚刚袭来的时候，人会进入一种震惊的状态，几近麻痹。经过一段时间、很长一段时间以后，人们会说“哦，她恢复了”，或者说“她没事了，她已经挺过来了”。但实际上，或许就在大家都认为其乐融融的晚宴上，痛苦却伸出了一只冰冷的爪子揪住心灵，另一只滚烫的爪子则掐住了喉咙。冰与火，地狱与绝望，扑面而来。悲痛者举起一杯香槟，竭力用遗忘扼杀气势汹汹的哀伤——不管这有没有效果。

这就是我目前的状态。朋友们都说："她已经忘记了；她挺过来了。"可是，只要我看到小孩子突然走进房间叫一声"妈妈"，便会心如刀割，整个人仿佛坠入了痛苦的深渊，脑海里不断发出一种哀号，乞求山川无论如何都要帮助我遗忘这一切。正是在如此可怕的痛苦中，我渴望创造新生命、创造艺术。啊，我多么羡慕那些听天由命的修女们！她们双唇苍白，彻夜在陌生人的棺木前祈祷。这种平和的性情总是让艺术家们羡慕不已，因为他们总是轻易地发出抗议的嘶喊——"我要去爱，爱；我要创造欢乐，欢乐。"这真是天壤之别啊！

罗英格林带着美国诗人珀西·麦凯[①]来到棕榈滩。一天，我们三人坐在阳台上。罗英格林根据我的理念为将来的学校拟定了一份计划，还告诉我说，他已经买下了麦迪逊广场花园，并打算在那里为我建学校。

虽然我对这个计划很有兴趣，却又不希望在战争期间进行如此浩大的工程。我的想法令罗英格林大为恼火。就像当初冲动地买下麦迪逊广场花园那样，他在回到纽约后迅速取消了购买合约。

---

① 珀西·麦凯（1875－1956）：美国剧作家、诗人。他根据纳撒尼尔·霍桑（1804－1864）的小说改编的《稻草人》预示了以民间传说为主题的剧作的诞生。

一年前，珀西·麦凯看了孩子们跳舞的情形后，写了一首优美的诗篇：

一颗炸弹落在了巴黎圣母院；
德国人又焚毁了一座比利时城镇；
俄国人被困在东边；英国人在不安；

我闭上双眼，放下报纸；
在浅蓝的海边，暗淡的天光下，
有着灰色的岩壁和沼泽草地。
这是怎样的精灵般的笑声啊？
甜美有如十月里寂寞的蜜蜂在鸣唱，
弥久香醇的快乐回荡在寂静的海岸。
这是怎样的精灵们啊？
身穿大海和岩壁般颜色的衣衫，
在黑暗的银色边缘舞蹈——
每一个都狂喜地
迎着西沉的太阳伸展四肢，
快乐地祈祷。
看呐：她们停下了，
宛如飞倦的鸟儿归巢，

优雅而又欢乐，
围拢在女主人的座椅旁，
致以临睡前的祝福：
　　“晚安！晚安！
　　晚安！晚安！晚安！”
这些来自于世界各地的孩子们
如何凝聚在艺术的神圣家庭里？
是梦想，耶稣基督和柏拉图都曾希冀过的梦想，
它们展翅高翔时投下的阴影是多么美丽啊！

上帝啊！这梦想看起来近在咫尺，
直到我的眼前再度出现
血腥的颤抖和屠杀：
数以万计的敌军。
然后是笑声！从古老大海上传来的笑声
在暮色中吟唱：雅典！加利利！
熄灭的灯光下，精灵们欢快地喊道：
　　“晚安！晚安！
　　晚安！晚安！晚安！”

第三十章

1917 年初，我再次站在了大都会剧院的舞台上。那时，我同大多数人一样，认为只有协约国取得胜利，这个世界才能获得自由、复兴和文明的希望。在这个信念的指引下，每一场演出结束之际，我都会表演《马赛曲》，全场观众也总是激动地站立起来。我并没有停止表演理查德·瓦格纳的音乐，因为我觉得所有有识之士都会认同，在战时抵制德国艺术家的话，既不公正也不明智。

一天，俄国十月革命的消息传来了，所有爱好自由的人都雀跃不已、心怀希望。当晚，我以法国人当初创作《马赛曲》的革命激情来演绎这首曲子。随后，我又诠释了《斯拉夫进行曲》。这首曲子的中段引用了俄罗斯国歌，颂扬沙皇，但是我却舞出了农奴们在鞭子下受尽折磨的悲惨画面。

我的舞蹈动作与背景音乐强烈不协调，或者说完全相反。观众们的情绪被调动了起来，有些骚动。

说来奇怪，在我的整个艺术生涯里，最吸引我的一直是这种表现绝望和反抗的作品。我穿着红色的舞衣，用舞蹈表现革命，号召被压迫者拿起武器抗争。

“十月革命”的那天晚上，我跳得酣畅淋漓。看到那些饱尝痛苦、受尽磨难、为人道事业献身的人终获自由，我心潮澎湃，激动不已。难怪每天晚上坐在包厢里看我表演的罗英格林，竟感到不安了。也许他会扪心自问：这所由他赞助的美好优雅的学校，是否将成为一种危险的力量，甚至把他和他的数百万财富推向毁灭？可是，我内心的艺术冲动太强烈了，我无法扼制住它，即使是为了我所爱的人。

罗英格林为我在榭丽酒店举办了一场招待会。招待会首先以晚宴的形式开始，随后是舞会，最后是丰盛的夜宵。他借此机会送给我一条精美的钻石项链。我从来不需要珠宝，也从未戴过珠宝。但是这一次，他情绪很好，我便让他为我戴上了钻石项链。接近凌晨的时候，一加仑接着一加仑的香槟酒不断地帮助客人们振作精神，我自己也因为这种欢乐的场面而多少有点亢奋，再加上酒精的作用，整个人都变得轻飘飘了。我突然不合时宜地起了一个念头，要教一位年轻英俊的小伙子跳探戈——我在布宜诺斯艾利斯看过别人跳这种舞。正跳得起劲的时候，我忽然发现自己的手臂被一只强劲的手抓住了，回头一看，居然是罗英格林。他正火冒三丈。

这条不幸的项链，我只戴过一次。因为此事发生后不久，罗英格林又发了一次脾气，然后就杳无音讯了。我不得不一个人面对巨额的酒店账单，承担学校的所有开支。向他求助不成之后，我只好把那串精美的钻石项链送去了当铺，从此再也没有见过它。

我被困在纽约，身无分文。这个社交季快要结束了，我根本不可能再安排什么演出活动。幸好我还有一件貂皮大衣，以及一块上好的绿宝石。据说这块绿宝石是从一尊著名的神像上取下来的，落入一位印度王子的手中。这位王子因为在蒙特卡洛赌钱而拮据，只得把它卖给了罗英格林。我将貂皮大衣卖给了一位出名的女高音歌唱家，绿宝石则卖给了另一位出名的女高音歌唱家，然后在长滩租了一幢别墅避暑。我把学生们安顿在这幢别墅里，等待秋天到来，以便能够再次表演赚钱。

我一向花钱不节制，手里有钱了，就租别墅、买汽车以及日常用品，完全没有考虑到未来。我当时的确是没多少钱了，如果我能将变卖貂皮大衣和绿宝石所得的钱投资到牢靠的股票和债券上，无疑会更为明智，可惜我根本想不到这些。我们在长滩度过了一个愉快的夏天，像往常一样，招待了许多艺术家。有些客人还留下来住了几个星期，其中就有小提琴家伊沙耶[①]。他从早到晚演奏着小提琴，优美的琴声飘荡在我们的小别墅里，令听众们心神荡漾。由于没有工作室，我们便在沙滩上跳舞，甚至为伊沙耶举办了一场特殊的庆祝活动，把他乐得像个孩子。

欢度了一个夏天后，我们回到纽约。可以想象，我又身无分文了。我心烦意乱地过了两个月，最后接受了一份前往加利福尼亚州表演的合约。

在巡回演出期间，我发现自己离家乡越来越近了。抵达之前，我从报上读到了罗丹去世的消息。一想到我再也见不到这位伟大的朋友了，我就伤心得泣不成声。奥克兰月台上正有一大群等着采访我的记者，我不想让他们看到我红肿的双眼，便在脸上罩了一块黑纱。结果，有人在隔天的新闻报道中说我故作神秘。

从我离开旧金山，踏上伟大的征程开始，已经过了二十二年了。你们可以想象我回到家乡的心情。1906 年的地震和大火已经让这座城市发生了天翻地覆的变化。四周的一切都很陌生，我几乎认不出来了。

哥伦比亚剧院的观众们很有素养，也很慷慨。他们非常友

① 伊沙耶（1858 — 1931）：比利时小提琴家、作曲家。

善地欣赏我的表演，评论界也是如此。然而，我并不满足，因为我想为更多的人表演。我于是请求到希腊剧院演出，却遭到了拒绝。我一直不明白他们为什么拒绝我，是我的经理人缺乏沟通的技巧呢，还是有什么我无从了解的敌意？

在旧金山，我又见到了母亲。多年前，她因为思乡心切，不愿意在欧洲生活，便回到了家乡。她看起来苍老憔悴了很多。一次，我们在克里夫餐厅吃午饭，我从镜子里看到了我们两个人的样子，情不自禁地拿如今悲伤的我和忧愁的母亲同二十二年前的母女俩相比，那时我们充满了冒险精神，满怀希望地出去追寻梦想、创造财富。现在，我们功成名就了——可是为什么结局如此凄惨？或许，这个星球从一开始就对人类并不友善，我们活得并不顺畅，生命的结局自然也是大抵如此。我遇到过许多伟大的艺术家、智者和所谓的成功人士，却没有遇到过幸福的人。尽管有些人宣称是幸福的，但是任何一个稍有洞察力的人都能看出，在他们的面具后面隐藏着同样的不安和痛苦。在这个世界上，所谓的幸福大概是根本不存在的吧，即使有，也是短暂的幸福。

这种短暂的幸福，我在旧金山就体验了一回。我遇到了音乐上的知音——钢琴家哈罗德·鲍尔[①]。他说我是个舞蹈家，更是个音乐家，我的艺术让他理解了巴赫、肖邦和贝多芬音乐中的那

① 哈罗德·鲍尔（1873 — 1951）：英国钢琴家，后加入美国国籍。

些令人费解的片段。听他这么说，我既惊又喜。在这奇迹般的几个星期里，我们体验了一种美妙的艺术合作关系，因为正如他所言，我帮他打开了通往他的神秘艺术的大门，而他则让我发现了以前从未设想过的艺术诠释方式。

哈罗德过着一种雅致的、知性的生活，远比普通人来得高尚。他不像大多数音乐家那样只局限于音乐领域，相反，他热情地拥抱所有艺术形式，对于诗歌和最深奥的哲学都有广泛涉猎。当两个在艺术的道路上追求同一崇高理想的人相遇的时候，他们便陷入了酒醉般的情境中。我们虽然滴酒未沾，却一直处于迷醉的状态。我们的每一根神经都涌动着战栗的希望，我们的目光在意识到这种希望的过程中交缠，我们体验到极致的喜悦，仿佛是痛彻心扉地嘶喊出来："你有没有感觉到肖邦的这个乐句是这样的？""是的，就是这种感觉，不过还要多一点点。我用舞蹈动作表达吧。""啊，多么贴切的表达！我现在就弹奏给你听。""啊，多么快乐——多么极致的喜悦！"

这就是我们之间的交流，不断加深了我们对钟爱的音乐的理解。

我们在旧金山的哥伦比亚剧院举办了一场演出。我认为，这是我艺术生涯中最为快乐的一件事了。与哈罗德·鲍尔相遇，再度让我置身于光明与喜悦的神奇境界中，唯有与这样一位天资卓越的灵魂在一起，我才能有如此强烈的感受。那时，我多么希望这样的合作能够继续下去，甚至幻想我们的合作也许会开发出一种音乐诠释的全新领域。但是啊，唉！我没有考虑到环境的因素。我们最终无奈地结束了这种合作关系。

在旧金山的时候，我结识了一位著名的作家、乐评家雷德芬·梅森。一天，鲍尔的音乐会结束之后，我们共进晚餐。梅森问我，他能做点什么，让我在旧金山过得开心些。我回答说，只有一个请求，希望他无论如何都要答应我。他答应了。我取出笔，写了一首赞美鲍尔音乐会的长篇颂歌，其中开头部分模仿莎士比亚十四行诗的写法：

> 你那双精美的巧手
> 落在神圣的琴键上
> 为我奏出悠扬的音乐……
> 我怎能不嫉妒那些欢快的琴键
> 亲吻着你手心里的脉脉温情……

颂歌的结尾是：

> 既然顽皮的琴键沉醉于此，
> 那就给它们你的手指，给我你的双唇。

雷德芬尴尬极了，但又必须信守诺言，接受“游戏规则”。第二天，这首落款为他的名字的颂歌在报纸上刊出后，所有同事都肆无忌惮地揶揄他对鲍尔骤然迸发的热情。我善良的朋友默默地承受了所有这些取笑。鲍尔离开旧金山后，他便成了我最要好的朋友，最贴心的慰藉者。

虽然来哥伦比亚剧院观看我表演的观众都很有素养，也很热情，但是这些家乡人对于我创办学校的美好理想却无动于衷，这未免令我沮丧不已。有一大群人开始模仿我的舞蹈，也有几所学校模仿我的学校，他们似乎已经心满意足了。他们似乎认为，我艺术中的严肃部分有可能带来负面效果。我的模仿者们个个甜得发腻，只撷取我舞蹈中的一部分取悦观众，并美其名曰为“和谐与美”。但是，抛开了严肃部分，也就意味着抛弃了主要的、真正的内涵。

沃尔特·惠特曼对未来美国充满了憧憬，在感悟到内心蓬勃的美国之爱的瞬间时说：“我听到美国在歌唱。”我能想象惠特曼曾听见的那首强劲雄浑的曲子，它从太平洋汹涌的浪涛中升起，穿过广阔的大草原，与孩子们、青年们、男人们和女人们齐声高唱“民主”。

我读惠特曼的这首诗时，也看到了未来的图景——我看到美国在舞动，最贴切地表现了惠特曼所听见的那首美国之歌。这音乐的旋律就像落基山脉蜿蜒起伏的山脊，有着震撼人心的力量。

它跟爵士乐那种撩人的轻快节奏完全不同，表现的是美国灵魂通过辛勤劳动实现和谐生活的向上攀升的激情。我所看到的与之对应的美国舞蹈，没有一丝狐步舞或者查尔斯顿舞的痕迹，它是孩子们活泼生动的跳跃，奔向制高点、奔向未来成就、奔向美国崭新而伟大的生活远景。

每当人们说我跳的是希腊舞的时候，我都报以微笑——心里却略感苦涩。事实上，我的舞蹈起源于我的爱尔兰祖母常常挂在嘴边的故事。那是 1849 年，她十八岁，祖父二十一岁，他们驾着一辆敞篷马车横穿整个大草原；后来，在与印第安人进行的那场著名的战斗中，她把孩子生在马车上；等到他们终于打败了印第安人后，祖父才把头探进马车，迎接他们的新生儿，而他手里的枪还在冒烟。

他们来到旧金山后，祖父搭建起最初的木屋。我依然记得小时候去那栋木屋拜访他们时的情景。祖母很怀念爱尔兰，喜欢唱爱尔兰的民歌，跳爱尔兰的吉格舞。我觉得，拓荒者的英雄主义精神以及与印第安人战斗的光辉历史已经深深地融入了这些舞蹈中，有时甚至还带了点印第安人的姿态。后来，祖父以托马斯·盖瑞上校的身份从内战硝烟中光荣返乡，同时也带回了当时流行的爱国歌曲。祖母把所有这些元素都糅合进吉格舞。我从她那里学会了跳吉格舞，并加入了新一代美国人的无限憧憬。我不断添加新的东西进去，直到加进了沃尔特·惠特曼的诗行带给我的那些伟大的生命启迪。这便是我带给全世界的舞蹈的源头，而人们却误以为我是从希腊舞中得到了灵感。

这就是我的舞蹈源头，或者说根基。去了欧洲后，我知道了三位大师，他们是本世纪舞蹈的伟大先行者：贝多芬、尼采和瓦格纳。贝多芬创造了强劲的舞蹈旋律，瓦格纳创造了雕像般的舞蹈形式，尼采则在精神层面启迪了舞蹈。可以说，尼采是第一位舞蹈哲学家。

我常常想，那位能够听见沃尔特·惠特曼的美国之歌的美国作曲家在哪里呢？谁将为美国之舞创作出真正的音乐，不带有爵士乐的节奏——那种强调腰部以下力量的节奏，而发出心窝深处的节奏？因为心窝是灵魂在世间的寓所，从太平洋开始，穿过大草原、内华达山脉、落基山脉，一直延伸到大西洋，这一片广袤的大地都笼罩在辽阔的天穹之下，心窝则能够不断飞升，直达天穹下那面飘扬的星条旗。我请求你们，年轻的美国作曲家，为这种表现惠特曼的美国梦、林肯的美国梦的舞蹈谱写音乐吧。

有人认为爵士乐能够体现美国精神，我觉得这种想法太荒谬了。爵士乐的节奏只是传达了原始野蛮人的心声。美国之音绝非如此。我们需要有人将这种音乐谱写出来。迄今为止，还没有哪位作曲家能够捕捉到美国之音的旋律——对于大多数人来说，它太强大了。但是总有一天，一种能够化混沌为和谐的恢弘音乐将从宽广的大地里喷涌而出，从无垠的天空中倾盆而下，体现出真正的美国精神。到那时，双腿修长、面容灿烂的男孩们和女孩们便可以随着这种音乐翩然起舞了。他们跳的，不是查尔斯顿舞那种摇摆的、大猩猩似的抖动，而是一种引人注目、充满冲劲的舞蹈，越过埃及金字塔，越过希腊帕特农神庙，是亘古未见的表现力与美的动作。

这种舞蹈不会有芭蕾的空洞和献媚，也不会有黑人舞蹈充满感官刺激的抖动动作。它非常纯净。我看见美国在舞动，一只脚踏在落基山脉的最高峰，一只手延伸到大西洋，另一只手触到了太平洋，美丽的头颅耸入云端，前额闪耀着亿万群星编织的皇冠。

在美国学校里，人们鼓励学习瑞典体操、芭蕾等所谓的形体文化，这是多么荒谬啊！真正具有代表意义的美国舞者，不可能是一位芭蕾舞者。美国人的腿太长，身体太柔软，精神太自由，不适宜这种装模作样的优雅和踮起脚尖的舞步。众所周知，所有伟大的芭蕾舞者都是个子矮小、体形偏瘦的女性。一个身材高大、体形丰满的女人，永远也跳不好芭蕾。即使再富有想象力，我们也无法想象出自由女神跳起芭蕾时的模样。那么，美国人还有什么理由接受这种舞蹈流派呢？

亨利·福特曾表示，希望福特市的所有孩子都能跳舞。他并不赞成跳现代舞，而是想让他们跳传统的华尔兹舞、玛祖卡舞和米哀奴舞。但是，传统的华尔兹舞和玛祖卡舞表现的是病态的多愁善感和浪漫情怀，并不适合我们的年轻人；米哀奴舞表现的则是撑裙盛行以及路易十四时代的宫廷文化的虚伪和献媚。这些舞蹈与自由的美国年轻人有什么关联呢？福特先生难道不知道舞蹈与文字一样具有深层的含义吗？

与其让我们的孩子弯曲膝盖，跳那种束手束脚、奴颜媚骨的米哀奴舞，或者跳那种病态的多愁善感的华尔兹舞，还不如让他们迈开步伐，跳跃着前进，抬高头颅，伸展双臂，跳出我们的拓荒者的语言，跳出我们的民族英雄的刚毅，跳出我们的政治家的正义、仁慈和纯洁，跳出我们的母亲的大爱与柔情。美国的孩子们只有以这种方式跳舞，才能变得美好，才配得上“最伟大的民主”这个称号。

这才是真正的美国之舞。

第三十一章

有些日子，我的生活似乎是一个镶满珠宝的美好传说，一片铺满鲜花的芳草地，一个每时每刻都充满爱和幸福的阳光灿烂的早晨。在这些日子里，我难以用言语表达生活的欢欣和喜悦；在这些日子里，我创办学校的理想似乎闪耀着天才的光芒，或者说，即使尚没有实现，我也真切地相信我的学校将会大获成功；在这些日子里，我的艺术焕发出蓬勃生机。当然，还有一些日子，当我试着回忆自己的生活的时候，内心却被巨大的厌倦和空虚填塞得满满的。我的过去似乎是一连串的灾难，我的未来也将会充斥着不幸，而我的学校，只不过是一个疯子的妄想。

人类生活的真谛是什么？谁能发现这种真谛？恐怕上帝自己也迷惑不解吧。在这痛苦和欢乐之间，在这幽暗的污秽和光亮的纯洁之间，在这既装载着地狱之火又闪耀着英雄主义和美的血肉之躯中，生命的真谛究竟体现在哪里？上帝知道，还是魔鬼知晓？我觉得，他们全都找不到答案。

因此，在那些想象力自由驰骋的日子里，我的思绪就像一扇镶着彩色玻璃的窗户，透过这扇窗户，我看见了美好而神奇的景观——不可思议的形态和丰富多彩的颜色。而在别的日子里，我只能透过平淡的灰玻璃窗，看见我们称之为生活的灰暗无趣的垃圾堆。

如果我们能够像潜水员那样潜入自己的身体汪洋，该有多好啊！那样的话，我们就可以采撷水底深处的珍珠——深沉的潜意识宛如寂静无声的紧闭的蚌，里面蕴藏着宝贵的思想之珠。

为了维持我的学校的正常运作，我长期辛苦挣扎，到头来却是孤单一人，心灰意冷。我只希望重返巴黎，在那里我或许可以变卖财产而获得一些钱。当时，玛丽正从欧洲回到美国，在比尔特摩给我打来电话。我告诉她我的窘况。她说："我的好友戈登·塞尔弗里奇明天就要启程了，我跟他说说，他肯定能帮你弄到一张船票。"

这次的美国之行，让我痛苦不堪、心碎不已，于是欣然接受了玛丽的提议。第二天上午，我从纽约搭船，离开美国。当天晚上，我遭遇了一件不幸的事情。船上由于战时条件有限而没有点灯，到处都是黑灯瞎火的，我在甲板上行走时，没有留意到前方少了一块木板，掉进了一个深约十五英尺的缺口中，受了重伤。戈登·塞尔弗里奇不但慷慨地把自己的舱房让给了我，还时常陪伴我，真是一个友善而优雅的人。我告诉他自己第一次见他时的情形。那是二十年前的事了，当时我还是一个忍饥挨饿的小丫头，找他赊账卖给我一件跳舞时穿的衣服。

那是我第一次接触一个实业家。在接触了那么多艺术家和梦想家之后，他为人处世的方式令我大开眼界——他是一个纯然阳刚的人，而我的恋人们却带有明显的阴柔气质。另外，我身边的男人们多少都有些神经质，不是深陷忧郁，就是醉酒狂欢，塞尔弗里奇却是我见过的人当中最非凡、最快活的人。他滴酒不沾，这让我很好奇，因为我从来不知道还会有人在生活本身中体验到快乐。我以为，未来的生活只有通过艺术和爱才能时不时地透露出瞬间的欢乐，这个男人却在现实生活中找到了快乐。

抵达伦敦后，我的摔伤仍未好，也没有钱去巴黎，只好在公爵大街租了一个住处，并给巴黎的几位朋友发了电报。可能是战争的缘故吧，我没有收到任何回音。我在那间沉闷的房间里度过了惨淡的几个星期，完全走投无路。我一个人，带着伤，没有钱，我的学校散了，战争似乎没完没了。夜里，我常常坐在漆黑的窗边看空袭，真希望有一颗炸弹落在我身上，结束我所有的苦难。

我产生了自杀的念头，不止一次地想要自杀，但是有一股力量牵着我往回走。如果药店出售自杀药，像出售预防药一样寻常的话，我想世界上的知识分子为了克服痛苦，肯定会去买自杀药，然后在一夜之间全都消失了。

我在绝望中发了电报给罗英格林，却杳无音信。我的学生想在美国寻求发展，一位经理人为我的学生安排了一些演出机会。她们后来便以“伊莎多拉·邓肯舞团”的名义到处表演，但是我没有从中得到任何好处。我已经到了山穷水尽的地步，幸好偶遇了一位法国大使馆的好人，我才得到帮助，回到了巴黎。我在巴黎的奥赛宫租了一个房间，从放债人那里借了一些钱勉强度日。

每天清晨五点，我们都会被巨炮发出的残酷的轰隆声惊醒，以此开始不幸的一天。从早到晚，前线不断传来可怕的消息，死亡、流血、屠杀充斥着每时每刻，凄厉的空袭警报声在夜晚分外刺耳。

这段日子虽然暗淡无光，却也有一个美好的记忆。一天晚上，我去朋友家做客的时候，巧遇了著名“王牌”盖洛斯。当时他在弹奏肖邦的音乐，而我在跳舞。离开朋友家后，他便陪我从帕西走向奥赛宫。在路上，我们刚好碰上了空袭，却像个没事人似的驻足观看。轰炸声不断，我在协和广场为他翩然起舞——他则坐在喷泉边为我喝彩，沉闷的黑眸里闪烁着火光，要知道炸弹就在离我们不远的地方爆炸。那晚，他对我说，他但求一死，别无他求。此后不久，“英雄的天使”找到了他，将他带走了——与这个他所厌恶的世界彻底告别了。

日子单调地重复着。我倒是很想当护士，可是申请当护士的人已经排了很长的队伍，似乎少我一个也不会怎么样。我决定，还是重返艺术的怀抱吧！尽管我不知道自己的双脚能否承载沉重的心灵。

我很喜欢瓦格纳的一首曲子——《天使》，说的是一个人在哀伤寂寞中孤坐着，最后光明天使来到了他的身边。在这些灰暗的日子里，当一位朋友带着钢琴家瓦尔特·隆梅尔来见我时，就像歌曲中的光明天使来到了我的身边。

他进来时，我以为是年轻的李斯特[①]从画框中走了出来——身材高大，形体瘦削，饱满的额头上垂下一缕光亮的头发，双眼炯炯有神，宛如两口清澈的水井。他为我演奏。我唤他为我的大天使。雷雅纳慷慨地腾出剧院的休息室，我们便在那里工作。当巨炮在狂轰滥炸时，当战争消息不断散播时，他为我演奏李斯特的《在荒野中冥想上帝》。这首曲子里，圣弗朗西斯与鸟儿们和谐对话。我受到启发，创作出新的舞蹈，表现了祈祷、甜美和光明。他的手指碰触着琴键，弹奏出天籁般的旋律，令我的精神

---

① 李斯特（1811 — 1886）：匈牙利作曲家、钢琴家、指挥家和音乐活动家，浪漫主义音乐的主要代表人物之一，以钢琴演奏闻名。

再度飞升，重获生命力。我人生当中最神圣、最美妙的一段爱情由此拉开序幕。

还没有人能够像我的大天使那样演奏李斯特的音乐。他的洞察力和感受力非同一般，能够超越乐谱，看到音乐的真正狂热——那种每天与天使对话的狂热。

他温柔、甜美，同时又燃烧着激情。他以惊人的狂热弹奏。他的神经吞噬着他，他的灵魂在反叛。他不像年轻人那样不由自主地屈从于激情的漩涡，相反，他对激情既无法抗拒又厌恶之至，两者都一样显见。他俨然是一个在燃烧着煤炭的火盆上跳舞的圣者。爱上这样一个男人是危险的，同时也是困难的，因为对爱情的厌恶之情很容易转变为对爱人的仇恨之情。

经由血肉之躯来接近一个人并发现他的灵魂，经由血肉之躯找到欢愉、激情和幻想，这一切是多么怪异又可怕啊！哦，寻找人们称之为幸福的感觉——经由血肉之躯，经由外在容颜，经由人们所谓的爱情——尤其如此。

你们别忘了，我的这些记忆跨越了很多年。每一位新爱人向我走来时，不管他是魔鬼、天使还是平常人，我都相信他就是我长久等待的那个人，相信这份爱将会成为我生命中的最后一次升华。我想，爱情来的时候，总是让人如此坚信吧。我生命中的每段恋情都能写成一部小说了，只不过小说的结局往往很悲惨。我一直在等待有一段结局圆满的恋情，一段长长久久的恋情——就像那些大团圆电影里演的那样。

爱的奇迹就在于其丰富的主旋律和多变的基调，能以不同的方式弹奏。一个男人的爱与另一个男人的爱是无法比较的，就像贝多芬的音乐与普契尼[1]的音乐是不同的；女人则是回应这些爱之演奏者的乐器。我认为，一个女人只爱一个男人，其情形类似于终生只听一个作曲家的音乐。

夏天越来越热了，我们前往南方的一个安静的避暑胜地，住在费拉角圣让港附近的一家乏人问津的旅馆里。我们将闲置的车库改为工作室，从早到晚，他演奏着天籁之音，我翩然起舞。

多么美妙的时光啊！大天使陪伴左右，美丽的海景尽收眼底，整天徜徉在音乐的怀抱里，我的生活就像一个虔诚的天主教徒死后升入天堂般梦幻。生活是一个钟摆——痛苦越深，狂喜越强——每一次沉落在悲伤的深渊之后，便会被抛向更狂烈的欢乐。

我们时不时地走出避暑胜地，为那些不幸者举办义演，或者为伤者举办音乐会。但是大多数时间里，我们喜欢独处，从音乐的交流到爱情的交融，再从爱情的交融到音乐的交流——我的灵魂栖息在幸福的制高点。

附近的一幢别墅里住着一位德高望重的牧师和他的妹妹吉拉

---

① 普契尼（1858－1924），意大利歌剧作家，其作品包括《波西米亚人》和《蝴蝶夫人》等。

尔德女士。牧师曾经在南非当过传教士。他们是我们仅有的朋友，我常常在李斯特的神圣乐曲的启发下，为他们跳舞。夏末的时候，我们在尼斯找到了一间工作室。宣布停战后，我们又回到了巴黎。

战争结束了。看着生力军的队伍穿过凯旋门的时候，我们情不自禁地高喊："世界得救了。"在那样的时刻，我们全都变成了诗人。但是，唉，即使是诗人也要清醒过来，为所爱的人张罗面包和奶酪，我们的世界必须醒来，恢复生产。

大天使牵着我的手，一起去贝勒维。我们发现房子已经倒塌，成为废墟。那么，为何不重建呢？于是，我们花了数月时间筹集资金，妄图重建学校。然而，这实际上已经是一个不可能完成的事情了。

最后，我们终于相信，这件事断难实现。法国政府开出合理的价格，收购了我的学校。他们计划将这幢大房子改建成生产使人窒息的各类毒气， 为下一次战争做准备。当初我的狄俄尼索斯殿堂成了救助伤员的医院，而今我又注定要放弃它，让它沦落为生产杀人器具的工厂。失去贝勒维是一大遗憾——贝勒维啊，那里的风景多么美丽！

买卖手续终于办妥，款项也存入了我的银行账户。我在庞培路买了一幢房子。这幢房子原先是贝多芬音乐厅，我将它变为工作室。

我的大天使有一颗怜悯之心。那些让我身心疲惫、夜不能寐、以泪洗面的痛苦，他似乎都能感同身受。每当这些时刻，他总是用无限怜爱和充满光亮的双眸注视着我，给我莫大的安慰。

在工作室里，我们俩的艺术神奇地合二为一。在他的影响下，我的舞蹈变得更加轻灵。他让我第一次体会到弗朗兹·李斯特音乐的全部内涵。我们根据李斯特的音乐创作了一出独舞。在贝多芬音乐厅宁谧的音乐室里，我开始研究一些著名壁画上的人物动作和光线处理，希望用到《帕西法尔》的表演中。

我们就这样度过了美好的时光。一股神秘的力量支配着我们，将我们的灵魂紧密地捆绑在一起。我跳舞他弹琴的时候，或者我伴随着他弹奏的《圣杯》的悠扬的银色旋律举起双臂、灵魂缓缓飞出身体的时候，我常常觉得，我们似乎创造了一个独立于我们自身的精神存在。当音乐和舞姿不断向上延展，飘至浩瀚无垠的境界时，天穹似乎传来了回音。

我相信在这些音乐时刻所产生的精神力量，让我们两个人的灵魂在爱情的神圣能量中琴瑟合拍，仿佛到达了另一个世界的边缘。观众们也感受到了这股结合在一起的力量，而且一种奇异的精神张力常常弥漫在剧院里，这是我以前从未经历过的。如果我和大天使能够进一步探索下去，我确信这种精神力量会引导我们实现自然舒展的境界，为人类带来全新的表达方式。这种对最高形式的美的神圣追寻，竟因世俗的激情而夭折，多么可惜啊！正如传奇故事所言，人的欲望永无止境，为邪恶的妖精敞开大门，结果招来了各种各样的麻烦。我也是如此。我没有满足于追求眼前的幸福，而是重新燃起了创办学校的念头，为此发了电报给远在美国的学生们。

她们来到我身边后，我召集了一些忠实的朋友，提议说：“我们一起去雅典吧，去看看雅典卫城，或许还能在希腊建一所学校。”

没想到我的初衷完全被误解了！《纽约客》上有个作者如此评价这次出行：“她真是挥霍无度。她在别墅里搞了几天几夜的宴会，然后从威尼斯出发，直奔雅典。”

可是啊，我多么不幸！我的学生们来了，她们年轻漂亮，事业有成。我的大天使看着她们，爱上了其中的一个。

我该如何描述这一次葬送了爱情的旅行呢？我们在利多的埃克塞尔斯瓦酒店住了几个星期，在那里我第一次发现了他们的恋情；随后乘船前往希腊，我确信了他们之间有恋情。这件事让我深受打击，即使月光下的卫城再美丽，也无法打动我的心——这就是我的爱情一步步走向终结的过程。

到达雅典后，我的建校计划似乎进展很顺利。韦内塞洛斯慷慨地让我们使用札皮欧宫。这里成了我们的工作室。每天上午，我与学生们在此工作，努力启发她们跳出与雅典卫城相匹配的舞蹈。我计划为即将在大型露天体育场举办的酒神节庆典活动训练出一千名舞者。

我们每天都去雅典卫城。我依然记得 1904 年第一次来这里时的情形，而今看着年轻的学生们的舞姿，我觉得十六年前的梦想至少实现了一部分。我情不自禁地百感交集。一切迹象都表明战争已经结束了，那么我应该能够在雅典创办起一所梦寐以求的学校了。

我的学生们在美国待了太长时间，沾染了一些虚情假意、矫揉造作的习气，令我很不快。然而，在雅典辉煌的天空下，她们受到山峦、大海和伟大艺术的感召，逐渐将身上的不良习气涤荡干净。

摄影家爱德华·斯泰肯①与我们同行。他在雅典卫城和狄俄尼索斯剧院拍了很多精美的照片。我梦想在希腊实现的盛景状况，在这些照片中隐约可见。

科帕诺斯已经成了一片废墟，只有牧人和他们的山羊群留在那里。不过，我并没有气馁，很快就鼓足干劲，决定清扫场地、重建房子。我们的重建工作进行得有条不紊。囤积多年的垃圾被清理了，一位年轻的建筑师帮我们安装了门窗、搭建了屋顶。我们在宽敞的客厅里铺上了适于跳舞的地毯，接着又安放了一架钢

---

① 爱德华·斯泰肯（1879 — 1973）：美国摄影家，是将摄影发展为一门艺术的先锋。

琴。每天下午，当夕阳沉落在卫城的背后，将柔和的紫色、金色光芒投射到大海上，我的大天使便弹奏起优美动人的音乐——巴赫、贝多芬、瓦格纳和李斯特的作品。到了凉爽的夜晚，我们头戴从街上卖花的雅典男孩那里买的可爱的白色茉莉花环，悠闲地走下山，到法勒隆海边吃晚饭。

置身于这群头戴花环的姑娘们中间，我的大天使就像帕西法尔站在昆德丽的花园里。我留意到，他的眼睛里流露出一种新表情，更像是世俗的，而不是神圣的。我曾经以为，我们之间的爱情因为有了智慧和精神的强大融合而坚不可摧；经过很长一段时间我才发现，他那对闪亮的羽翼已经变成了一双热情的手臂，用以抓牢和抱住德律阿得斯[①]的身体。这对我来说是一个巨大的打击，以前经历的所有事情都无法帮助我摆脱磨难。从那个时候开始，惶恐不安的痛苦将我包围了，使我不由自主地想要窥探他们日益加深的爱情。令我恐惧的是，我如此嫉妒，竟然萌生了类似于谋杀的邪念。

一个傍晚，夕阳西下，我的大天使——他已经越来越像一个平常人了——刚刚弹奏完《众神的黄昏》中那段恢弘的进行曲，余音在空气里缭绕，似乎要融入落日紫色的余晖中，呼应着海默突斯山，照亮了整片大海。就在这时候，我看到他们四目相对，

---

① 德律阿得斯：希腊神话里的林中仙女。

彼此眼中燃烧的激情堪比灿烂的落日。

看到眼前的这一切，我勃然大怒。如此激烈的反应，连我自己都感到害怕。我转身就走，整晚都在海默突斯山附近的小山上游荡，无法排解内心狂乱的绝望。我以前就知道，绿眼魔怪的毒牙会带来极大的痛苦，可是到了现在，我才意识到这痛苦居然强烈至此。我无法自拔，生不如死。我爱他们俩，同时，我也恨他们俩。这种体验，让我理解了那些被嫉妒蒙蔽了心智而杀死情人的可怜人。

为了不让自己落入如此田地，我带着一小群学生和朋友爱德华·斯泰肯踏上了一条神奇的道路，经由底比斯古城，到达卡尔基斯。在那里，我看见了一片金色的沙滩，想象着在伊菲革涅亚不幸的婚礼上，一群埃维厄岛少女正是在这里为她跳舞庆祝。

那个时候，希腊所有的荣光都无法驱走我内心盘桓着的魔怪。这个魔怪不停地将留在雅典的那两个人相处的画面展现在我的面前，噬咬着我的要害，像硫酸一样腐蚀着我的大脑。回到雅典后，当我看到他们靠在卧室外的阳台上的如胶似漆的模样时，他们的青春和爱火再一次将我推向痛苦的深渊。

现在回想起来，我已经无法理解自己当初的执狂了。但是在那时候，我已经深陷其中，就如同患上了猩红热或者天花这样的纠缠不清的疾病。尽管如此，我还是坚持每天给学生们授课，继续进行在雅典建校的计划。建校的进展情况很顺利。韦内塞洛斯政府十分支持我的计划，雅典人民也热情高涨。

一天，我们应邀前往大型露天体育场，参加为韦内塞洛斯和年轻的国王举办的庆典活动。五万人涌向体育场，希腊所有的教会也都来了。当年轻的国王和韦内塞洛斯进入体育场时，全场爆发出热情的欢呼声。主教们的队伍尤其令人叹为观止，他们身穿金丝绣线的挺括的锦缎长袍，在阳光下闪闪发亮。

我穿着有褶皱的柔软的束腰短裙走进体育场，身后跟着一群学生，她们是活生生的塔纳格拉雕像。康斯坦丁·梅拉斯满面笑容地走过来，为我戴上桂冠，说："你，伊莎多拉，将菲迪亚斯不朽的美和希腊辉煌的时代再一次呈现在我们前面。"我回答说："啊，请帮助我培养出一千名优秀的舞者。届时，她们在这个体育场翩然起舞，场面极为壮观。全世界的人都会过来欣赏她们的表演，发出惊喜的赞叹声。"

我说完这番话时，看到大天使兴奋地握着他情人的手，刹那间，我感到自己释然了。与我伟大的理想相比，这些个人情绪算得了什么呢！我微笑着看着他们俩，心里充满了爱惜和宽容。但是就在当天晚上，我看见他们相互依偎在阳台上，两颗脑袋靠得很近，在月光下卿卿我我，我便又成了渺小的个人情绪的俘虏。我心乱如麻，独自在外面游荡，差点就像萨福那样从帕特农神庙前的巨岩上跳了下去。

这种痛苦的情绪折磨着我，令我苦不堪言。景色宜人，只徒增了我的不幸。我找不到一个宣泄的出口。难道我们伟大而神圣的音乐合作计划就这样在世俗的情感纠缠面前破灭了吗？我不可能要求这名学生离开，毕竟她从小就在我的学校里长大。可是要我每天看着他们深情款款的样子，还得克制内心的苦恼，也似乎是一件不可能的事情。这实在是让人进退两难。当然，我也可以试着升华自己的精神境界，超越眼前这一切。我虽然不快乐，但是依旧进行着舞蹈训练，去山野远足，每天到海里游泳。我凭借这些活动保持了胃口，却仍然难以遏制世俗情感的激流。

我继续过着这样的生活。一方面，我努力教学，将美、沉静、哲学以及和谐的思想教给她们；另一方面，我的内心却承受着莫大的煎熬。这种状况究竟会导致什么样的结局呢？我无从知晓。

我只能强颜欢笑，故作坚强。每天晚上在海边吃饭的时候，我都会喝大量的希腊烈酒，以此麻痹自己的痛苦。或许还有更好的办法来疏解我的痛苦，只可惜我当时已然昏了头。无论如何，这些都不过是我个人的悲惨经历，我现在只是设法记录下来。有价值也好，无价值也罢，它们或许可以成为“反面教材”，让大家引以为戒。不过，更可能的情形是，每个人都会以自己独特的方式远离灾祸、排解痛苦。

在命运的安排下，这种无法忍受的局面最终以一个奇怪的事件宣告结束。起因是一只可恶的小猴子咬了人。它咬的不是别人，正是年轻的国王，令他危在旦夕。

年轻的国王在死亡线上徘徊了好几天，之后便传出了驾崩的悲惨消息。国王的去世造成了国内局势动荡，甚至还引发了革命，韦内塞洛斯和他的政党被迫下台。这次事件也导致我们在希腊待不下去了，因为当初我们是作为韦内塞洛斯的贵宾受邀来到希腊的，现在则不得不成为政治斗争的牺牲品。所有用于重建科帕诺斯和布置工作室的钱都白花了，我们只能放弃在雅典创办学校的理想，坐船离开希腊，经由罗马返回巴黎。

1920 年的最后一次雅典之行，回到巴黎后的痛苦，跟大天使的正式分手，以及跟大天使和那位学生的最终分别，这一切都给我留下了异常痛苦的回忆。虽然我认为自己是这次经历的受害者，可是她的想法却截然相反。她刻薄地指责我的感情，还责怪我为什么不尽早放弃这段感情。

最后，我一个人置身于庞培路的那幢房子里。看到贝多芬音乐厅已经改装完毕，只等我的大天使在那儿演奏，我的绝望难以言表。这幢房子过去曾带给我无尽的欢乐，如今却令我无法面对。我的内心滋生出远飞的欲念，想要飞离这幢房子，飞离这个世界，因为我觉得世界和爱情都已经销声匿迹了。人的一生会有多少次产生这样的念头啊！然而，要是我们能够将视线拉长，望向山的后头，便会看到那里有开满鲜花的山谷等待着我们去欣赏，以及美好的幸福等待着我们去追求。我很排斥很多女人的论断，她们认为女人年过四十后，就应该摒弃所有爱情生活，维持表面的庄严和体面。哈，多么荒谬的想法！

我们在这个地球上进行着奇异的旅程，在此期间，感受自身躯体的变化真是妙不可言！首先是害羞、胆怯、纤瘦的年轻姑娘的身体——我也曾年轻过，慢慢成长为强壮坚毅的亚马逊女战士。随后，我们变成了头戴葡萄藤花环的酒神女祭司，沉浸于酒的芬芳里，无法抗拒萨梯[①]的爱抚，身体变得温润，在生长、在膨胀；柔软、性感的肉体愈加丰盈，乳房敏感到能够回应极为漫不经心的爱意，并将这种突如其来的快感传遍整个神经系统；爱如今成长为一朵盛开的玫瑰，充满质感的花瓣紧紧地包裹住落入其中的猎物。我生活在自己的身体里，宛如一个精灵生活在云端——那燃烧着玫瑰般火焰、呼应着同类火焰的云朵。

只歌颂爱情和春天是多么无聊啊！秋天的颜色更加灿烂、更加丰富，秋天的欢乐更加强烈、更加骇人、更加美好。我同情那些囿于苍白、狭隘的信条的可怜女人们，她们永远也无法理解秋天之爱的慷慨馈赠。我可怜的母亲即是如此。因为这荒谬的偏见，她任由身体在本该尽情绽放的时期里衰老、生病，曾经智慧过人的大脑也逐渐迷糊了起来。以前，我是胆怯的猎物；随后，我变成了勇敢的酒神女祭司；而现在，我像大海拥抱畅游者那样

① 萨梯：希腊神话里半人半兽的森林之神，性喜寻欢作乐。

拥抱住我的爱人，以云朵和火焰般的情怀一浪连着一浪地将他包围，让他旋转，与他整个儿交融在一起。

*

1921 年春天，我收到了一封来自苏维埃政府的电报：

> 只有俄罗斯政府能够理解你。来吧，我们愿意为您创办学校。

这封电报来自何处？地狱吗？不是地狱——不过离地狱也不远。对于欧洲人而言，哪个地方最像是地狱？——当然是莫斯科的苏维埃政府。我环顾这幢空荡荡的房子，没有了大天使，没有了希望，没有了爱情。于是，我回电说：

> 好的，我将前往俄罗斯，我将教授你们的孩子。但有一个条件，即你们必须为我准备一个工作室和提供必要的工作支持。

他们的答复是“同意”。

一天，我置身于一艘航行在泰晤士河的轮船。离开伦敦后，这艘轮船开往塔林，最后抵达莫斯科。

还在伦敦的时候，我去见了一个算命师。她对我说：“你将远行。你将会有许多奇妙的体验，你将遇到烦心事，你将结婚——”

听到“结婚”这两个字的时候，我笑着打断了她的话。我向来反对婚姻，又怎么会结婚？我永远都不会结婚。算命师说：“等着瞧吧。”

在前往俄罗斯的旅途中，我觉得自己就像一个死后的灵魂，超然地飞向另一个星球。我觉得自己已经把在欧洲的所有生活抛在身后了。事实上，我真的相信柏拉图、卡尔·马克思和列宁等人梦想过的理想国家，而今已经奇迹般地诞生在这个世界上了。我在欧洲为了实现艺术理想而倾注的精力全都化为乌有了，现在我已经准备好进入共产主义的理想国度，全身心地投入到新的征程。

我没带任何服装。我想象自己穿着红色法兰绒上衣，与身穿同样朴素的衣服、心怀手足情谊的同志们共度余生的情形。

轮船向北驶去。我回头望向渐渐远去的资本主义欧洲，对其所有的旧制度和旧习惯报以轻蔑、同情的目光。从此以后，我将成为同志们中的一员，为这一代人辛勤工作，努力实现宏伟的目标。那么，别了，这个不平等、不公正、野蛮冷酷的旧世界；别了，这个容纳不下我的学校的旧世界。

当轮船抵达目的地的时候，我激动不已。为这个新生的美丽新世界！为这个同志们相亲相爱的新世界！这是佛陀构想过的理想世界；这是耶稣基督描述过的理想世界；这是所有伟大的艺术家向往过的理想世界；这是列宁神奇地实现了的理想世界。而今我正靠近这个理想世界，我的工作和生活都将成为这个理想世界的辉煌远景的组成部分。

别了，旧世界！我将为新世界欢呼。